QIANGU CIDI
LIYU
ZHUAN

千古词帝
李煜传

徐枫　著

河南文艺出版社
·郑州·

图书在版编目(CIP)数据

千古词帝:李煜传/徐枫著. --郑州:河南文艺出版社,
2023.8

ISBN 978-7-5559-1376-4

Ⅰ.①千… Ⅱ.①徐… Ⅲ.①李煜(937-978)-传记
Ⅳ.①K827=432

中国版本图书馆 CIP 数据核字(2022)第 154934 号

选题策划　刘晨芳　王战省
责任编辑　王战省
责任校对　赵红宙
责任印制　陈少强
书籍设计　吴　月

出版发行	河南文艺出版社	印　张	15.75
社　址	郑州市郑东新区祥盛街 27 号 C 座 5 楼	字　数	210 000
承印单位	河南省四合印务有限公司	版　次	2023 年 8 月第 1 版
经销单位	新华书店	印　次	2023 年 8 月第 1 次印刷
开　本	700 毫米 × 1000 毫米　1/16	定　价	58.00 元

印厂地址　焦作市武陟县詹店镇詹店新区西部工业区凯雪路中段
邮政编码　454950　　电话　0391-8373957

\>> 五代十国
顾闳中《韩熙载夜宴图》局部

\>> 五代十国
董源《潇湘图》

>> 五代十国
周文矩《重屏会棋图》

>> 五代十国
徐熙《锦灰堆图》局部

>> 五代十国
卫贤《高士图》

序　言

中国历史悠久绵长，各类史学书籍浩如烟海。而南唐，在厚如古城墙一般的线装书里，却只有极少而单薄的几段；而李煜，在秦皇汉武古中国如林的帝王群里，也只是最为单弱的一个。事实上，他根本算不得一个整军治国、韬略满腹的帝王，他使后世吟咏不已的，只是一沓浸染血和泪的词笺。

所以确切地说，他更是一个“词中之帝”；也所以，在他四十二年的人生历程里，实在没有很多波澜起伏、扣人心弦、充满悬念的宫廷情节可演义，更没有丰富繁杂、用之不尽的史料，可以细侃这个南唐小朝廷生生死死、如泣如诉的故事。他留给我们的，只是一个气化的影子，唯有那一叠算不得太多的文稿，可以印证他那比秦皇汉武毫不逊色且更胜一筹的丰富内心世界，以及他们无法具有的天才诗心。因此，无法依凭厚重的史料写李煜，也无法借由丰富的野史广征博引完成这部十数万言的史传。李煜其人，南唐其事，注定了本书不是一部靠史料分量去获得优势的传记。

避短，自认为是更适合李煜这个气化般的人物的写法——即多用心灵独白的方式，描写他的退隐、他的礼佛、他的情爱，以及他国破人亡的路程；用不同于传统的笔调和思路，将肃穆的历史作尽可能轻松些的描述。因之，这样试图以五代十国历史背景为辅线，以李煜的活动和心灵流动之河为主线的写法，是介乎于史传与文学作品之间的尝试。由辅线，可以看见十国的消亡、北宋的崛起脉络，认识李煜活动的历史大舞台、大背景，明白在这样的大时代中，李煜那独特的、与时代格格不入的活动和心性，从而更好地理解李煜这个人。

后有的史料、后用的内容，不忍遗漏，一一都勉力用上了，连同他留给我们的、可缘此探究他那天空般深奥透明的心迹和弥补史料不足的诗词文章，也不忍放弃，一一尽力呈献给读者。为消除文字隔阂，还尽可能将较难读的诗词文章，用散文的、优美的语言直译或意译，融化在传叙之中。

想透过这些尝试，将史传的轻松还给读者，也不知是否如愿。曾有读过手稿的朋友称，它更像一本评传，却也有人认为它像一本小说体传记。此书终于得以面世，是褒是贬，它都成为历史了。忐忑不安之际，唯望读者诸君见谅，并不吝赐教。

徐枫

目录

导　言

或许，我们都忽略了他也是凡人，也有凡人那样软弱无助、孤独无援、寂寞无依的时候。虽然他贵为人君，当他几乎是风流敏丽地成就了与大山一样高的中国诗词时，却也证实了作为人君那一面的平庸，甚至昏聩。

我们包容他，却又责备他。在迷茫的时光中再回首，我们已学会从一朝一代的精神胆魄中，去观照存在与选择，去反省在历史大潮的每一次律动中，过于耽嗜于文化的国主无所逃遁的最后命运——国破人亡。

历史之果，其种子就埋在宫闱之内，埋在御苑的书室画房中，埋在时代大势的风涛里。当他白衣纱帽、难舍故土地走向宋营时，那血迹腥迷的悲剧，是否正显示了纯属文化人美事的因与时代政治——历史之果之间的某些逻辑关联？

开端——之一

残唐。

公元881年的岁末年初，一夜之间，西都长安所有城门的钥匙都换了主人。黄巢义军甲骑如流的隆隆声，在长安、在远方回荡，整个中国都为它的跫音而震撼。

大唐帝国的僖宗皇帝李儇，再也无法去御苑里踢球了。冷冬的情调竟然与走向末路的皇室，取得了一种默契。近乎严酷的十二月风，冰冷地袭过金銮宝殿，把这个丧家的天子逼到了多山的巴蜀，在隆冬的蜀水边，遥想含元殿滴了二百六十余年的平安宫漏。

起义使王室悚然认识到，由于横征暴敛，历史注定的一股摧毁强力已然从黄泛区突然冲决而出。这股势力虽不足以扭转积重难返的藩镇割据局面，却瓦解了腐朽的唐王朝，并使新的统一得以在剧烈的社会变动中孕育生成。

谁都看到了，这是历史的转折点。

改写历史，君临天下，由藩镇而一统中国的欲望，在每一个实力雄厚的诸侯心间蠢蠢骚动。这种骚动，已到了不必在众目睽睽之下掩盖羞怯的地步。唐末占主导地位的自然经济，早就为这种军阀割据奠定了基础，而集团间实力的均衡性，又使藩镇拥兵自立成为现实。

王室式微。

“勤王”的紧急诏示，在各藩镇间火速传递。而兵已难调，将也难遣。

拥兵自重、迭相吞噬的争逐互斗，伴随着愈来愈强烈的问鼎野心，将中国历史上最骄傲的泱泱“王土”，撕裂成了碎块。

没有一片土地能逃脱被肢解的厄运。无地不藩、无时不战的风沙铁蹄，证实了机会与实力的重要。

一时间，朱全忠、李克用、王建、杨行密、钱镠、刘隐、马殷、王审知等等，各据其镇，匆忙而热切地把辖地锤打成了一个个剑拔弩张的藩镇，他们焦躁地期待着，期待某一个历史性的时刻。而皇帝，已经降格成了各派政治力量斗争的工具。

历史无声地演进。

藩镇诸王各怀神秘而又兴奋的思虑，流露出自己名垂青史的欲望。这种欲望促使他们忍不住要行动，忍不住要称王称霸，忍不住要打破这难挨的、被动的氛围。

有一个人终于按捺不住了，他就是在黄巢义军中谋得高位的朱温。此刻，他又摇身一变，在僖宗一杯寄予厚爱的御酒前叛节成了“朱全忠”。正是这位“全忠”的人，杀了昭宗，又废李柷，在汴京称帝。

藩镇立国的首页，终于揭开——大唐王室滴了二百九十年的宫漏，在公元907年朱温黄袍加身的那一天，落下了最后一滴。

统一的中国，从此在黄河流域分裂成后梁、后唐、后晋、后汉、后周，史称“五代”。

与五代同时并存的，还有长江流域及河东地区先后出现的吴、南唐、吴越、楚、闽、南汉、前蜀、后蜀、荆南、北汉政权，史称“十国”。

公元10世纪不是承平的年代。

列国如林，谁也不承认彼此间曾有过的统一，却又分明做着各自统一天下的大梦。

后人站在曾经被恣意涂写过的历史前慨叹，但历史也许很快又会被重新涂写。

北温带和亚热带季风阵阵吹过破碎的平原。

历史，在南唐这一章定格。

开端——之二

中原。烈焰腾空，烽烟滚滚，藩镇称霸的大战正在进行。

江南。淮南节度使杨行密借大唐日薄西山、北方霸主逐鹿中原无暇南顾之机，厉兵秣马，占据了江淮一带以扬州为中心的平畴沃野。

旭日辉煌宁静，但也伶仃孑然。土地被太阳和战火烤炙成焦褐色。中原鏖战，吞并黄淮一带的朱全忠，在稳操胜券中大笑。自从那一天，他从血野上抬起贪欲的目光，向南一指，那富得流油的青葱沃野便成为征服的巨大目标。

十万兵马星夜兼程，扑向江南，赶赴泗水入淮的清口。大雪弥漫，雪水混杂着血色在莽原蠕动。新积的厚雪，又连天接地覆盖了沃血的疆场，覆盖成一片裹尸布——十万魂魄留在了这肃穆的坟场。

生还不满千人。

历史在清口留下了伏笔。幸亏有兵士大无畏的英雄气概，中国历史将杨行密——而不是无赖朱全忠——推为江淮的战胜者、吴的占领者。江南的沃土大地、黎民百姓，才有了休养生息、医治战争创伤的时机，才赢得了安定一隅的一段时间。

清口皑皑的雪线，救活了吴，也使历史神秘的磨盘在后来得以磨出了与吴国瓜葛难分的南唐。

902 年，大势的风刮过。杨行密被唐王室封作了吴王。

三年后，他死了。他的儿子杨渥继任吴王。之后，在江淮这块远离战祸的绿洲，争权夺位的内战，靡有止息。

908 年，实掌兵权的吴大将张颢，野心勃勃，杀了杨渥，却不料杀人者旋又被韬略更深的大将徐温所杀。

919 年，徐温操纵杨渭正式立国做了傀儡王。他自己自封当朝宰相，镇守了金陵要地。

徐温是个有韬略的人。他把自己的儿子徐知训留在了扬州，以辅政为名，伺机里应外合，一举取代吴王。但他的儿子却死在杨氏部将的刀下。风云变幻，前途莫测。

当人们惶遽的目光还在杀气与恐怖中逡巡时，徐温的养子徐知诰，已然从刺鼻的血气中嗅出了机遇的迷人芳香。他颖悟地钻入了历史的缝隙，渡江直扑扬州，执掌了吴国大政。

“这是一个很好的开端。”他想。

数年后，他真的因着历史吐出的这个小小机会，扩张了自己，丰满了自己。

历史神秘的磨盘，终于磨出了南唐。

那个在后梁兵燹的岁月中丧失南唐江山而心怀怨恨的人，是谁？那个在如狼似虎的乱世中躲进木鱼声声的庙宇，在佛光中寻求心灵庇佑的人，是谁？那个在寒气弥漫的汴京黄昏，裂眦辨认江南凤阁龙楼连霄汉的人，又是谁？

历史翻到了南唐这一页，在李唐王室最后一个帝王身上，定格。

开端——之三

在一千多年前，在江南的金陵古城，在砌着许多雕栏的金晃晃的宫殿里，一个丰神俊朗的少年——也是一个形象特异的皇子——愁肠万般地凝视着远方。那神态，是永远的忧郁。

此刻，长夜。他走向卷轴连壁、墨香馨浓的书房，持笔作书。时作颤笔，一笔下行，欲走不走，踟蹰迟钝，磨蹭着，遏顿着，樛曲着，郁积的块垒、凝固的血色、荒老的心境、滞重的周遭，都在这拙朴的笔端，雷霆千钧地顿出。

顿出的，竟是那样一种缓拙的大势、悱恻的悲壮、遒劲得无与伦比的犷意、寒松霜竹的伟挺。

在这里，我们看到了一种矛盾——颤曲与遒劲的矛盾；读出了一种辩证——颤曲与遒劲的辩证。书为心声，犹如诗为言志，他似在挣扎着，一直想从某种逼人身心的重压里，冲出。

他的“本我”在与“超我”交战。他是一个帝王，那交战，实质上也是“帝业”与“文心”的搏斗。

他努力着，用臂上挣扎的肌腱，将所有的精神与生命力，聚到笔尖。

浓香的廷珪墨、华灿的龙尾砚、坚洁如玉的澄心纸，散漫在书屋，造成了一股迷人的文化气息。他日益为这人类群体才智结晶而成的生命芳香所振奋、所迷乱。他在这书屋里建构自我，操持着生命的盈亏缩涨。他所有的心性、悟性、个性、原我、本我，都在这里鲜活过来。

帝业的烦琐，遁去了；国运的颓势，黯淡了；大宋的阴影，流散了。他在这里为自己筑造了一个心理的空间，温馨的、宁谧的、享受人生安详的空间。

他在这里宣泄喑哑的惆怅，让自己日渐宏富的文化快速地膨胀。他的书法也日臻成熟、个性化，他决然地写完最后一笔——那劲健的一笔，仿佛矛盾解决后高潮的一顿，独创了这永生永世遒劲苍健的“金错刀”体。

仿若人生抉择的诠释，他终于从矛盾中解脱了自己，舒放了自己——这么一个艰难的过程天然注定，他必然与文化融成一体，也只有在民族文化灿烂的火光中，才会涅槃成凤凰。

怎能忘记那些寂寞的日子？在那些无助的孤独和珠围翠绕里，也依旧惨淡的童年印记。书屋，只是他逃遁世事的庇荫。

在青史默默的星光之下，一切都原始原样地发生、上演。

回首凝眸，让我们轻轻呼唤一个人、一个名字——李煜。

第一章　原我

当他从母腹最锐利的痛楚、昏瞀和快感中出来时，他极响亮地哭了。这哭声预示着人生的艰辛，却也无牵无挂，是最原始的人籁。他那清纯无畏的哭声反衬和嘲笑了人类所有的困惑——那些社会角色化了的人的苍白和苦恼，以及虚伪或无奈。不错，这只是婴孩最原始天性的展露，他能再度回归敢哭敢笑的原我吗？

那已是另一个层面的“我”了。

古城金陵，坐落在长江下游，十里秦淮流贯其中。

在历史的坐标系中，它是一个醒目的坐标点；在记忆的荧光屏中，人们很难扫抹三国孙吴争鼎、琅琊王司马睿与东晋的刀光剑影；在这“钟山龙蟠，石城虎踞”的历史古城，人们仿佛还能记得建业、建康威武的城阙，听到南朝宋、齐、梁、陈古刹凄怨的钟鸣……

白云苍狗，岁月累添。当历史的触角延伸到公元9世纪初时，这片自古帝王立都的神奇土地上，这个天命与天意绝对神圣的时代，三桩神秘的事件，凭借着历史的机缘和吴王辅臣徐知诰及其谋士的渲染与策划，紧锣密鼓般四处传播。这三件奇事虽事事相异，但主旨全是说形胜“有王者之气”的金陵山川，楼堞完固，将再兴“帝王之宅”。

于是有民歌民谣在乡野水泽、草庐田舍间缓缓地浮游：

江北杨花作雪飞，江南李树玉团枝；
李花结子可怜在，不似杨花无了期。

这“杨花”，是吴王杨氏家族的比喻。“李花”，是徐州李氏的代称。杨花纷纷扬扬，消散了不会再回。李花花团锦簇，花期后，李子坐果，结子可以传久。两两相对，李氏兴，杨氏衰，意在其中。此外飞传的，还有童谣《东海鲤鱼飞上天》——“东海”，指徐州；“鲤鱼”，是李氏谐音；“飞上天”，指坐天下。

民谣谶语，深浓地浸染着一种无法道白的情绪，忠孝与诚笃，此刻，已然在一位倥偬一世、已逾不惑的白首老将心中，荡然失存。这老将，便是五代十国时重建金陵城池的吴王辅臣徐知诰。

吴王子孙、徐温后代，全都软弱可欺；时不我待、功成身老之苦恼，似万箭穿心。血刃王宫、刀弩剑戟杀出一条逼向宝座的血路，老将不忍，况且这绝不是用兵之时。舆论先行，老将极目远眺，豪情正炽。

江北扬州。有一天，冒出了一个奇怪的佯狂道人。他头戴黄冠，手执钓竿，竿端悬缚着一尾木刻的大鲤鱼，半疯半癫地在街头巷尾出没。人群骇然驻足间，道人面冲青天，放歌一曲，辞曰：

盟津鲤鱼肉为角，濠梁鲤鱼金刻鳞。
盟津鲤鱼死欲尽，濠梁鲤鱼始惊人。
横排三十六条鳞，个个圆如紫磨真。
为甚竿头挑着走？世间难得识鱼人！

“新鲤”将欲代“旧鲤”，“新鲤”尚未被人识。聪明颖悟的人，当然可以想到这“新鲤”是谁人了。短歌在喧嚣的市声中不胫而走，传唱多日。这第二件奇闻遂成街谈巷议。

江南金陵一个神秘的午夜。静寂无声的大气里，蓦然有古怪的撞钟声滚过，疯狂而又热烈，一时间市井鼎沸。人们惶奔而出，惊恐不知所以。金陵城突突涌涌，乱成一团。

天亮了。撞钟老僧被士兵押解到老将面前。僧说："昨晚明月团圈，清辉遍野，在这满夜弥漫的沉静光芒中，我如得神示，咏出一首咏月诗。因狂喜而无法自持，故鸣钟击鼓，手舞足蹈而颂之。"诗曰：

徐徐东海出，渐渐入天衢。
此夕一轮满，清光何处无？

老将大喜，双眸快捷而又欢悦地闪耀着，一股神秘的微笑自他的嘴角漫溢出来："放了他。"老将轻轻说。

公元937年，七月初七，诗国里的人们在盼望着一个伟大的奇迹出现。古中国在夕照里优美地抖动起暖湿的季风，守候着一个婴孩的出世。

金陵王府在这一天，气氛平静而欢愉。忙碌的人们没有发觉，他们守候的，是一个比婴孩本身更有生命力的文化种子，一个比一切高堂华殿更永恒的历史胎动。

这胎动是一个文化承续和递转时任重道远的征兆；这种子在10世纪中国的黄泥地里，爆裂成美丽的生命；这历史行将赋予一代人开始承担又一段文化使命。

婴孩在暖流循环的胎宫里，不安分地动摇着，宛如听到了历史拼力的呼唤。脆薄的肌体在蠕动着，努力着，奋斗着；拼力绷断了母体的纤维，要诞出自己，要在五代历史最锐利、最沉重的痛感中，逼出自己。

他这一生中，最无顾忌、最自由的哭喊声，清纯地响过。

未来中国的词帝、永恒永生的词帝，就在这星子环舞的热风中，灿烂无比地诞生了。

一个人，出世了，这就是一个无可辩驳的问题，是上天交付给人类的一个事实。

乞巧节的黄昏时分，上天就这样意味深长地把这个男婴交付给了人类。

夜空里，星夜正灿烂。

公元937年。

金风浩荡。老将徐知诰终于以“受禅老臣”的身份，逼得吴王杨溥效法大舜的“禅让”，在“知命”之年，登上了向往已久的帝位。

建都金陵，国号为齐，改元升元。

不知是历史的还愿，还是历史与这片土地有缘，正是在这片“六朝古都”“自古帝王州”的秦淮河边，又一个新王朝诞生了。

十国之一的南唐，就此巍巍耸立金陵。

就在这一年，徐知诰的儿子、婴孩的父亲景通（也就是后来的李璟），被封作了吴王。南唐国的纪年，竟也与婴孩同岁，这只好认作是缘分了。

那么随缘的生命，就唤他作“从嘉”吧！“嘉”，是又美又好的意思，是永远吉祥如意、幸福顺遂；“从”，是跟随、依顺的意思，是亦步亦趋、不弃不离的贴近。在父亲的认知里，吉祥的名字，应该是生命无怨无尤的开始。

但那时，“天意”似乎无意降帝位于婴孩。他不是长子，出生的时候，落日寂静的光芒，把大地每一个坎坷都映照得很辉煌，但没有游龙显影呈祥。

他将作为王府中的公子，享受富有豪奢的人生。如果真是那样，活到老死，青史的长卷中，他将冷落如他的几个兄弟，很少被人提起。

婴孩一天天长大。种子般光润饱满的额头、丰满的双颊，还有骈齿、重瞳的非凡长相，散发着一股奇异的、绝美的光彩，使所有见到他的人都为之震慑。

人们在肃穆的敬畏里，不由想起了大舜，还有项羽，以为婴孩是英雄再世。因为垂裳而治的大舜和西楚霸王项羽，在西汉史学家司马迁的《史记》里，明载着都是重瞳子，一目有两个瞳孔。

宫闱中的家，殷实而且宁静。边境无战事，南唐正是太阳初升的时候，圆满、朝气、蒸蒸日上。

祖父徐知诰，大将风度十足，在遍地兵燹的乱世中，开垦了南唐这一片和风拂拂、远离战祸的“净土”，成就一段意味隽永的历史佳话。

北国莽原，战火正酣畅淋漓地传播着刺鼻的血味，南唐国却在悠悠袅袅的暖风里，开始恢复了舒畅的生机。

它一诞生，便已是“十国”佼佼。

十月庚子，金陵使者的马蹄踏踏越过东南边陲，向汉、闽、吴越宣告立国，又马不停蹄奔向荆南，宣告即位消息。

周边各国，城内城外，南唐的名字伴随宏大的气流，旋刮起一片朝贺的回声。

升元元年，吴越将军来贺。

升元二年，荆南使者来贺、闽国使者来贺、汉使来贺、高丽使来贡、契丹使来聘。

隆冬季，契丹国主的弟弟东丹王也派使者赶着白羊、鞭着快马，翻山越岭来到金陵，献上了牛羊，又另以三万只羊、两百匹马，交换他喜欢的物品，开始了与南唐的贸易往来。

武功殿内，帝笑迎四方来客。崇英殿内，龟兹乐舞热烈欢快响遏行云。金陵老城的人们言笑晏晏，喜迎各国使者。他们要结束所有惶恐和动荡的日子，要忘怀所有的战争和死亡。他们尽情享用和平带来的安宁，他们随着龟兹乐起舞，又演起番戏来尽兴。

乐舞声中，高丽使者虔敬的祝词，冲向殿外的长天阔地：

伏闻大吴皇帝已行禅礼，中外推戴，即登大宝者。伏惟皇帝陛下道契三无，恩涵九有。尧知天命已去，即禅瑶图；舜会历数在躬，遂传玉玺。建夙惟庸陋，获托生成，所恨沃日波遥，浮天浪阔。幸遇龙飞之旦，用申燕贺之仪。无任归仁戴圣鼓舞激切之至。

立国之后崭新的生机，把金陵老城染得绯红。

群臣加官晋爵，各有安顿。

做了皇帝，一统江山的徐知诰，开国大庆，只略修了旧时吴王的宫殿；宫内宫外，只增加了一些栅槛，殿宇屋脊，两端各添上几许鸱尾。

不事铺张，不造广厦华屋，更没有三宫六院、粉黛三千的艳史。不是没有时间和精力，此时南唐，正“偏安”一隅，平宁得很。但念惜财物维艰，克己奉养民力，正是这个新皇不同凡响之处。

岁饮食具、盥洗用具，是铁制的；平常穿的，是布衣蒲鞋。热暑天气，寝殿悬挂的，是葛布帷幔。马厩照明的，是杨吴时代残留的旧灯台；寝宫里点着的，是寻常百姓家用的乌桕油。

吴王旧宫，春色可人。丽人宫娥，秀色可餐。她们却悉数被新皇裁减出宫，准许改嫁。只留下几个老丑的妇人，服侍新王左右。

这就是南唐开国大帝。一个不易、不惑的大帝。

唯满怀中兴大志、不惮吃苦的帝王，才愿这样做，才能这样做。

婴孩吮吸着时代研磨的乳汁，而他那做了吴王的父亲，更将浓浓的文化气息熏得王府满室馨香、沁人心脾。

曾以为，所有华丽的服饰、五彩琉璃珠的装饰，以及由此而生的那种至尊、至贵、至神秘威风的感觉，都属于王公贵戚。皇太子该更是衣冠华美，威仪隆重，风度俊迈，心豪气骄，不可一世。

然而，皇子有景通。

景通很雅。那是指他的心性、为人。他娴静、淡泊、温厚、谦和，而且好古道。在美女笙歌的王府里，他一身朴素洁净的书生打扮，儒风诗骨，在雄豪华贵的建筑空间里，反倒使所有华奢的袍服，失了个性。

他极易伤感，极富同情心。听说百姓歉收、遭灾，他总叹息、伤悯，并即施以援手救民于倒悬。他的“青青子衿”服，不只是为了个性风貌，倒更是为着赡养民力，不犯侈靡。所以他的居处用度，都很节俭。而且礼贤下士，与群臣相处，总像布衣之交，亲近略无盛气。这更有书生情味了。

景通又很骚。那是指他的文心、歌诗而说的。他跳宕而不安分，从不拘扼，总喜欢变化、美化些什么。

他喜书法，兴之所至，竟把南北朝时著名书法家羊欣漂亮的隶书，临摹得几乎乱真；金陵清凉寺那块隶体的匾额，便是他的绝活。当人们津津乐道于这寺中“三绝”之一时，他却另有钟情，去写楷体、草体、篆体，竟又写得极好。

他喜欢诗歌，却又不愿保持恒定。十岁时，他的诗才就已脱颖而出，写下了《咏新竹》的好诗：“苍苔迷古道，红叶乱朝霞。”“迷”字、“乱”字，下得极潇洒、活络。他十五岁时的一首刻石诗句，留在了庐山百花亭。

苍山有灵，当还念得。只不知风雨晴晦，那字迹是否犹自跳脱？当人们津津乐道、击节赞叹他十五岁的诗才时，他却恋上了“长短句”。他热烈的文心汹涌得太快，绝句和律诗都不足以网罗；他骚动的心性太飞扬，刻板的限制已不足以释放；他在寻找一种更佳的艺术表达形式。一种清新的、细腻的、明朗的，重要的更是活泼些、灵动些，乐感极强配器可唱的表达形式，去抒情写怀。

而漫漫文学长廊中，音乐与诗歌的结合体，至秋水蒹葭的《诗经》时代就已成形。对这传统的光大，又滋生了汉魏六朝乐府诗。诗乐相合，这很美。但那时，诗与乐本身的形式，都还不很成熟、不很丰满，没有长足进步的诗与乐，只是相就的结合体。盛唐来临，诗为盛唐之音，乐缘盛唐而灿，新的审美要求时代风范，呼唤宴乐与诗歌密切结合的统一。词，终于顺应文化大潮，热烈诞生！

景通幸运地抓住了这一形式。所有生命的感慨——那孤零无依的苦闷、所怀未遂的心愿、深长厚重的愁绪，都通过长短句、借着闺中人的口吻，曲折地流出。

同时，他草创了自己的风格体系——用淡淡的、几不着痕而且很少的修辞，取代华靡的、生硬晦涩的“镂玉雕琼”；用灵动跳宕、丰富多层的转折，取代滞涩的呆板、难懂的堆砌；用阔大的意境、句子拆合，分而可成独立意象、合而成同一主体的张力，取代尖窄小巧的心事、心语、心境；用倾泻不已，不可遏、不能穷尽的热忱，吐出深邃厚实的感慨——他以先皇储、后帝王的身份，着青衫布衣，闯入词坛，光辉亮丽，使人注目。

在景通二十五岁的那个春天，940 年（后蜀广政三年）四月，赵崇祚编的《花间集》结集问世，欧阳炯为它作了序。李璟的词，全然超越了所有“花间”词人；以博大的意境，超越了韦庄；以灵动的层次，超越了温庭筠，又以深极厚极的感慨，超越了“花间”所有旖旎的风流，独具风骚。

一钩初月临妆镜，蝉鬓凤钗慵不整。
重帘静，层楼迥，惆怅落花风不定！
柳堤芳草径，梦断辘轳金井。
昨夜更阑酒醒，春愁过却病。

《应天长》

玉砌花光锦绣明，朱扉长日镇长扃。
夜寒不去寝难成，炉香烟冷自亭亭。
残月秣陵砧，不传消息但传情。
黄金窗下忽然惊，征人归日二毛生！

《望远行》

手卷真珠上玉钩，依前春恨锁重楼。
风里落花谁是主？思悠悠！
青鸟不传云外信，丁香空结雨中愁。
回首绿波三楚暮，接天流。

《浣溪沙》

菡萏香销翠叶残，西风愁起绿波间，
还与韶光共憔悴，不堪看！
细雨梦回鸡塞远，小楼吹彻玉笙寒。
多少泪珠何限恨！倚栏干。

《浣溪沙》

可惜今天，绿满窗前，我们只能读到他的四首词。但以质而精，历代治词者、读词者对他的评价，都是极高的。“细雨梦回鸡塞远，小楼吹彻玉笙寒”，“青鸟不传云外信，丁香空结雨中愁”，莫不美极。多少年后，在雪浪斋读书的王安石为之吟而击节。今日，当我们读这深远悠长的意韵，仍然会情不自禁感叹，这是何等的美词美韵？

这就是景通——婴孩的父亲，一个又雅又骚的吴王，南唐江山的继承人，一个典型的文化人。

“天性儒懦，素昧威武”，这个性、心性，也在血脉的承继中、生活的濡染中，随亲情融入婴孩的血管。

婴孩在这明媚的日子里，一天天长大。他的祖父将自己一辈子也没有闻到过的芬芳、恬静柔美和平的气息，都创造了出来，包裹着自己的孙儿们。

爱心盈满的祖父，也还是一个“以文艺自好”的帝王。他在振兴文教之时，不经意地将更为清雅的文化气息，播撒开来。永生永世的文化气息，竟深深影响了婴孩的生涯和南唐的国运。这却是高瞻远瞩的祖父，永远不曾想到、也不愿看到的。

与蒸蒸日上的江淮田园一样，南唐文化，竟也是十国佼佼。

帝早年在徐温府中做养子时，就曾于管家之外，偷闲读书习字。“一点分明值万金，开时惟怕冷风侵。主人若也勤挑拨，敢向尊前不尽心。”这是他九岁时，持灯脱口吟出的《咏灯诗》。也正是这诗，使得徐温对他刮目相看。

当政后，帝更以极大的热忱、兴趣，去广收文献、图籍、书画、古玩。金陵的“建业书房”，藏书竟至三千多卷，其中不少是悬赏重金购得或置书吏抄写的。这一切，都在不自觉中，堆积着南唐日渐丰厚的文化，为南唐日后成为“六经臻备，诸史条集，古今名图，辐辏绛帷”的“文献之邦”，奠定了坚实的基础。

公元938年，帝令在京城建立太学，且命删定礼乐，倡导儒学教化。

一时间，秦淮河畔的“国子监”，吸引着四方人才。庐山五老峰下，那坐落在潺潺流水中的白鹿洞学馆，更是名声广大。帝置田产给学馆诸生，又令李善道在此聚徒授业，培育南唐儒生，又诏示各地州县，悉皆仿效“庐山国学”。于是“儒农书服盛于南唐”，与中原兵火战乱，“礼崩乐坏，文献俱亡”的惨景，恰成对照。

公元939年，南唐升元三年二月，帝御兴祥殿。他仰起头，环视苍天，正是旭日初升的时候。

鲜艳灿烂的彩霞飞舞在这位开国大帝的眼前。他想他是迷醉了，眼中的霞色缠绕着南唐的青山秀水，发出了万道赤色光斑。光斑中，百姓安居乐业，齐声颂赞；大片荒草的田园茁长起成千上万素朴又肆无忌惮的金黄色稻谷，漫山遍野涌荡喧嚣着瓜果成熟的香色……

在满目弥散的赤色光斑中，许多个吉祥而且明示心志的字眼、有着日字偏旁辉煌其间的字眼，从心头闪过——昂、晃、坦……蓦然，一个字从荡荡的光斑中跃起，猛撞心头——昪！如日东升，扶摇而起，不正是心志所在，国势吉征吗？

帝大笑，援笔直书“李昪”。就在这一天，他附会祖宗，以唐室后裔自居，且和李渊的大唐宗室续了家谱。他朗声宣布：“还宗复姓李氏，以昪为名。”他的国家也改号为唐。

万岁！万岁！万万岁！群臣的朝拜之声，山呼海啸，回荡金陵。

契丹大使、蜀国大使，来贺复姓大典；吴越使者、荆南使者，来贺李昪郊祀。高丽国也在这一年，遣使朝贡。

939 年的隆冬，在滞重的风中降临。空气酣畅淋漓地传播着彻骨的冷意。马鸣声声，从远处传来，悠悠袅袅地缭绕古城。奔蹄扬起满天尘土。

帝幸后楼，虔诚高祷国泰兵强。祝毕，他伸手一挥，宣告检阅战马仪式开始。

晨光里，薄雾被骁勇的马匹卷起的狂风带走了，大地出现了，阔了，也远了。马儿们奋蹄向朝阳撞去。日色通红，荡荡的雄浑之气，弥漫在 939 年的南唐。

婴孩长到了四岁，他的父亲在这一年，被立作皇储、皇太子。

景通出生在公元 916 年。他是李昪的长子。

景通有四个兄弟——景迁、景遂、景达、景逷。按说，长子继承父位，立作太子，在古代社会中是天经地义的事，但李昪初时并不很注意膝下这个眉目清秀的长子，倒是喜爱二子景迁，因为他是吴王的女婿。

说是政治婚姻也罢，景迁的这门亲事，对当时投身吴王门下，官至大丞相、天下兵马大元帅，进封齐王又心怀大志的李昪来说，是一步重要的棋，他之格外钟爱景迁，不难理解。

景迁，是个极聪慧、警敏又美仪的王子。他与吴王的上饶公主联姻，做了驸马都尉，又分别担任了衙内马步军都指挥史、海州团练使、左右军都军使等官职，并以左仆射参政事，留在广陵辅政，又加同平章事，知左右军史。

少年得志，他的前程，该是很辉煌的。

权臣宋齐丘，感觉到了这少年身上逼人的光芒、豪气，意识到此人将来必成大器，便万分巴结、拥戴他，还推荐陈觉做了景迁的教授，追随左右，以便及时了解内情，掌握他的举止行为、好恶所向。

与此相反，宋齐丘又竭力排挤、怨怼景通，视景通为眼中钉。他参决政事，常擅作主张，却将所有不对、不成的事或行为，都归罪给景通，以贬损景通，借机褒扬推举景迁。

王府左右、术士们也看准了门道，纷纷进言，向李昪游说景迁将会如何大贵、大发达、大放异彩，而且大寿。一时舆论沸沸扬扬。

这使李昪愈发钟爱景迁。终于有一天，他下定了决心，授景通为镇海节度副使，借机将他远远地调出王府；却在同时，授景迁为太保、平章事，代秉国政。这是放弃嫡长子继承父业的端倪。

然而，景迁却在十九岁得暴病死了。大恸后的李昪，也终于悟出术士之流竟都是信口雌黄，惑人之言不可信。

三子景遂，性格很恬淡，多君子雅士气息，而且根本无心于政事。李昪的目光，又投向了四子景达。

景达，神态爽迈，重友情，守孝道，也是很仁惠的人，并且仁而不懦，有刚强嫉恶的骨气，深受李昪的器重，想传位给他，却又太越次了，终于不成。

那时的景通，不被器重，又遭排挤，落寞、郁闷、苦恼，却又无可告语。生为皇长子而仰人鼻息，举动言语不得不十二万分地小心。

景通忍了。一直到李昪开国做了南唐大帝，一个戏剧性的结局，才把他推上了皇储之位。

公元940年，在春风中款款到来。

就在这 ·年，一个海蓝的日午，帝恬然梦去。

他梦见了一条黄龙。通身华灿，鳞片泛金，在艳阳下兀自盘绕，又盈盈从升元殿的西楹宕出，矫首内向，做窥视状。帝蓦然惊醒，奇光顿隐。

猛然顿悟的李昪，速派臣下去升元殿探看。臣子归报：“帝长子景通正倚西楹而立，注目雕梁画栋。”

帝大悟，叹曰：“天意谆谆，一定不是偶然的了。成我李家天下者，非此子莫属。”

遂立长子为皇储。

嫡长子继承皇位，本是封建帝王的古制。景通是长子，又是李昪正妻宋氏所生，皇太子之位，本来非他莫属，而“天意”之梦，又圆了此意。李昪虽不很情愿，却也只有“畏天命”“信天命”了。

帝业中兴，光灿夺目。

李昪大帝，这个曾经流浪过、在寂寂禅房栖身过，又曾敛眉静心、做过养子的南唐开国大帝，懂得民心民苦，更懂得息兵止戈、安民振邦的重要，是个极有见地的政治家。

他那与众不同的政治家风采，早在徐温手下做养子、做升州刺史及至润州（今江苏镇江）团练使时，就已显露出来。

他的治军之道，首在获得军心；治国之道，则在获取民心、臣子心。

他为招贤纳士而专设的“延宾亭”“礼贤院”有目共睹，与将士同甘共苦、抚业安贫的事迹也有口皆碑。

他得到了天下文人豪士的推崇。

一时长于“书檄诗赋碑颂”的史虚白，通晓古今；“辩论风声”的孙晟，相拥左右；更有自称“江左用吾为相，当长驱以定中原”的韩熙载相从；为李昪宽大气度所折服、所撼动，发誓同舟共济、生死相从的狂狷书生宋齐丘，也拥戴李昪。

风云人物，合力操桨，左右将臣，各怀中兴大志。

公元940年五月，后晋安远节度使李金全慕名请降，不久北方名将卢文进也被帝迎入南唐。

踌躇满志，休养生息；广罗中原名将，扩大南唐实力，李昪心有韬略。

南唐将士也都摩拳擦掌，频频请缨：“陛下中兴，宜出兵恢拓旧土!”帝叹曰：“百姓都是父母所生，又连遭兵祸，苦不堪言，怎能随意起兵，为争域广地，使生灵膏血涂于野草!”

帝拒不用兵。

公元941年春。南汉王刘龑派特使星夜兼程，赶往金陵，以国书邀约齐集兵力，联兵克楚，好平分那一方良田沃土，壮大声威。

帝决然拒之。

941年夏，吴越京师大火，数日不息。火舌四处冲荡，将宫室、府库、铠甲、粮仓舔成灰烬。吴越王惊惶而死，群臣绝望无助，废墟和烟灰传布着凄恻的晦气。

南唐群臣跃马横刀，再次请命出兵：“我师晨出，而暮践其庭。愿勿失机，为后世忧!”

趁火打劫，只在一念之间，帝愀然叹曰：“横生屠戮，朕所弗忍。”毅然决定以救灾睦邻为本。

一时，“金粟缯绮”，“盖车相望于道”；吊唁慰问，资助重建京城。

战争、杀戮、血色、铁蹄扫荡下乱纷纷的村舍，饿殍和冻死骨横陈的土地，太熟悉了。幽幽的死气，四面八方蔓延，太沉郁了。李昪那久置沙场的鹰目，在秋风中温和地闪耀。

他想，他有责任复苏南唐的沃野，让百姓在烽烟初散的江淮之地，休养生息。

早在公元939年时，他将息兵安民的国策，广播四方。

南唐的百姓，都欢天喜地地整理着农具，套上耕牛，去耕耘那弃置多时、荒芜了许久的土地。背井离乡、远出逃荒的百姓，纷纷回归亲情的、温暖的家园。

帝令官员按人丁给食，不使百姓冻饿；有愿耕织的，按丁授以土地田亩，免三年租税；有擅养蚕事桑并有功的，给予奖赏；每个人丁垦田开荒达八十亩的，赐钱二万，五年免租，以资鼓励。

“国以民为本，民以食为天。”这是永保南唐长治久安的大策，帝尝到了甜头。

“茕茕一身，不阶尺土”的李昪，就这样在四分之一个世纪里，便统一了江淮三十余州、广袤数千里地。那“旷土尽辟，桑拓满野”“耕织岁滋，文物彬焕”的气象，使血战中的北国瞩目，使东南百姓向往，一时名闻遐迩，万邦来朝！

域外，遥远的契丹国将“英武明义皇帝”的称号，恭敬地授给李昪，并献上珍贵的白狐裘和马匹。

高丽使臣，南来北往，络绎不绝；中国境内，吴越、荆南、闽、南汉、后蜀、辽国的使者，接踵而至，纷纷往还。

942 年，帝大寿。闽使、汉使、吴越使，纷纷朝贡，祝万寿无疆。

帝放眼江山，他想，是大展宏图的时候了。

他需要长寿、需要强健的体魄，他有许多事要做、许多梦要实现。公元 943 年，一个下雪的冷冬，帝开始吞服金丹。病毒开始在他体内蔓延，疽疮从背上渐渐发出。

帝一面密令太医诊治，一面听政如故，心性却日渐浮躁、暴怒。

这年二月，帝大梦，梦见自己吞下了灵丹。他浑身充满了热辣辣的燥味，深深的瞳孔黯淡了太阳的光辉……

他在心底呼唤：我要长生，神啊，助我！

婴孩在翰墨之中，长成幼童。他在这里左顾右盼，快乐、好奇。祖父灿烂的、闪烁着骄傲、明澈和豪迈的眸子及前额，谜一般流溢着丰满伟灿的光环。他仰视不够，只有倾慕。

父亲的书屋，那么香，那么充盈。他喜欢那里面泻出的光，淡淡的，烛照书屋里满架神秘的、雕版印刷的书，或是漂亮的纸写本书。他感到非凡、崇高、深奥，让人离不开。

这是美妙芬芳的童年，一切平和。风静静吹，树轻轻摇，阳光轻抚大片宫墙，以及青青的草叶。熏炉燃香，金井栏杆，温柔轻护的宫闱，像母爱的臂弯，呵护着许多明丽的梦境。

但是，一次小小的宫廷立储，却把人世间的阴风浊浪，推向了他小小的、天真的心灵。这一切来得太早、太快，所以从此，他开始害怕角逐，也结束了童年。

立为皇储的景通，仍不能安宁。王府内钩心斗角的事，日复一日。这却不是某一个瞬间缘于一梦，就能杜绝的，也不是一次辉煌的立太子大典就可以解决的。只要在皇室待一天，这骚扰就会存在一天，就像伴人终生的梦魇。

所以他对皇储之事，是既爱又怕；既想要，又不敢要。

他推辞过，但那已是“天意”，而帝意也决；他的谦让，使父皇大为感动，赞曰：“守廉退之风，帅忠贞之节。”“有子如此，予复何忧？”

被委以大任的景通，却是“素昧威武”的一个儒生，虽也骑射善猎，却更喜欢在自己的书房里读书、写字、作诗词，独自品味世事之外的大自在、大逍遥。他常亲自整理乐器，也常沉溺杂事，不务大业，实在有愧于中兴江山的皇太子使命。

有一天，帝偶入太子宫殿，惊见景通正亲理乐器，遂勃然大怒。斥骂之声，犹如“乳虎”震齐宫。

景遏之母种氏听说此事，暗中窃喜。种氏原是乐部宫伎，得幸而生景遏。因景遏是最小的儿子，又是李昪做了皇帝后才得的，故格外获帝喜爱。种氏也因此受宠，封作了夫人。

种氏开始向李昪挑拨，说景遏的才能远在景通之上。帝闻而大斥：“子有过，父教之，是常理，岂敢如此说话！”

种氏被幽禁在别宫，以后，又被削发为尼，凄苦度日。帝对景遏之爱也因此大减。

这一连串变故，深深刺伤了景通，使他更为不安、内疚、苦恼。

兄弟四人，问题重重，都缘了一个“皇”字；宫闱内部，危机四伏，也都在谁为皇储。

公元943年，一个白雪纷纷的冷冬，因服金丹而久卧病榻的南唐开国皇帝，熄灭了幽幽的瞳孔中的光辉。

临去时，他环顾江山，双目有温热咸涩的东西在轻流。

为着南唐的基业，他与吴越、闽、楚交好，存三国而以其作屏障，是为了防北兵南下；他拒绝发兵乘胜扩大江山，是为了劝课农桑，使国内殷足、兵旅强壮；他沉下气来，养精蓄锐，为着守成，当然也渴望时机成熟，天势相成之际，“中原忽有变故，朕将起而为天下倡”那一天。

但如今，百废待兴，帝业正起，大限却也到了。

愧和恨，纠集心头，而社稷宗庙，能否永远？不敢知；而南唐基业，能否永存？也不敢知。

帝的目光越过南唐的天空，投向了北方——广大的北方，后周正像巨大蟹状阴云似的，盘桓在无垠的天空。帝费力地抓住了皇太子的手：“汝守成业，宜善交邻国，以保社稷。”

太子衔泪点头，允诺了又允诺。帝却拉过太子的手指，拼死咬啮下去！

他眦裂双目，喘息着留给太子最后一句话：“他日北方当有事，勿忘吾言！”

言罢气绝。

血，顺着太子的手殷殷流下。

升元殿，哭声四起。五十六岁的南唐开国皇帝，在那个风也萧萧、泪也迷离的二月天，走完了帝业最后一程。

死后，他被谥为“光文肃武孝高皇帝”，庙号烈祖。

十一月，他被葬在了永陵。

南唐升元六年二月始，升元殿再没有烈祖朗朗的笑声。七岁的孩童，第一次经历了亲人的大丧，第一次认识了死亡。那么近、那么亲、那么慈爱的祖父的死亡。

三月，在翦翦春风中到来。

烈祖已去十天，而皇位，仍空着；景通，仍没有坐上那金色的、至高无上的交椅的意思。

就像公元940年（南唐升元四年）八月，他被立为皇太子，却坚辞不受，要把太子位让给他的兄弟一样，他再三泣着，要让皇位给他的几个弟弟。

在古代社会，为着夺位，递演过悲剧无数。景通的一再让位，自然是出于个性的仁惠温厚，也实在是当时情况下处境艰难、出于无奈的举措。而去世前的烈祖，又曾在病危的时候，密传召唤过景达。幸而医官吴庭绍速将此事告知了景通，才派人追回了密信。

烈祖去后，宫中上下，又各怀心机。中书侍郎孙晟、魏岑、冯延巳、冯延鲁等人，欲称遗诏，奉元敬皇后宋氏临朝听政。皇后断然拒绝：“这是武后故事，吾岂为之！”听政之事，才不得已而罢。

当时的景通，又何敢略无推辞入龙廷？他的踌躇、推诿，不失为一种心机、一种姿态，很是必要。他先称有病，要让位给景遂，未成；又想依次推迁，让位给景达，遂了先帝心愿，但都被大臣们制止了。

三月春天，青青草长。嗣位之事不得再拖延了。奉化节度使周宗，偕同侍中徐玠来到先帝的灵柩前，取下皇冠皇袍，披到了景通身上，直言相劝：“先帝付殿下以家国社稷之重，殿下固守小节，岂是尊先旨、崇孝道呢？万莫推辞！”

景通，终于一步步走上了帝位。

虽说是左顾右盼，万般无奈，而且在烈祖的梓棺前，又再三发誓将以帝位“兄弟相传”。他那文人的肩膀，却再无法卸去国家的重荷了。

这年三月，他终于登上了帝位。那天，他大赦境内，改元“保大”，盼望国势永保太平。

他向往美玉般焕发光彩的业绩，把自己的名字改成了“璟”。

他还尊皇后为皇太后，并徙封寿王景遂为燕王、宣城王景达为鄂王，进封长子东平公弘冀为南昌王。百官进位二等，将士也各有赏赐，百姓则免去了租税。

平安的喜气洋溢在金陵城内外。

他那小小七岁的孩儿，仰视父皇，心中大概也不会有太多、太大的欢喜。围绕“皇权”所有的争执、猜忌、觊觎、角逐、倾轧，他未必懂得全部，却也分明感觉到沉重的阴影与不安。

七岁的思想，醒着。

第二章　文心

许多人被他“文化人”丰厚心质中呈现出的宏阔壮观的景象所迷惑、所震撼、所感动。

真相被现象包藏着。

七岁的目光，越过红墙金瓦的繁华、母亲怀中温暖的记忆。永远记得那一年，那宫廷多灾多难的一年。绿叶红花，在那一年冬天纷纷坠落，殷红的、浸着阴谋的宫闱气氛，厚厚的、重重的，把他活脱脱的童心，都埋了。

父亲做了皇帝，小男孩和他的几个弟兄，也都在那一年，匆匆成了皇子。锦衣玉食依旧，手足亲情，却没了。

他的长兄弘冀，是个心怀王欲，颇想成南唐一主的人，又是一个心胸狭窄、颇多城府和心机的人。从嘉天生的奇貌、帝王相，使弘冀不能释怀，也无法释怀。

而通向皇权之路，是容不得他人的。

从嘉从此成了弘冀眼中的劲敌。弘冀阴沉的目光，总带着挑衅、猜忌、冷漠，以及说不清楚的古怪表情，锐利而警惕地注视着他。没有人可以逃避这样的目光。

这经历使从嘉悚然惊骇。

而弘冀，却在抓紧时机，积聚着自己的实力、权势、威望，从各个方面为自己铺垫着一块块通向皇位的石阶。他努力排挤着窄窄红地毯上每一个有心或无心的路人。他要做唯一的——永远唯一的——通向那方金顶的当然承续者。

李璟终于穿上了皇袍，但他还不能断定人生的顶峰是否到来。他以复杂的心情接受这个历史事实，因为这意味着从皇冠的筛眼里遗落下来的胞弟，正冷眼盯视着自己，更因为他必须对皇帝这个神圣的称号承诺。

权利和义务是对等的。

帝王——这顶用荆棘和珠宝编织的桂冠，只有极少数人能从容戴在头上。

作为南唐江山的承继者，德昌宫——皇家仓廪的军械和金帛顺理成章地由李璟支配。凭借烈祖留存下来的物力、财力和强盛国势，李璟起初也颇有几分豪气，几许潇洒。

然而即位之初，他却轻率地犯下了第一个错误——任用“五鬼”，即委冯延巳、冯延鲁、魏岑、陈觉、查文徽把持朝政。这伙人无安邦治国之能，却浮华自负，谄佞阴诈。这无疑为南唐后来的式微，埋下了最初的祸胎。

李璟也由此品尝了南唐建国后，第一次沉重打击——兵败福州。

公元 944 年五月。一位密使自闽来到金陵，给南唐中主李璟送来闽国内闽王被弑、闽将朱文进自称闽王的消息。

二十八岁，初登帝位，而欲扩大南唐版图的李璟，眺望东南，心想：“该露一手了。”

冬十二月，一场大战在闽土展开。李璟令枢密使查文徽率兵挑战，没等野心和狂热织就成胜利的花环，便已兵败盖竹。

这是南唐开衅邻国之始。南唐的战争史——或称衰败史——就在这片血色中，被掀开了扉页。

945 年匆匆来临。在东南荒野上，搏杀和争逐也随之降临。李璟不甘盖竹之败，又起兵出征。南唐三路兵马，由查文徽率领，星夜兼程，直捣建州。在苛政战乱中积怨已久的闽国百姓，纷纷挑粮担水，伐木开道，起而接应南唐军队。

二月，南唐大军破赤岭。七月，拔镡州。八月，建州城城门在一阵沉闷的击撞声中，哗然冲开，兵戈呼啸而过。闽乱发难者闽主王延政匆匆做了城下俘。

汀州（今福建长汀）、泉州、漳州守将，随即俯首称臣。南唐鲸吞了除福州而外全闽的版图，金陵喧腾了。

军士们在狂欢中，酣醉了自己，开始劫掠建州城。

生灵涂炭，家园被践，闽人双眼的热潮，被冷漠和仇恨取代了……

金陵的阳光暖暖的，软软的，这是金秋的天气。璟帝展开版图，骄矜得微微有些摇晃。

这是一个很好的开端，他想。出师有功，虽然兵无节制，剽掠太甚，却也不必太咎其过。

璟帝的眼睛在福州定格。

他想，他必须一鼓作气，夺得闽土的一切。

公元946年夏。璟帝颐指气使，派人唤来枢密使陈觉，令他登上南去的车马，狂奔福州，宣谕福州守将李弘义，速入金陵称臣，献上福州版图。与此同时，璟帝的部将们已各尽其能，排挤或调离了原闽国降军将领的刺史位。降将的仇恨，在热风中疯狂酿炽。

璟帝犹自在京城悠悠品尝建州乳茶。袅袅茶香，温暖沁人，犹如福州六月的风。

宣谕使去了很长时间，没有带回李弘义。八月的热风，却吹来弘义拒降、福州兵戈相接、大战正酣的急讯。璟帝始惊，急令魏岑、冯延鲁率兵支援。

东南战场，南唐军队如蚁般拥来，箭矢过后，闽兵成片歪倒在灼热的黑土地上。福州城的外部，顷刻间扎满了南唐的军旅。

李弘义明白，大势已去。他决计宁可委身吴越，也不降南唐。他向吴越请求援兵。

公元947年在两军对峙中到来。

正月，两名契丹密使跃上骏马，飞鞭狠抽胯下良驹，疾驰塞北荒野，直抵雪沃的金陵。契丹国主的铁蹄已长驱直入汴梁，后晋帝被废。契丹入主中州，着绣龙黄袍，登上了龙庭。更具诱惑力的消息是——为了与南唐继先世之好，契丹国主请南唐会盟于境上，并欲册李璟做中原主。

璟帝遥视闽南烽火，欲行不得，心中泛起阵阵悔意："闽役惫矣，其能抗衡中国乎？"长叹久之，遂拒绝契丹国主的邀约。

雪雾在黄河两岸战栗着浮游。契丹兵在中原开始恣意地烧杀抢掠，后晋军民起而抗争。密州（治今山东诸城）刺史皇甫晖、青州（治今山东益都）刺史王建、淮河沿岸重镇戍将，不约而同投奔南唐。他们呼请李璟廓契丹于中原，出黎民于涂炭。

中原有隙，正可图也！可慰烈祖临去时，中原北望之虑，可救南唐江山于后顾之忧。韩熙载见机，急向李璟上疏："陛下有经营天下大志，恢复大唐盛威，今正其时！国之废兴，在此一念。倘若契丹国主北归，中原有主，再展宏图则难矣！臣请毋失良机！"

帝愀然北望，终因伐闽力竭，不愿。

江南三月，莺飞草长。

福州城外，突然尘土飞扬，战船蚁聚！吴越援闽大军自海路、陆路包抄而来，狂飞的马鞭抽得整个闽东南瑟瑟颤动。

恶战在围城下爆发。军械撞击间，吴越麾兵大进。渐渐地，南唐将士的刀法由攻杀转作防御；总兵冯延鲁的钢刀，渐渐钝了；他的副将孟坚一头栽倒在闽土上，再也没能起来；烈祖府库十万刀弩剑戟，遍野狼藉；两万余士卒的尸体，倒卧在滔滔闽江两岸。

吴越兵的喧嚣声祝捷似的滚过围城。

冯延鲁明白他败了。南唐败了。他腰间的钝刀已成了使自己难堪的装饰物，他盲目的指挥加速了灭亡的到来。他拔出佩刀，举向脖颈……

他没有死。他的将士劝阻了他。

风从四面刮起，他们一路在刺鼻的血味中，滞重地开拔。

福州大败，当然激励了当初无奈而举白旗的闽将。清源军节度使留从效借机造反，他甩起战袍，奋迅向南唐派驻的漳州戍将发出了速归的强硬通牒，并于翌日强行“饯行”。

又一路兵马，自闽土大撤退。荒原上，他们背影磕磕绊绊。

天幕低垂。

四月，弹劾“五鬼”的吼声，在金陵乍响。御使中丞江文蔚、知制诰徐铉、史馆修撰韩熙载，愤而上疏。

璟帝的双眸失去了光彩。温热多雨的福州，已划归吴越版图；多水仙的漳州和港湾淡蓝的泉州，也已失去辖制。南唐的版图，终于未能拓展到大海的边缘。

璟帝下诏将陈觉、冯延鲁流放他乡，又贬了冯延巳、魏岑之官。

五月。契丹国主匆匆北撤，途中暴病而死。

中原无主。璟帝再次心动了。他令李金全为北面行营招讨使，意欲北伐，平定中原。

掌管财物的杜昌邻取出账簿，核点库存而大惊！烈祖所积财力物力，竟已失过半：“国事去矣！”

帝闻知，愀然不乐，兵踌躇未进。

六月。后晋重臣刘知远得隙入汴梁称帝，后汉立。

呼吸之间，南唐坐失良机！

璟帝茫然北顾，悲叹感慨：“中原无主，盗寇纵横之时，竟不能乘乱而动，兴师抗衡，恢复大唐疆域，却劳师于海隅。”想起来，自己实在是有负于祖宗的罪人了。从此，他悔恨百端，不得自解。

历史的机会一旦错过了，便永远无法偿还。

岁月，天天在流逝。流过热烈喧哗的春天、溽暑的夏日、安详宁谧的秋日以及多雪的冷冬。江南肥沃的土地、凝重的河流、亦青亦黄的原野，在季节的风中，热烈、颤动。

从嘉长成少年，长成青年。

萧墙内的劫波，使他沉思、默想。

他不再对宫闱寄有温情的期望，也不再有天真。这是一段令人压抑的时光。他一直在躲，在逃亡。他不堪那警敏又含着敌意的目光。他要把自己包裹起来，藏起来，包得紧紧的，藏得严严实实的。

宫苑内，没有充满野气的荒原可以长啸，可以发泄。而他又不敢迎视那目光，去横眉怒对，去挑战，或去蔑视。他也无法曲意逢迎、讨好，做出违心阿谀的样子。那不是他。

他只有逃，逃向书屋。那是他的精神家园。

从童年时代起，他就产生了对生活的深思。皇权难道真就是人生的目的？父亲为什么不为自己所得到的权位而兴奋，反而要一再谦让？

如果皇权真是人生的目的，那么巢父、许由为什么要把尧帝传给的皇位，拱手让出，自己反在荒僻的山野，过起隐士的生活来？而商时孤竹君的两个儿子伯夷和叔齐，为什么又都拒不接受尊隆可贵的继承权，却是轻车简从，逃到了周国，而且又隐居一隅，宁愿采薇而食，代替锦衣玉食？

想秦皇汉武，中华古国，代有君主，代有圣主，他们辉煌过、风光过，如今墓穴边，松风呼啸，昆虫长鸣，它们呼唤着什么？什么又是永恒的不朽？

权倾一时的帝王将相，皇朝重臣，天子门生，殊荣哪里去了？恍如风吹过历史山巅的树梢，或许能拂卷了几片落叶，或许能掀几阵微澜，甚至狂风卷起大树，但风总会过去，历史的飞尘又会将掀去大树的深洞填平。

在落叶成泥的地方，总有新芽拱出，新树长出。

人生舞台，多少功名利禄，到头来仍是一抔黄土，数茎枯草，向着夕阳，如何讲说衷情？

“思追巢（父）许（由）之余尘，远慕（伯）夷（叔）齐之高义。”这便成了从嘉人生的信条。巢父、许由、伯夷、叔齐的让位隐居，合上了他热情的节拍。他要把自己皇子的身份和项羽般的奇貌隐去，隐去一切令人炙手可热的权与势，他只愿做一个宫闱的隐者。

在这默默无语的日子里，每望金陵巍巍耸立的钟山，他都像是有所发现，有所期待，有所共鸣。那是一座多么超尘超俗的大山啊！他向往那方山水，他觉得钟山最是隐者的佳构。

他自号钟隐，别号钟山隐士、莲峰居士、钟峰隐者、钟峰白莲居士等。好逃避那满是敌意的目光，好表明心中的意向。

逐渐地，他把目光由珠围翠绕的宫廷，转向了人生的淡泊，以及与世无争、无怨无尤的自然野趣。

渔夫的或是农夫的生活，最是散淡超脱，最合他意。只要有纸、有笔，只为了这过程所构成的生活境界。

譬如在野草荒藤也都茂盛得自在坦荡的大山里，筑一个小小的木屋，天天在它周围的老树下、荒草边，或者丑石旁，安然坦卧，安然闲居，安然小坐。衣不必华贵，粗布褐巾可矣。炉开小火，泉唱几许，在满山弥漫的沉静光芒中，一个人还可以写写小诗，并且把它们题在山舍的壁上，这种恬静的生活，是否也是人生至美的境界？

譬如在野气荡荡却并不衰败的草叶间，想想远古的彭祖和涓子，猜想他们曾怎样仙来仙去的自由。或者等等高僧宗远，一直地等，等着他平安的祈祷，等着问人生的真谛，就这么在苍幽的大山里，闲闲地，散漫地想，不为尘世俗务所累、所牵制，不求闻达，不拘强名，不图虚荣，也没有贪欲。平平淡淡，是否也是人生至真的生活？

他感到自己的体内充溢着一股如流的情愫，他就这样向他的“钟山”隐去。

当他那单薄的身影被浓密的林子遮掩时，呈现在我们面前的，已不再是一双王子的无瑕的明眸——那里面写着无尽的忧伤，山岚流水、芳香草气也洗不净、熨不平的忧伤。循着他留给茫茫青史的这一段印痕，我们读到了他隐居期间涂写在山舍小屋的诗：

山舍初成病乍轻，杖藜巾褐称闲情。
炉开小火深回暖，沟引新流几曲声。
暂约彭涓安朽质，终期宗远问无生。
谁能役役尘中累，贪合鱼龙构强名。

就在这种心理背景下，他接触到了卫贤的一幅水墨画。当那位喜作楼台、人物工笔画的内廷供奉卫贤，请从嘉题签时，从嘉对画中情味，产生了强烈共鸣。

整个画面被荡荡的空间，占去了大部分。几簇桃李，轻舟一叶，落红无数，一白首老翁正抛出长长弯弯的丝线，悠然垂钓。画的标题是：《春江钓叟图》。

他感到有一股远离尘嚣、超然物外的清空气息，直扑心怀。深深吸了口气，他在画的空白处，题下了两首《渔父词》，画里画外，完成一个平衡：

浪花有意千重雪，桃李无言一队春。
一壶酒，一竿身，世上如侬有几人？

一棹春风一叶舟，一纶茧缕一轻钩。
花满渚，酒满瓯，万顷波中得自由。

公元950年。五代十国神秘的棋局又发生了变化，后汉天雄节度使郭威拥兵自立，废后汉主。汉亡。

韩非子说："邻国有圣人，敌国之忧也。"南唐没有立即认识到这一危险。

璟帝仍然心怀狂妄，频频出兵。二月，查文徽袭福州；文徽战败，陈海又驾战棹出师；九月，何敬洙率兵援南楚，卷入西邻南楚马氏兄弟同室操戈之乱。

西攻楚，南伐闽，狼奔豕突，而兵将又多是不谙军旅之少年。

而此时，后周太祖郭威，登上中原高高的城楼，正极目南眺；南唐兵败师疲，正好挥戈出师——迅即，后周大军马不顿蹄，狂飙一般掠向淮南！

南唐的神威，南唐的江山，瞬间在北兵的箭矢铁蹄中，被扫荡得乱乱纷纷。

淮南尽失。

陆游《南唐书》书到此处，悲切长叹："国遂衰削，不能复振！"

他逃向了书屋。

权争的世界消逝了，一个文化的世界，却诞生了。一直到他死去之后，他的这个文化世界，更在后人的眼光里，显示出辉煌灿烂来。

每一个时代的文学爱好者，未必都能从自己的情感体验出发，懂得李煜，懂得他无奈却也有心的大逃亡。

逃向书屋的从嘉，在中国瑰丽的文明之河里，长期孤独地潜泳，像一个为艺术而苦修的隐士。

在平静的书桌前，他初学的是唐代书法家柳公权，后来又研究欧阳询、颜真卿、褚遂良、陆彦远诸家。最后，他溯源而上，遥目赞叹魏晋大书法家钟繇、卫夫人、王羲之。

但他情有独钟的，却是王羲之的业师卫夫人，那位著名的女书法家。

抽象的点、线、笔画，表出物象，交织出物象本身，或是物象间相互关系的条理——长短、大小、疏密、应接、向背、穿插等的规律、结构；同时，又反映着人对它们的情感反映，流出书者的心与情，这就是中国书法，一种独特的艺术，像诗，像音乐，像舞蹈，像优美的建筑。

面对浩瀚的墨海，他的心感到从未有过的畅快。所有内心的情感，喜怒窘穷、忧悲愉快、怨恨思慕、酣醉、无聊、不平、怫郁、困惑，只要有动于心，都可寓之于书。

通贯大宇宙的一条线，万物在它里面感到自由自在。古中国的先民，极早便在书法里——在商周钟鼎文、汉隶八分、晋唐的真行草书里，极丰盛地界破了虚空，留下了人心中的情愫。

像王羲之写《乐毅》，情多怫郁；写《黄庭经》，则怡怿虚无；写《太师箴》，则纵横争折；写《兰亭》，又思逸神超。从嘉找到了自己抒情遣怀的广阔天地，一个多么自由的天地！

他进入了一种恍惚入迷的状态。在宫闱里头，有这样一个宁静的去处，像是上帝的苦心安排。

他曾经找不到去处，找不到归宿，忽然间什么都找不到了。现在他可以默默地到书屋里去，仅为着逃避一个世界，到另一个世界。

他在那里读古书、写书法，无论什么季节、天气、时间，他都在这书屋里待过、写过，有时是一会儿，有时就写到满天都亮起星，又亮起晨光。

他可以一连几小时专心致志地写，也以同样的耐心和方式收集历代的墨宝，揣摩前人的作品。

中锋、侧锋、藏锋、出锋，方笔、圆笔，轻重、疾徐，都在他的笔下成其变化。像音乐运用少数的乐章，依据和声、节奏和旋律的规律，构成万千乐曲一样，他用笔倾写自己藏得太苦、太紧、太久的永不停息的自由心性。

一本本地临写，一点点地汇聚，再一步步地构建自己。沉沉黑夜，漫漫长路，看穿这个世界追权逐位的忙忙碌碌，还是书屋最舒坦。

他在这里继承着中国书法灿烂的精髓，融合吐出的竟是独创的一体——金错刀、撮襟书。

历史上，多的是兢兢业业的临摹者、守成者，即使学得惟妙惟肖，毕竟还是模仿者。有多少人能构建出自己的体系，独成一峰呢？

他是值得骄傲的。他那成熟的光芒，也就闪现在这里，那么光辉、亮丽。怪不得《曾慥类说》评李煜时，要称："公非贵貌也，乃一翰林学士耳！"他原本就是一个杰出而超人的学士！

他的"金错刀"体，像颤笔樛曲的样子，苍劲、古朴、遒劲，将人生无可告语和顿挫着的一切都融化了进去，点画行笔，轻重缓急，螺旋运动一样，显示着力与强悍，坚劲、阳刚，却又分明有着回肠九转、左顾右盼、欹侧不平的阴柔。

他的笔流出的永远是心声——对立与统一、矛盾与困惑。他太明显地把心事与书法糅杂在一起，又将书法与纷繁的人生经历纠缠在一道。

"撮襟书"则改变了传统用笔作书的方式。兽毛捆缚的笔，自殷朝起，就在中国人的手中运转自如，使书法成了整个世界独有的艺术，辉煌而且永恒。但从嘉兴致所创，这铺毫抽锋、巨细收纵，极富弹性的妙笔，已不足所用。他竟是卷帛作书，大刀阔斧，一副横闯蛮强的英雄气，自信得美丽。

不再凭借笔锋的变化，而是强调宏大、神与气、运转自由，全无传统羁绊的豪放，从嘉何以在他的书法作品中，表现得这样俊迈？这是令人惊奇的。

他所有的字，不论大的还是小的，无一例外地表现出一种瘦硕、嶙峋、刚毅、雄强来，翩翩恣肆，意境独特。

他写的杂说有数千言，他的德庆堂题榜，"大字如截竹水，小字如聚针丁，似非笔迹所为"。《皇宋书录》载张舜民跋李煜书云："若以书观后主，可不谓之崛强丈夫哉？”

他优秀的行书墨帖，有《淮南子》《春草赋》《义天秤尺纪》《浩歌行》《克己处分》《批元奏状》《礼三宝众圣贤仪》《八师经》《宫相诗》《李璟草堂等诗》《商秋等诗》《牡丹等诗》《古风诗二》《论道帖》《招贤诗帖》《乐章罗帖》《乐府三》《临江仙》《杂文稿》《金书心经》《智藏道师真赞》等。

一直到南唐灭亡一百五十年后，这二十四种墨帖，还在宋徽宗诏令编撰的《宣和书谱》中，被珍惜地收入内府。

一直到南宋乾道六年（1170 年），大诗人陆游往夔州（今四川奉节）任职时，途经金陵，去清凉山广慧寺凭吊，还在德庆堂遗址附近，看到了从嘉卷帛所写的“撮襟书”堂榜刻石。

可惜朝朝暮暮，风雨晨昏，碑石今已无存。他的墨宝竟也丧失殆尽。后来的我们，终于无缘一睹为快，只有徒叹奈何了。

所幸，沧海桑田，他的两篇书法专论，倒是流传下来，使后人能够读到他的理论、他激赏的风格、他那响亮热烈的书家风采以及那份墨林震叹的伟气，并从中想见从嘉亡佚之作的雄风。

有时候，我们会有这样的感觉——当我们欣赏一个人的书法的时候，会读出这个“人”来，竟至于他的风格、气质。我们会津津乐道于抽象的点、线、笔画，它就像是生命躯体的骨肉筋血，使我们从“字”里看见活力。这种感觉在从嘉读了累世相传的许多墨帖后，也都很深切地感觉到了。

字如其人，风格因人，中国书法之美总是平凡中见真性，在燥湿停匀的墨色里，历千百年还能给我们种种启示。

翻开前人墨迹，从嘉想，壮年的时候，人神明气正，最具锋芒。所有惊世骇俗或标新立异的个性，关不住地外泄。这时候操笔将热血之性托之于毫素，写出的总是襟度豪迈、气势开张的绝调雄笔。

像是西汉的骠骑校尉霍去病。他十八岁杀向疆场，初时拥兵千骑，心高气盛，浩浩荡荡扑向战场，六出沙漠，封狼居胥山，刀光过处，荒原便泛滥着敌人落下的首级，极尽长天阔地的纵情。

也像是夏天里，成千上万骚动而又肆无忌惮的云峰，铺天盖地；大地上，一柱擎天顽韧而无可名状的奇山，豪迈夸张；正午时，燃烧光热融化一切的太阳，不可逼视。

这时的运笔，显见是处于一种张势。

到了老年，心也稳了、平宁了，安详沉静，收敛了年轻时所有不安分的狂气，书法艺术也就漾出精精细细的光泽，娴熟、适度、规矩，结笔时，那屈伸飞动的风骨，也被滋蔓成圆润的老到。

就像是三国时，诸葛亮统三军出征，轻摇着白羽扇，从容接敌，可曾见得有几声高遏行云的长啸？却一样有坚强绝伦稳操胜券的能耐，屡战屡胜。

这时的笔法，显见是处在一种守势。

柔与刚虽都算得至美，而柔与刚却因人的壮老不同，各异其趣。

可见，人的书法在壮年和老年时，风格多有不同，功用也悬殊。但常有不识这真趣的人。

他想，书法云者，其实未必神秘不可知。那些看似只有书苑同仁间才能了会于心、欲辨忘言的悟性或共识，像佛性一样，常人也会了悟。

书法有八字法，总称作“拨镫”。“拨镫”，也就是用笔相推让，就像乘者拨镫一样，所以取了这个名字。他很庆幸自己从先生那儿学到了此法。这是神奇的笔法。

这种方法，从卫夫人及钟繇、王羲之，传到了欧阳询、褚遂良、陆彦远、颜真卿，直到今日。由于前人对书法技艺多是耳提面命地师承，少有写下来记在书面供后人展读的。终于得到这一妙法的人，也就罕见得很，是绝不轻易示人的，往往只是一个人私下深做功夫，日夜研学，水平也愈见长进，可惜平常人多半是看不见这方法了。

这使他很觉惋惜，他觉得，其实八字法也就是“擫”“压”“钩”

“揭”“抵”“拒”“导”“送”法。现今存世，大家还看得到的颜真卿墨迹，就是用这八字法写成的。

他曾细细地探究过这八字法，从中悟得了真传。他最担心的是口耳相传，不知到哪年月，又会湮没了这等妙法，使后来的人学不知所以。中国文化的浪费莫过于此了。

他决定把这八字法详细写下来，供后人研读学习：

“擫”者，是擫大指骨的上节，下端用力欲直，就像是提起千钧一样；“压”者，捺食指着中指旁；“钩”者，钩中指着指尖，钩笔令向下；“揭”者，揭无名指着爪肉之间，揭令向上；“抵”者，无名指揭笔，中指抵住；“拒”者，中指钩笔，无名指拒定；“导”者，小指引无名指过右；“送”者，小指送无名指过左。

满怀着文化人的责任心及书法理论家的使命感，他将上述这些书法的基本要领，以及书法风格因人年岁不同、功用殊异的特色，都写入了文章中——这就是《书述》的全部内容。

“独具慧眼，发前人所未法。”这是后人对《书述》的评价。

确实，这篇文章对弘扬中国的书法艺术，有不没之功。据《书法正传纂言》论，从嘉掌握了“拔镫”之后，书法更为绝劲，还增加了“导”“送”二法。《皇宋书录》中，也有这样的记载。

果如此，从嘉不单是宣扬、传授了“拔镫”法，更是再创并光大之了。说他是文化伟人、奇人，名副其实。

真正的孤寂并不是孤独。那是与万物合而为一的境界；与清凉的云气、夜露、小草、绿窗合而为一，与笔墨纸砚相伴相拥；那是跨越前朝千年百年，古今中外、天涯海角，与书中伟人师长秉烛长谈，夜雨敲窗都不倦的热烈；那是一盏青灯，光焰若豆，把影子幢幢印在壁上，面壁静思，与天地大化同在的从容境界。

人生云者，一个人，也只有一个人独自融入了这样肃穆绝伦的境界，才甘愿永生投入这样的书屋读书，才会获得生命中一种远长厚重的真实。

也就是在这样静寂的独处时候，从嘉在历代墨宝里放牧着自己的心性，在其中释放自己那闪烁着灵智的思想。

博大的艺海天宽地阔，他随意占有了一角，便有了开拓的冲动、品评的激情，把这一角拓展成灿烂的一片，有声有色的一片。

他以极高超书法鉴赏家的眼光，品鉴王羲之并唐代那些师承王羲之的、极有名的书法家的作品。

他洞察了他们的得或失，看出了他们在师承其一体时，往往又不自觉地失去了什么——一点点地失去，最终丢失了王羲之字体的真正蕴涵。

比如虞世南，他虽学到了王羲之字体的美韵，却又失了俊迈；欧阳询算是得了其力，师承了俊迈一格，却又失去了温秀；褚遂良得了其意，却因呆板而失了变化；薛道衡的曾孙薛稷，得其清，却又失于构窘；著名书法家颜真卿算是得了王体之“筋”，却又不免失于粗鲁。

柳公权也是著名大书法家，他学得了王体的“骨”，那些字的最基本的形体间架，他都学得了，偏偏却显得太生犷；八体皆备、尤精草隶的唐代书法家徐浩，得了王体字的“肉”，写来水墨均匀，但又写得太俗了；玄宗时的北海太守李邕，得其“气”，可惜失于体格；著名“草圣”张旭得其法，而又写得未免太狂了些。

只有王羲之的儿子王献之，骨肉均匀，筋气通畅，算是将父亲字体的美韵、俊迈、温秀的变化，以及“力”“意”“清”“筋”“骨”“肉”“气”“法”诸体格全部学了过来，可惜太失于惊急，没有蕴藉的态度。

从嘉且读且想，写下了他的那篇著名的书法评论——《书评》。

读这篇文章，我们惊叹于他的天才与渊博。对书法艺术之道，竟有这种造诣！惊叹于他的魄力和眼光，竟敢指点唐代如此众多书法名家巨匠，激扬文字，评论得失，而持论又这样精当。

他在人生的波峰浪谷上沉浮，他的心却绝无旁逸地潜入书屋，潜得很深。在轻松爽快间，成就了这样一片片灿烂的天光云影，令人读来，“大有卧北窗下，清风徐来之势”。

而那两篇《书述》《书评》本身，就文章而言，也声色俱足，堪称杰作。

他寂寞得栩栩如生。

公元951年，郭威称帝，建元广顺，国号周。

中原五代最后一个王朝——后周，在灿烂的朝阳下，耸然而立。

二月的一个灰色早晨，楚王马希萼的使者刘光辅，带着贡品，千里迢迢赶到南唐，献上贡物后，又向璟帝献上秘计一条：

“湖南民疲主骄，正是兵家可乘之机，陛下可奋迅夺之！”

璟帝的喉咙滚过一阵快意，遂密图进取。

三月，南唐大将边镐受命任湖南安抚使，伺机进讨。

十月，边镐军骑闪电般突袭潭州（今湖南长沙）。烟尘弥漫，铁骑过后，潭州、岳州、五岭以北广袤的楚地，一举归并南唐。南楚亡。

珍珠、金帛、仓粟、奇花异草，乃至舟舰亭馆，车载船装，逶迤直入金陵。被作为战利品一路押送金陵的，还有楚王马希萼。

就在这个温爽怡人丰获的十月，有快马自北匆匆南来。后周兖州节度使慕容彦超起兵造反，遣密使向南唐乞兵。璟帝高坐龙椅，一脸欢欣与满足。他傲然派兵助叛臣，兵马直奔沭阳。

金陵城内，欢声雷动。当“天下为一”的声浪层层高叠，足以淹没任何不同声浪时，并不是每一个南唐将士都能保持自知之明。

当百官高擎美酒，纷纷向西征军官庆贺楚战胜利时，高远——一个冷静的、并未被烈性庆功酒烧醉的臣子，却独自发表了意味深长的叹息：“我军乘楚大乱，夺其城池，甚易；但以诸将之才，守城实难矣！”

他的话不幸而言中。

南唐骄兵悍将，抢劫掳掠，无所不为，强征课赋，更使楚人怨声载道。翌年秋，原楚国郎州（今湖南常德）裨将刘言，利用民怨，起而反抗。刘言的军队乘势迅速占长沙、攻岳阳，光复岭北失地。

南唐将臣，或流放，或罢贬，或斩杀。

鸿雁大梦，过眼烟云。

从嘉的书屋，贮书齐整，案几书桌，古典清雅，幽幽然似有点闷，有点郁悒。这位多才王子，在繁华宫闱一隅，冷眼看着营营于生前的名利、营营于身后的贪术，在历史的舞台上粉墨登场的种种丑陋、污秽、呻吟与狞笑，常常不免掩卷黯然。

而从嘉那骄傲的灵魂，绝不会去叩动钻营的大门。只静静地，把他被灼痛的心灵，枕在中华文化的臂弯里。灿烂的艺术宫殿敞开了自己的怀抱，让他真诚的天才之子，得到最庄严的回归。

大概是与隐者心相一致吧，从嘉的绘画主题，几乎都是杂禽花木的风景，或是观音的肖像。重要的是，从嘉透过这些作品，建立起了自己独特的绘画技法。

从嘉所画的墨竹，出色地表现了他掌握劲直的、颤曲的笔法，以矛盾的结合而形成“远过常流”的美韵功力。

为此，他将书法中自创的“金错刀”体颤掣之状，来画墨竹，自根至梢，极山深处，也都一一勾勒而成，达到“老干霜皮”与“烟梢露叶”的艺术统一，“披离偃仰”与“若古木然”的高度美感，清爽至极。

后人谛玩、品评他的佳构，莫不爱极，称他的这种画法为“铁钩锁”——他所有的创造性、悟性，都在这方天国泥犁中焕发出来。

他还爱画墨竹，他笔下的竹图，总是“清爽不凡，别为一格”，总是“远过常流，高出意外”。面对墨竹，他心中总会渐生一种温馨、贴近、融汇的感觉，像与一位难觅的知己，畅诉只属于彼此相互的秘密；也像在静夜月下，不期于踽踽独行的孤寂中，共同领略返璞归真的古拙和归隐田园的淡泊。

竹的品性、竹的铮硬萧疏，总使他念及江边巉岩，蓑衣箬笠、竹鞭一管的渔夫，淡然有尘外意。

从嘉的笔，成了犁铧，成了锄头，成了点化一切的魔杖，在宣纸上不息地画竹，那幽篁似海、广可数亩、披山匝地的竹，三丛两丛，茎瘦耸立。疏枝斜出的竹，成了从嘉心灵的寄托，一直到被迫走上辉煌的帝宫，政事之暇，他尤不息地绘竹。墨竹的风骨激励着他。

据《宣和画谱》载，他的绘画作品，到北宋末年，宫中还藏有九幅。即《自在观音图》《风云龙虎图》《柘竹霜禽图》《柘枝寒禽图》《秋枝披霜图》《写生鹌鹑图》《竹禽图》《棘雀图》《色竹图》。其中竹图就占了三分之一。可惜这些作品没能流传至今，我们只能从前人的品评和历代的史料中，读到一些。

借画中景物抒写性灵，在自然与现实之间，从嘉与大自然做了真诚的、热烈的感应。

他喜欢自然，喜欢风云、柘竹、寒禽中某种潜藏的东西。它能将人生中固有的惆怅、超脱、静穆以及种种永恒的心境，优雅地呈现出来。他的笔从不愿涉及宫闱楼阁、皇宫景象。这透露了他的价值取向。

他作的《江山摭胜图》水墨短卷，张丑称为"笔趣深长"；他描绘的花，米芾赞叹"清丽可爱"。大自然是他心灵的家园，他笔下所有的物象，都是他隐者目光的自然流泻，所有淡淡的、寂寥的画境，都是远离尘嚣的意境，这就是从嘉的画、隐者的画，是逃避权争的王子的画。

画的题跋处，他总是亲笔题下"钟隐笔"三字，以明心志。

折磨人的岁月，成就了从嘉对淡远、简静、古朴心境的体验。

后来，这种意识便构成了他精神思路的一大源泉，帮助他度过了孤独王子的岁月，并在某种程度上，臻就了他的心气。

一个学者、文化人，为了构建自我，需要消化汗牛充栋的书籍，古人的、今人的，城内的、城外的，苦苦积聚，筛选拔剔，孜孜矻矻，倾头饕餮。这个过程，与觅书、求书、购书、抄书、刻书、藏书的执着经历，密切相关。

从嘉所处的时代，是文化发展的特殊时代。此间，不仅有了刻书、印书，还有了现代意义上的“出版家”。

唐代雕版印刷的发达、书场印书的出现，为五代印书业的兴盛奠定了基础。后唐的冯道，便是利用印刷术出版印刷的第一人。932 年，冯道奏请雕刻《九经》，由国子监任其事，“官刻”由此滥觞，版本学上的“监本”一语，也缘此产生。

而江南一带，远离战火，又使文化兴盛。后蜀国主孟昶的宰相，便是因为刻书而“家墨千金，子孙禄食”，成了中国历史上靠出版“致富”的第一人。

据说宋平后蜀，大将曹彬千车万船载回汴京的，不是金银财宝，而是成堆的书籍；而吴越国主钱弘俶，则不惜人力物力刻印《宝箧印记》，仅见记载的就有三次，逾二十五万卷。可见五代十国时期，尤其是江南地区的小国，聚藏图书，十分盈富。这一切都为从嘉读书、求书、藏书，创造了天时地利。

才高识博的从嘉，好读书，也好收藏。所藏之富，算得上“冠绝一时”。

收藏的乐趣，虽是小小的，不比独创“铁钩锁”“撮襟书”“金错刀”体，但既是文化人，没有不对书籍一往情深、欲为己有的。

得书一册的快乐，虽非大事，却是享受不尽、用之不绝的。有什么能比泛舟书海、浑然忘俗更令人心怡呢？

从童年起，从嘉爱书的兴趣，就已渗入生活、融入生命了。他的书房里，好书自然不少，版本学意义上的“珍本”或“善本”，一点点汇聚其中。

他所满意的，不只是那种以书为壁、环绕为城的庄严气氛，也不只是那种收藏家闲适的雅趣、拥有与抱读的满足，更是读书本身给人的境界，那种豁然畅通的喜悦、敷润所有挫伤情感的温馨。

阴暗的日子，书中自有丽日蓝天，星汉灿烂；沉郁的日子，书中自有惊涛拍岸，江帆点点。夜长难排遣，一书在枕，浑不知夜有多深、多长，宫漏剩几许；宫闱多变故，一卷在手，正好蛰居受用，远离世嚣。

由于他的努力，一时宫中图书逾万卷。连梁元帝撰写的《金楼子》一书，竟也被他求得。

为此，他百感交集，写了《题〈金楼子〉并序》，以为纪念：

> 梁元帝谓，王仲宣昔在荆州，著书数十篇，荆州坏，尽焚其书。今在者一篇，知名之士咸重之。见虎一毛，不知其斑。后西魏破江陵，帝亦尽焚其书，曰：文武之道，尽今夜矣！何荆州坏焚书二语，先后一辙也。诗以慨之。
>
> 牙签万轴裹红绡，
> 王粲书同付火烧。
> 不于祖龙留面目，
> 遗篇那得到今朝。

不仅求书、藏书，南唐自己也刻书，当时梓行的就有刘知几的《史通》、徐陵的《玉台新咏》，上面都有“建业文房”之印。南唐，是当时最负盛名的印书业发达国家之一。宋灭南唐，就从金陵得到藏书十余万卷。这些书籍，多雠校精审，编帙完具，独具特色。

王应麟的《玉海》称：“宋初凡得蜀书二万三千卷，江南书三万余卷。”也有说江南藏书六万卷，为天下之冠。

对丹青墨宝的喜爱，使从嘉尤喜收藏书画真品。每见他所欣赏的钟繇、王羲之的书法真迹，他总会不惜重金，千方百计去购得、求得。

宫中万卷图籍中，就数钟、王墨迹最多。每有收获，他就兴致勃勃地携至书房，或慎重地盖上收藏印章，如“内殿图书”“内合同印”

“建业文房之宝”“内司文印”“集贤殿书院印”等篆文印章，或亲自题上歌词杂言、题跋、书画人姓名等，并整旧如新，命有司用丝特制成大回鸾、小回鸾、云鹤练、鹊黑锦等名贵织锦之物来裱装；用织成的绦带，裱饰提头；用黄经纸做成签帖，最后交给他所喜爱的后宫保仪——一位妙于书札的才女黄氏——统一收藏保管。那份喜悦和快乐，自不必说。

为了使所收藏的书画发挥更大的效益，他还令翰林学士徐铉把内府收藏的所有历代书法名家墨迹编次摹勒精拓，所成拓本，命名为《升元法帖》。以南唐的延珪墨、澄心纸看，此拓本一定极为精美，淡拓、浓拓、蝉翼拓诸法，皆可如意。可惜今天已不传世。

宋人邵博在《闻见后录》中说，他曾收得南唐建业文房藏书《阁中集》，看到该书第九十一卷的《画目》记有上品九十九种、中品三十三种、下品一百三十九种。其中有《江乡春夏景山水》《山行摘瓜图》《明皇游猎图》《奚人习马图》《回纹图》等名画。

《阁中集》究竟有几卷？已无可考。已知的九十一卷中，其他卷的上、中、下品品目怎样？也无所知。但仅从这一卷中，就可知当年建业文房的盛况，可知从嘉搜求的广博、丰繁、不易，可知坐拥书城的从嘉，几多用心。

公元952年。正月，地冻天寒，大太阳在湛蓝天空默默照耀，那场源起于梦想吞并天下的北征冲突，很快结束。

在古城金陵，当人们举杯欢庆李璟即位十年，在史册上记下“南唐保大十年”之年号时，在遥远的北方，在沭阳战区的腹地，隐去了厮杀声的战场，一片死寂；沟谷、平原、山涧和道路上，南唐军械狼藉，兵士尸横。援兖州大军指挥使燕敬权，也在沙场被俘。

二月，野风掠地。周人执燕敬权归金陵。使者威严的声音在大殿滚过：“自古有国，皆恶叛臣，贵邦助叛，天理难容！”言罢，北去。勇武的脊背衬依着青蓝的天。

璟帝大惭。漫长的征战耗尽了国力。他后悔自己那危害匪浅的激情。他为周人的怨责寝食难安。

他做出了决定——被南唐俘获的所有周国将士，在受到一番外交礼遇后，悉数回归了中原。

然而这一小小的表示亲善的、面带些许愧赧的行为，已无法扭转大周皇帝的怒颜。

一次令人沮丧的援兵事件，打开了南唐北结周怨的历史。

三月。南汉乘楚大乱，已然窃据桂、宜诸州。

这是一个机会。璟帝心中大乱，不能自已。

他没能从往昔的征伐中成熟，反省。他无法抵御这美丽的诱惑，他的军队直扑桂州。

四月，兵败城下。统军使侯训力竭尽忠。

十月，刘言反。楚地尽失。

南唐式微。

有将士曰："愿陛下十数年不再用兵。"

璟帝曰："兵可终身不用，何十数年之有？"

从此，知攻取之难，始议息兵务农。

逃向书屋的从嘉，在书屋中找到了自己的灵魂，曾经不知所措的眼睛，深情而自信地注视着艺术、诗词，并自心中燃烧起对生活的渴望。

书屋，筑成了从嘉的人生舞台，一直到做了皇帝，最终做了阶下囚，他依然矢志不渝。他开拓并推广了澄心堂纸。

澄心堂纸是南唐的手工艺，来自水质极好的纸都歙州。歙州青山绿水的美韵，似乎都种在了这钦定的宫廷纸上了。纸质洁白，柔韧，"光润滑腻，圣洁如玉"，柔滑如春水，细密如春茧。

从嘉即位后，专为这御用名纸设置了存纸的库房，名之曰"澄心堂”。这精致的纸，便被他定名为“澄心堂纸”。

澄心堂纸，不仅在南唐大放异彩，而且到了后世仍被人们推崇，并视为文房珍奇。北宋欧阳修就曾千方百计地搜求到这种纸，并送给梅圣俞二幅，两人还就此为题，吟咏成诗。梅尧臣诗云：

李主用以藏秘府，外人取次不得窥。
城破犹存数千幅，致入本朝谁谓奇。
漫堆闲屋任尘土，七十年来人不知。

又云：

江南李氏有国日，百金不许市一枚。
澄心堂中唯此物，静几铺写无尘埃。

当时国破何所有，帑藏空竭生霉苔。

如今有幸得此纸，自然弥足珍爱，故又诗云：

寒溪浸楮春夜月，敲冰举帘匀割脂。
焙干坚滑若铺玉，一幅百钱曾不疑。

欧阳修诗云：

君不见曼卿子美真奇才，久已零落埋黄埃。

君家虽有澄心纸，有敢下笔知谁哉！

喜爱书画的苏东坡也有吟诵："诗老囊空一不留，百番曾作百金收。"而刘敞则是咏澄心堂纸的第一人。诗云：

当时百金售一幅，澄心堂中千万轴。

后人闻名宁复得，就令得之当不识。

他题咏后，又邀人赋之，使得澄心堂纸名声大噪，后世更以得此纸为贵。据载，到了明代还有人见过这种纸，足见人们都将它视为珍宝来收藏。

从嘉用的墨，更是南唐一宝，称为"廷珪墨"。用这种墨研磨的墨汁书写的字，落纸如漆，历经千年都能保存初时的色泽，很得文人青睐，并与"澄心堂纸"及"龙尾砚"合称为南唐的文房三宝。

北宋文学家晁叔用在《书廷珪墨》一诗中，就有这样的吟咏："银钩洒落桃花笺，牙床磨拭红丝砚。同时书画三万轴，二徐小篆徐熙竹。御题四绝海内传，秘府毫芒惜如玉。"

廷珪墨是由南唐墨工李廷珪所创制。廷珪原姓奚，易水（今河北易县）人，父辈都是墨工。唐末大乱之际，廷珪随着父亲奚超避乱南下，来到了山水秀美的江南歙州，继续随父制墨。

歙州地方美松挺立、水质清冽，极是产墨佳处。再加上奚家传统的制墨手艺，使他们的"彩安香墨"高人一筹，成为皇家贡品。

奚超死后，廷珪继承父业，并发扬光大之。经他手所制的墨，既得江南天地山川之滋蔓，又得父传之良方，更经他巧夺天工之技艺，如"乌玉玦"般，坚而有光，黝而能润，舐笔不胶，入纸不化，墨香四溢，墨色如漆，久不褪色，成为墨中精品，遂使廷珪远超父亲，并在江南诸墨中脱颖而出，以创制"天下第一品"之墨而闻名遐迩。其所创制之墨，遂被人称为"廷珪墨"。他本人也被李璟赏识，封作墨务官，并赐姓为李。

廷珪墨不仅用料极考究，造型也很美观、典雅。墨锭上常绘有各式图案，如二龙戏珠、海天旭日、喜鹊登枝、杜鹤祝寿等。

相传爱好小篆、隶书的徐铉，就十分喜爱此墨锭，幼时他曾获得一锭奚超传人的墨，与他的弟弟徐锴合用。该墨磨处锋利之极，如刀可裁纸，且坚洁耐用，兄弟二人每天各写五千字，用了十年才用完。这些传闻，更使廷珪墨名声大噪。

又据《十国春秋》载，当时有一贵族极喜爱廷珪墨，一次散步庭园，仍爱不释手地把玩，走到清水池边，失手之间，墨便落入一汪碧水中。贵族子弟十分伤心，想从水中捞取这块墨，但想墨落池中，捞回时，怕早被水所晕化，甚至销毁了形迹，捞也无用，便大憾而归。

一个月后，这位贵族子弟又到池畔游玩，饮茶谈笑之际，不慎将金器跌进了池中，便让能潜水的人将它捞取，不料一举两得，捞回了金器之际，一并捞取了那锭香墨。此墨虽浸池中逾月，竟依旧光色不变，表里如新，全无浸泡涨软之迹。贵族子弟大喜大惊。

廷珪墨顿时身价更增，成为人人皆爱的宝藏，也成了从嘉案头必备之物。

纸墨之外，酷爱翰墨笔札的从嘉，更有与纸墨同为“天下之冠”的龙尾石砚。

龙尾石砚，又称歙砚，砚石取材于黄山、天目山一带，尤以婺源的龙尾石最为名贵。这种砚石之石质十分适于研墨，它纹理细密，精制纯韧有如玉石，且坚洁温润，不吸水、不耗笔、不蚀笔、耐发墨、易洗涤，并且独具“黄琼白琥”般的天然神采，历代文人墨客无不钟爱之，并以“和氏璧”之美称相喻。

南唐时，曾在歙州一带置砚务官，选来能工巧匠就地制作，并给以“九品”官职，由朝廷发给俸禄，年年向宫廷进贡佳砚。制作工艺都很精致，并且不惜人力工木，将砚石镌刻装帧得十分美观。砚工们往往根据砚石原有的纹路形状，顺其自然地雕琢成各式图案。如多龙戏水、仙猴摘桃、丹凤朝阳、青蛙戏莲等图饰，使名砚更成可以玩赏的工艺品。

从嘉对龙尾石砚十分厚爱，称帝后，为了便于将藏埋于溪涧深处的砚石开采出来，他曾下令堵截溪流，迫水改道，为开采砚石带来了很大便利。

幸运的从嘉，还拥有一座造型十分奇妙的名贵砚山。该砚山是歙州砚务官李少微就着天然龙尾石，依形造型，精心设计雕琢而成的。

这座宝石砚山径长逾尺，前部高高耸起，不足盈尺之间，峰峰相向，成就三十六峰，每一峰都大如手指，形如削铁，推出一片峥嵘世界，远远看去，衮岩崎岖，似有千丈松烟，又仿佛有潇潇风雨荡出，淋漓山泉滴沥，鬼斧神工般令人称奇。奇峰两侧是斜坡，丘陵般绵延而下，顺着山势到了平坦的谷地，谷中便被凿成砚池，滴水磨墨时，一泓翰墨浓汁，黑龙潭般，傍山润石，波光潋滟，十分神奇。

从嘉对此砚爱不释手，分别对砚山中一些景物取了名，如华盖峰、月岩翠峦、方忙玉笋、上洞、下洞、龙池等。

南唐亡后，这座宝砚也散落民间，数易其主，宝晋斋主人、北宋书画家米芾都曾一度拥有过此砚，并赋诗吟咏，后被朝廷收藏于万岁调砚阁。

北宋亡后，砚山又流落各处，先后被戴觉民及其族人收藏，元时仍在戴氏后人手中，到明时，一度不知去向。清顺治、康熙年间，辗转为著名文学家朱彝尊所得，视为珍玩。数百年来，该砚山不知更历几姓，题诗咏叹者更不在少数，可见它的贵重。

与砚山相配，从嘉还拥有一具金铜蟾蜍砚滴，此物重厚奇古，历尽岁月的磨灭后，金色尤明，光泽不变，砚滴腹下，有从嘉篆铭之文："舍月窟、伏棐几，为我用，贮清泚。端溪石、澄心纸、陈元氏、毛锥子，同列无滓听驱使。微吾润泽乌用汝?"在从嘉心目中，这具铜铸鎏金砚滴就像舍弃月宫、下凡书斋的金蟾蜍一样，与自己心爱的砚、纸、墨、笔一起排列于案上，默默地听自己的调遣。

精品纷呈的文房四宝，为幽晦的宫廷生活带来了收藏的乐趣、使用的快乐，每个情感挫折处境困顿的时日，坐在香榧木几的案边，那些纸、墨、笔、砚总在沉静的光芒中，给他体贴的温婉。千种万种纤柔的感觉，也都自铜铸蟾蜍砚滴的胸腹中，柔柔地滴落，长滴不衰。久远了，还有润泽。

公元953年三月，一场大火自金陵老城燃起，火舌舔着房屋门柱噼啪跳跃，宫寺民庐数千间瞬时散成灰烬，大火逾月未艾，损失惨重。

夏六月，不雨。井泉竭涸，淮流可涉。蝗虫借着旱势，黑压压扑向田地，把富厚平坦的江淮大地，糟蹋得狼藉一片。

百姓大饥，挑着担牵着黄口小儿，匆匆离乡。干涸空旷的淮河河床上，摩肩接踵，逃难者的背影在暴烈的日光下蠕动，无言地融入北方深远广大的天空。

旱蝗使这个国家遭受了巨大的损失。

璟帝忧戚的目光在刺眼的日光下缓缓地游移，他决定在楚州筑白水塘灌溉屯田，又诏各州县修复湮废的水塘，以救百姓于水火之中，振国势于天灾之时。

帝使近侍车延规主此事。

谁料，捕蝗之蝗胜于蝗！楚州、常州，力役暴兴；洪、饶、吉、筠诸州百姓，田园寥落旱蝗后，骨肉流离道路中，更有官吏狼狈为奸，强夺民田为屯田。一时江淮骚动，怨嗟盈路。百姓焚香于道，仰天诉冤，谤议沸腾。

知制诰徐铉急向帝告民怨。璟帝曰："吾国有兵数十万，岂能不食而捍边？"事关国家存亡，遂派徐铉巡察楚州。

铉至楚州，即以爱民为怀，愤然斥责车延规，并将官吏所夺之民田，悉数归还。帝闻之，大怒，逐徐铉流放他乡。

白水塘灌溉设施，终由于帝的无德无能和官吏的贪狠无知，化为一梦。

连年兴师，而不知弭兵务农，当天灾人祸连至时，又不知用贤安民，品尝的岂非苦果？

就在这一年，隆重的贡举仪式在金陵举行。四方才子抱玉握珠，会集秦淮河畔。贡举的试题是高祖入关诗。

良苦用心，历史明鉴。《宋史》评曰：“初，唐王袭父位，物力富盛，试贡士高祖入关诗，颇有觊觎中土心。”

后来南唐共行贡举十七次，放进士九十三人。

一个日益光盛的灿烂文化之邦。

一个国势日渐衰败的失意之国。

这就是 10 世纪中叶的南唐。

五代十国，花开花落，春秋易人。

源远流长的中国文化，在北中国的军阀混战、开疆拓土的刀剑中，走向消沉与冷落，却在南中国同一时期内较长久的、相对和平的肥田沃土里，生生不息地涵养着文化的精华。

担当着承前启后之历史大任的南唐一代文化人，注定要在中国文化史的消沉期，发挥奔流和填补空缺之作用。他们活跃在诗词、绘画、音乐、书法等文化舞台上，革故鼎新，以文化的继承和发展，补偿历史的灾难，同时也确定了他们自己在历史长河中驻足的地位。

从嘉以其对书法、绘画、音乐的造诣和创新，昂首走向南唐文化圈。

后来，他又以帝王身份的便利，着意召集和提携了一大批艺术高手、文人学士，最终以词中之帝，傲然攀上中国词坛之巅，摘取了金碧辉煌的冠冕。

他使南唐文化昌盛、名家辈出，他的周围更是群星灿烂般簇拥着一大批艺术人才。

五代时期，绘画艺术比前代有很大发展，南唐画苑更是群星灿烂，人才济济。花鸟写生大师有董源、徐熙、董羽、卫贤，人物画家有顾闳中、顾德谦、解处中、竹梦松，佛道鬼神画家有曹仲元、周文矩、陶守立、王齐翰。

董源在后主时，任后苑副使，工山水画，人物画也佳。相传一日，后主坐碧落宫中，召冯延巳论事，不料冯延巳到了宫门，竟徘徊不敢入门。后主问缘故，冯延巳说："有宫娥着青红锦袍，当门而立，未敢竟进。"内侍不解，遂与冯延巳一同去门口观看，原来是董源画在八尺琉璃屏上的夷光肖像栩栩如生，几可乱真。

江宁人徐熙，江南世族。他闲放高雅，善画花木、禽鱼、蝉蝶、蔬果，并特创了"没骨法"，号称"徐体"。前代花鸟都是用厚重的色彩晕染而成，徐氏作画却不然。他用笔墨先画枝叶蕊萼，然后再加上雅淡的水彩，所谓"没骨渍染，旨趣轻淡"，这使他笔下的花鸟比前代尤为生动、活泼、逼真，今传的《莲花图》就是他的代表作品。

后主对徐熙的画十分喜爱，并十分看重他的才能。后主宫中所设的装饰之物，诸如"铺殿花""装堂花"，就是徐熙提供的。

董羽在后主时为翰林待诏。他很善画龙水海鱼，冠绝当代。据说他画在金陵清凉寺的海水，与元宗的八分题名、李萧远的草书，并称三绝；他为后主画的香花阁图屏，也被时人大加称赞。南唐亡后，他被俘入宋。宋太宗曾令他在端拱楼的四壁上都画上龙水。董羽极其精思，终于画成。宋太宗闻说事成，便兴致勃勃地携众嫔妃登楼观赏，不料幼年的皇子一见壁画，恍如置身沧海，但见蛟龙腾跃，张牙舞爪，惊吓而啼。董羽竟因此到死都不受赏识。

内供奉卫贤，长于绘楼台、人物。从嘉的《渔父词》，就是题在卫贤所作的《春江图》上的。

五代时期的人物画，以南唐画家顾闳中最为著名。今传《韩熙载夜宴图》就是他的代表作品。

韩熙载是南唐极负盛名的三朝元老，他才气逸发，生性放荡而不事检点，多艺能，尤长于碑碣，喜谈笑，衣冠穿戴常常标新立异，是当时风流之首。群臣上下对他的品行颇多微词。

但李煜十分欣赏韩熙载的才艺，即位后，仍留他为秘书监，后又复用兵部尚书如故。为了考察他的品行，也为想知道熙载专为夜饮、宾客糅杂、尊俎灯烛间觥筹交错的状态，李煜曾令顾闳中和周文矩夜入韩氏府第，以宾客身份造访。顾闳中目识心记所见所闻，归来后作成画进献，这就是传世的画苑珍品《韩熙载夜宴图》。

这一绢本设色长卷，以连续四节的大幅，描绘了韩熙载与挚友宾客及美女们的喧饮、击鼓、奏乐、跳舞等夜宴场面，真实地刻画出人物的性格与身份，再现了精彩的夜宴场面，不仅具有高度的美学价值，而且生动地反映了南唐朝臣声色舞乐的生活，具有历史文献价值。

顾德谦，也是南唐人物画家，所画人物，皆风神清朗，无与伦比。李煜十分钟爱他的画，曾感叹说："古有恺之，今有德谦，二顾相望，继为画绝矣！"

此外，李煜周围，还有翰林司艺解处中，所画修竹，极尽婵娟之态；有以人物、宫殿画而巧绝冠代的竹梦松；以绘水而有名一时的官画院学生韩干；以绘人物、牛、马、鸡而知名的待诏梅行思；以人物画见长的翰林待诏厉昭庆。

在高手荟萃的南唐画苑中，还有善绘道释鬼神的曹仲元。曹氏初学吴道玄，不成，遂别作一格，自成名家。他所绘佛道鬼神，于设色上彩尤佳，曾为建业寺的上下壁绘画，历时八年仍不就。李煜因其速度缓慢而责备之，并令以绘事而为翰林待诏的周文矩察看。文矩前往察看后说："仲元绘上天本样，非凡工所及，故迟迟如此。"李煜听后，遂加慰仲元。

周文矩也以画释道、鬼神见长，车服、楼观、仕女画也很精到，且所绘之画，彩色纤丽。李煜曾令他画了幅《南庄图》，爱不释手。开宝年间，李煜还曾以文矩的画向宋进贡。

文矩所画的《游春》《熨帛》《绣女》等图，也传于后世，为人称道。

此外，还有以诗笔丹青自娱、应举不第而退居齐山的陶守立，他于佛道、鬼神、山川、人物皆工，李煜的金山水阁有十六罗汉像，即是他所绘的。又有王齐翰，也以绘佛道、鬼神像为长。

在书苑中，则有以书法名江南的应用，以及王文秉等名家。

应用善写细字，微如毛发，曾在一枚钱币上书写《心经》，又曾在一粒芝麻上写“国泰民安”四字，鬼斧神工，令人赞叹；王文秉则善写小篆，所作字画远过徐铉，由他所书写的《紫阳石磬铭》《千字文》都传于后世，为人珍爱。

在诗坛上，则有韩熙载、徐铉、徐锴、郑文宝、刘洞、孟宾于、江为等人。他们以诗作为载体，抒情写性，佳句纷呈。

词到了10世纪前半期，已进入了成熟阶段，作家与作品日益增多，主题内容及艺术表现手法，都超越了前代水平。

当时蜀国的著名词家有韦庄、欧阳炯等人。南唐的著名词人，则有冯延巳等人。延巳工诗，人称其作有元和词人气格。他尤擅写乐府词，《蝶恋花》与《谒金门》是他的代表作，开北宋一代风气，对后世词的发展有很大影响。

从嘉就是生长在这样的文化氛围里。

第三章　爱巢

那是一条河。美丽透明的河。十八岁的王子在河里感受了强烈的生命意识，青春的激情在这里挚切而辉煌地放逸。原我的精神荡开了一个古老的、重复了无数次的故事。

王子在这里鲜活成一首首爱情小令——一种并非只为美丽的流动所陶醉，而是灌输入人生的感觉，又报偿以文化精气的大融注。

这使他超越了惯常的情缘，而迫近了另一种境界。这种文化的精气，使他在古老的河中显出了气度的高贵。

历史的轨迹曲折跌宕。处在这个轨迹某个转折点上的强者，总在逐鹿天下中，为历史的趋向做出某种诠释。

10 世纪中叶，蹄印纷乱残垒重叠的土地上，起了神秘的分化。

北方。后周从“民力大困”、断墙荒冢的废墟中崛起。周主郭威采用强力的政治、经济改革措施，初步安定了中原，又以人和的优势，占据了雄主高度。

南方。南唐灭闽，居福建辽阔土地；又乘楚乱之际，灭了南楚政权，辖地从原来的二十八州，一度扩展到三十五州。虽因耗费兵力财物，又未重桑麻民耕，痛失勃勃向上之势，而呈守成之国，遍观局势，却仍不失为南方一股强大的势力。

与此同时，占地五十余州的强大后蜀，雄风不减。后晋末年，契丹入侵，后晋秦州节度使何健以秦、成、阶三州之地降蜀，后蜀乘势又攻占凤州。后蜀势力，进一步发展。

后蜀、南唐、后周，遂成鼎足之势。

谁能超越周边各国，以庞大军阵，在分裂的土地上，重新竖起统一中国的大旗？

后人论曰：“是后周的改革，为自身带来了由衰败至强盛的活性，奠定了席卷天下和抗击辽军的物质基础，在历史的离析顿挫间，为中国带来了从分裂到统一的转机。”

然而拭目当时，谁说南唐不曾拥有过问鼎之时、改革之机？

机会均等，就看怎么把握。

天地之间，古来最美的只有人类的情爱之河，好像亘古的汪洋，循环而流。它从人性的深潭出发，生机勃勃，一路汪洋恣肆，突破淤塞或峭壁，汇入大海。

多少年来，我一直想着后主，想着他那挥洒着独特灵性的爱情故事，想着他在幽深的宫闱里，因这灵性的催动和包围所哼起来的美丽爱情小令，心中便无限感动。

要想突破时空的隔阂而去深入一个轻骑马背、踏月归去的王子的心，就不能忽略了那段美丽了许久的故事。

公元954年。

鲜衣骏马通过金陵古城，一个清纯的女子蛾眉淡扫，佩环叮当，在迎亲的乐舞声中，款步走向盛装的王子。

天自高远，水自长流。

娥皇和从嘉，就在这一年，合奏起高山流水的欢歌。这一年，娥皇十九岁，从嘉十八岁。

公元954年。

正月，后周太祖郭威在汴京患病。壮志未酬身先死，只好将一片江山连同称雄中国的虎贲之气，都移交给了他的养子——晋王柴荣。

柴荣即位，登上汴京城楼游目骋怀，不觉红日东升。血色朝阳，映红了他的炯炯目光。他为自己定下了荡平割据、重整河山的大政——十年开拓天下，十年休养百姓，十年致太平。

承继帝业，中年奋发的后周世宗柴荣，虽然雄风猎猎，但问鼎中国，并不仅仅是凭壮志即可以实现的神话。《资治通鉴》载，建国初年，后周军队素质极差，战斗力缺乏，尤其禁卫亲军羸老者居多，“但骄蹇不用命”，“每遇大敌，不走即降”。此外，国内还面临着五代军阀割据时造成的政治、经济、阶级、民族多项复杂而尖锐的问题。而北方，骁悍的契丹执干戈而觊觎中州，辽军乘中原多事，常“乘虚入寇”。

站在历史的转折点，后周世宗柴荣面临着重重困厄。

在同一时刻，另一双发光的眼睛，在太行山西部，也准备着一场逐鹿。郭威已去，柴荣初立，而政局未稳，北汉联合契丹，大举南侵。

大战在高平铺开，柴荣披挂亲征。

马鸣风萧，两军对垒。厮杀间，后周大将樊爱能、何徽等人竟率骑落荒南逃，步兵千人归汉。柴荣大怒，率军腾跳向前，直冲敌阵，终于杀开血路，反败为胜。

高平之役，暴露了后周军队的涣散，更刺激了后周世宗整顿军伍的决心。班师回朝，他处理了劫掠辎重、临阵逃脱的骄兵悍将，将樊爱能、何徽等七十余人，一律处斩。军威大振。

随后，他又整顿殿前禁军，淘汰老弱怯懦者，无论步兵、骑兵，一律严加挑选；又下旨招募天下壮士，将昔日藩镇手中的骁勇者选入禁军，并精选其中武艺超绝、身手不凡者，组成了“殿前诸班”。整顿军伍，不仅汰弱留强，节省了国库开支，而且更加强了中央专制的武装。

《资治通鉴》赞曰：“由是士卒转强，近代无比，征伐四方，所向皆捷。”

除了整军，后周世宗又以前代几个小王朝的亡覆为训，不再以“竭泽而渔”之法充实国库。在953年置营田、助民垦荒的基础上，改革了赋税，于954年下令减免租税，还免去一切苛捐杂税，罢了不合理的差役及无名科敛无数。

同年，周天子还派李谷赴澶、郓、齐等州巡视黄河大坝。六万丁夫浩浩荡荡，奔赴黄河下游各个决口，修堤筑坝，酣战月余，终于减轻了黄泛。沿岸大豆飘香，小麦澄黄。

而北汉，自高平之败，力竭气沮。契丹亦不敢倨傲轻狂。

而南唐，正被闽、楚之战弄得身心疲惫。马令《南唐书》云，此时南唐“又征子饷”，“下夺农时”，“国用遂为一空”。而南唐军臣仍不思兴利除弊，改革时政，犹自歌舞升平。

三国均势，而后周筚路蓝缕，以启山林，国势开始蓬勃向上；南唐逸豫废政，虽地大物博，国势却是每况愈下。

秋风起，林叶初黄。契丹国主为保持与南唐的友谊，委其舅跋涉千里，访问南唐。璟帝在清风驿大设国宴。夜盗却悄悄潜入宫闱，在人们酒酣耳热之时，举刀猛斩来使。侍卫惊起追捕，盗已潜入夜幕，不知踪影。

传说，此事是后周将领荆罕儒派手下所为，意在离间南唐与契丹。

从此，契丹断绝与南唐的使臣往来。

群雄争霸，后周尽占上风。

955年，后周继续行大刀阔斧的改革。其刷新政治的大政之一，是提倡节俭，严惩贪官污吏。

与此相应，柴荣还在这一年下令“毁佛”。全国寺院除了被“敕额”允许存在的，一律废除。还俗僧尼，悉数务农。铜铸佛像，一律毁作钱币。

后周三万零三百三十六所寺院，一时尽废，二十余万还俗僧尼，人人耕耘纺织。国家新增了劳力和大量纳税户，改变了五代以来钱币短缺的状况。

同年，柴荣还就农业劳力和垦荒等严重社会问题，提出了关键性措施，颁布了对逃户庄田的处理办法，使弃田不荒芜，劳力不浪费，增加税收，促进生产。

北方改革的声浪汹涌澎湃，未曾激励江南。沿淮疆界的平安无事，松懈了南唐的戒备。南唐寿州监军吴延绍，日日高枕无忧，认为冬季戍守淮河沿线重镇，虚耗军饷粮草，得不偿失，遂罢“把浅”卫士。

枯水季的淮河，就此袒露着干瘪的河床，向天下昭示了南唐防务虚空、军政靡废的底蕴。

渡江涉淮，势已可成。

955年，后周世宗柴荣明白，他的国家，已在与周边各割据势力的力量对比中，占了上风，遂“思混一天下”。

北有契丹、北汉，南有南唐、后蜀，欲统中国，先南，后北？先北，后南？平原麦香，绿畴如画，南北一样迷人。后周世宗柴荣面临着抉择。

955年四月，好求贤求谏、“好拔奇取俊”，凡布衣上书，下位言事，都择善相从的柴荣，广开思路，布告出题，令朝中上下，各撰论文两篇。论题为《为君难为臣不易论》《开边策》。

四十余篇策论，雪片般飘向柴荣宽阔的御案。在无数“修文德”“重武备”的冗言陈论里，柴荣惊喜地发现了一篇特立独行的《平边策》，通篇闪烁着真理的光辉。

策文首论前代痛失江山、诸侯割据天下的原因，在于“君暗政乱，兵骄民困”；再论今朝坐天下的大政，在于任用贤能，赏功罚罪恭俭节用，轻薄赋；末论攻取方案，当先易后难，先南后北。

策论认为，淮河冬季水枯，袒露的两千里边界已无把浅之兵，正可乘虚而入。以轻兵偷袭，攻其不备；小股兵马，忽东忽西，以扰敌疲惫；避强击弱，以探其虚实；待敌兵疲困竭，则渡淮直捣长江，灭南唐、平巴蜀，岭南各国将不战而降。南征功成，则席卷契丹、北汉，势如破竹！

后周世宗柴荣阅毕大喜！群臣廷议。作战方案在秘密中拟定。

南唐成了后周平天下的首要目标；淮河，成了10世纪中国统一的突破口。

大祸在悄悄酝酿。从春到夏，从夏到秋，北方鹰隼的眼睛，注视着淮水，看着它一天天浅去。而秋风，渐紧。

北方，掐算着冬季。

昏睡的江南，依旧稳眠平展。

九月，后周开始了统一之序曲。凤翔节度使王景等人奉命率军，自散关西攻入蜀国，连克秦、成、阶、凤四州，堵住了后蜀北进之路，西伐局势已经稳定。

冬季来了。

巨大的淮河平原出奇的平静。河床坦然裸露，国门从容敞开。由于江南的麻木不仁，现在，命运注定的一股暴力，已从不祥的淮河河滩中——这被遗忘的国门——冲了进来。这股势力将束缚南唐两代君王二十年之久，不仅使其终于痛失问鼎中原的良机，而且终于国破家亡。

然而，历史好比人生。已经失去的一切，将永远不会因“一江春水向东流”的巨大抱憾而重返，绝无仅有的那个冬季所贻误的，最终难以赎回。

冬十一月，后周军大举渡淮。

南唐方始悚然惕惊！璟帝急令神武统军刘彦贞为北面行营都部署，仓促布阵，领兵阻击；又召宋齐丘入朝，商讨良策，救国于一难。

后周争夺江南的第一仗，在淮南军事重镇寿州打响。此时的淮南有幸尚存的一种护卫，就是寿州的城墙。它十分坚固，易守难攻，护城的壕沟和城垛，巍然高耸，可以抵御无数攻击。

南唐名将刘仁赡，率兵两万，依城坚守。后周军屡攻不克。

公元956年正月，后周天子柴荣亲征南唐。

后周天子的帝辇直奔寿州城下。围兵数匝，征丁夫数万，制云梯无数。百道进攻，累月不息。

寿州城巍然不动。

后周天子柴荣令水兵登方舟自淝水中流突袭，又令砍巨竹数十万编成战筏，号曰“竹龙”。士兵身着盔甲，登筏力战。攻坚百端，终不能破。

岁月匆匆，飞至和暖的四月，寿州将帅刘仁赡，意气弥壮。

后周天子柴荣焦急愤恨，亲临城下，麾兵督战。

仁赡登城，弯弓直射后周天子。箭矢呼啸，直飞天子御前，只差数尺而坠。

后周天子大怒，更令移御床向前。

仁赡引弓再射，箭至御前数尺，又坠。仁赡大憾，弃弓于地，叹说：“天果不祐南唐邪？果若此，吾唯死战耳！”

天渐热。大暑接踵而至。

淫雨积旬，江淮暴涨。后周天子营寨积水深至数尺许。兵卒在泥泞中艰难跋涉。河中驳船竹筏，随风就水，飘向南岸。

江南岸，南唐士卒点燃大火。后周师的船筏在通江的烈焰中，化成灰烬。

后周师大挫。

娥皇，公元936年降生在重楼起雾、安宁平和的南唐。

娥皇的父亲周宗，聪慧敏悟，是南唐二代君主的忠臣。李昪称帝，他鼎力辅佐，热心谋划，被视为烈祖心腹，每欢宴，常召他同饮左右，亲厚有加；中主李璟，因其奉法循理，有功于国，更是十分赏识，奉其为社稷元老。赐宴群臣，还当众亲自为他整理幞头。二朝天子的垂爱，使这一家享受了群臣艳羡不已的殊荣。

崇门丰室，书香弥漫。优裕的家境，使娥皇从小受到良好的教育；兰心蕙质，天资过人，又使她从小就出类拔萃。

她通书史、精弈棋、知音律、能歌舞、工琵琶。李璟大寿，她纤指抚弦，优美的琴韵，令璟帝大为赞叹，遂以宫中至宝烧槽琵琶赐赠，一时传为佳话。

艺技英特，人亦妍姝。娥皇清爽芬芳，腰如束素，齿如含贝。娴静温柔，一颦一笑，都是名门秀风。

妻子好合，如鼓琴瑟。

宫闱御苑，天低水长，都有他们青春的倩影。从嘉的心灵因她而充满了美丽和温馨。诗情，在这段岁月勃发。

一天早上，娥皇起床，对镜梳妆。她轻拍粉面，淡扫蛾眉，又在唇中点上鲜浓的口红，回眸一笑，犹如丁香般微露唇齿。梳妆毕，娥皇轻轻地哼起了歌，双唇开合如樱桃时破时合一样撩人。歌毕旋又起舞，衣袖上还留着残酒的色泽。从嘉饮酒观舞，快乐而幸福。舞毕，娥皇慵懒地斜依在绣床边，娇羞万般，她嘴中嚼着红绒，突然扑哧一笑，将红绒唾向从嘉。从嘉被这爱语风香的曼妙岁月揉搓得百般柔肠，万般柔情。沉郁的王子如雾一样渐渐隐去，我们看到的，是一个充满生之气息的王国中的臣民。

那一夜夜的艳舞醉盼、枕边细语，一天天的轻歌巧笑、志趣相谐，更发为互酬心声的长短句。从嘉的《一斛珠》，就以其超浪漫的描写和难得的真挚透明，向我们展示了这样一片醉人的氛围：

晓妆初过，沉檀轻注些儿个。向人微露丁香颗。一曲清歌，暂引樱桃破。

罗袖裛残殷色可，杯深旋被香醪涴。绣床斜凭娇无那，烂嚼红绒，笑向檀郎唾。

没有人能写出这样的词，浪漫而不显浮靡，不含淫佚，它只能属于他。曾有人备为赞赏，把它翻作了自己的诗，却只能是东施效颦，无法掠美。

《词鉴》说："词家多翻诗意入词，虽名流不免。吾常爱李后主《一斛珠》末句云：'绣床斜凭娇无那，烂嚼红绒，笑向檀郎唾。'杨孟载《春绣绝句》云：'闲情正在停针处，笑嚼红绒吐北窗。'此翻词入诗，弥子瑕意效颦于南子。"

从嘉又是个浪漫而多情的人，多情自古伤离别。每当春日微服远行，或在埠外以文会友，他都会想起她，想起金陵满地的樱花，和花下愁倚空帏的她。点一盏相思的红烛，思念便化成一首小词：

樱花落尽阶前月，象床愁倚薰笼。远似去年今日，恨还同。
双鬟不整云憔悴，泪沾红抹胸。何处相思苦？纱窗醉梦中。
——《谢新恩》

当夜，帘外的芭蕉在雨声中，又奏响了催人泪下的情曲。他的思念便流成一首美丽的《长相思》，在多雨的秋空祝福她：

云一緺，玉一梭，淡淡衫儿薄薄罗，轻颦双黛螺。
秋风多，雨相和，帘外芭蕉三两窠。夜长人奈何！

江枫晓落，林叶初黄，又是一个秋天到了。披着相思的枫叶，她回府省亲。他便用小令编织成一个个暖暖的小巢，让她在细细密密的宠溺里，再吟《长相思》：

一重山，两重山，山远天高烟水寒，相思枫叶丹。
菊花开，菊花残，塞雁高飞人未还，一帘风月闲。

他爱着的时候，便有一种文化的美牵引着生命。

他是一个真正的人。他渴望生活，渴望在天上飞！

他渴望的宫闱是温和的，不暴烈，不阴翳，阳光四季播洒，春风无色销魂；他希望心与心永远真诚，歌舞管弦永远旖旎。

公元956年夏，后周天子柴荣面对坚固的寿州城池，陷入了沉思。师劳兵疲，必会动摇军心，他做了新的决策。

寿州围而不攻，精兵锐将直捣滁州。

滁州，四围皆山，地势险要，自古为兵家必争之地。它犹如西北屏障，雄踞淮之南、江之北，拱卫着南唐京都。城外的清流关，两侧悬崖危耸，中间唯有小路一条，直通关隘。

关口，号称“江南一柱”的皇甫晖，拥十万精兵，扶险固守。

后周天子柴荣委禁军统帅、殿前都虞侯赵匡胤，率壮士奋勇攻坚。双方精兵强将，在关外决一雌雄。清流关，一夫当关，万夫莫开。攻坚失败。

巨大的天险，战胜了最顽强的进攻。

这时，一个意外事件发生了。

战场上，偶然的意外常会改变交战双方命运。也正是一条微不足道的、被疏忽了的羊肠小道，一下子扭转了南唐的命运。

这是一条淹没在荒草中的小道，弯弯曲曲，直通前山。很少有人知道它的存在。

当地有位绝顶聪明的塾师，却知道它。这塾师冒着被视为叛逆的危险，悄悄把赵匡胤领到这神秘的小道上。

这条小道也同时改变了塾师深居山野的命运，引他步入了金碧辉煌的朝廷——他就是后来传说“半部《论语》治天下”的北宋名相赵普。

深夜。月下。轻装的军旅悄悄潜入小道，潜入松懈无备的清流关。

当士卒突入关隘，从天而降般出现在少许守军的面前时，南唐再次悚然惕惊！

一场恶战，在城外打响。赵匡胤英气奋发，俯身抱马狂突而入，口中大喝："吾只取皇甫晖，他人非吾敌也！"言罢挥剑击去，皇甫晖应声落马！

群龙无首，南唐兵大乱。

滁州失陷。

二月。城门大开。后周军浩浩荡荡，乘胜东进。

在同一时刻，后周宰相李谷率另一路兵马已从正阳浮桥直捣淮南上窑，败上窑守兵千余。

大将刘彦贞、刘仁赡奉璟帝令，率军拒敌。李谷闻讯，心想："我军无适宜水战之船，倘若南唐军队断了正阳关淮河浮桥，我军腹背受敌，岂不惨矣！"遂统兵退居正阳，据浮桥而屯。

后周天子柴荣得知，心中竟是一动："我兵退，唐兵必追。趁其兵乏师疲，正好决战。"

后周另一路兵马，当即星夜兼程，赶往正阳。有令自后周天子御前传来："南唐兵一到，须即迎头痛击！"

可怜南唐大将刘彦贞未经战事，不知兵法，偏又不听刘仁赡劝说，以自己善骑射，有着"刘一箭"之威名而洋洋自得，夸下海口说："敌师闻我到，即大骇而逃。不追待何时？"

他的军队竟夜行晨食，赶往正阳。

正阳关，两军相遇，一场大战，迅即展开。唐军一路劳顿，军士未食而战，争夺正阳浮桥不成，终于一败涂地。刘彦贞战死，丧师七万。

东线战场。后周师乘胜东进扬州。二月，一队精兵伪作买卖马匹的商旅，赶着马儿在前，兵甲紧随马后，巧渡淮河浮桥，来到临淮。

扬州被围。

璟帝大骇，匆匆派密使携蜡丸书，直奔契丹，请求耶律璟率兵夹攻后周。

使至淮北，却被后周探马截获，无还。

璟帝再派使者紧急北上，使者竟又一去不返。

后周军马蹄嘚嘚，直冲毗连扬州的泰州。

势态严峻，璟帝召来泗州牙将王知朗，递过求和书一封，令呈后周世宗柴荣。书曰：“唐皇帝奉书大周皇帝，愿以兄事，岁输万物。”

太弟景遂，也修书数封，致后周将帅。

后周世宗柴荣冷眼不语。他要的是整个南唐。

兵临泰州。扬州危在旦夕。

璟帝急诏户部侍郎钟谟、工部侍郎李德明，让这两位才辩过人的高臣，携带御服、茶药及金器千两、银器五千两、缯锦两千匹，拜见后周世宗柴荣。随带的，还有牛五百头、酒两千斛，犒劳后周军将士。

后周天子置若罔闻。

是月，陷扬州，克泰州。

三月。璟帝又遣司空孙晟、礼部尚书王崇质，出使后周，再请后周天子允许其做外臣，请罢兵。随奉黄金千两、白银十万两、罗绮两千匹。

后周天子巍然不动。

舒州、和州陷落，蕲州降周。

是月，后周天子的诏书终于送到了南唐。

诏曰：朕拥一百州富庶江山，三千万军容整肃甲兵，征战耕耘，二者不误，士卒百姓，乐为国用。倘不能恢复中国，拓展疆域，即商议班师凯旋，直如儿戏！尔等以为像孙权对魏国那样，奉以臣礼就可罢兵，异想天开！古时可行之事，今可不行，待尔等奉上所有的州郡，我周师方可停战。话到此处，无须多说，尔等自去思量！

璟帝读诏怆然。

也就在这年三月，趁火打劫的吴越，自东起兵，占领常州。

燕王弘冀，向帝请兵：“多事之秋，国难当头，岂能贪逸金陵？请父皇启用，愿以死报国！”璟帝愀然许之，委兵旅及大将数员，辅佐弘冀出战。

两军大战常州。

弘冀勇武，吴越军弃甲奔溃。常州得救。南唐斩首万级，俘将数十。势态危急，弘冀将被俘将佐全部驱出辕门，斩杀而尽。

血色冲天，南唐将士，为弘冀的果断敢为，大称壮哉！

帝恨弘冀嗜杀，不悦久之。

三月末，璟帝四次派使者，向后周求和：“愿去帝号，割濒淮六州、年贡金帛百万。”

后周天子四拒罢兵如故。

五月，江南梅雨霪霪。寿州城固若金汤，后周天子见此城久攻难克，雨季又不利战事，遂令重兵围城，自己北还汴京。

七月。淮南民众不堪周军掠略，举锄挥锹，群起抗击，自号“白甲军”。南唐所失州县，如东都、舒、蕲、光、和、滁州，一时光复。

寿州被困依旧。

十二月。璟帝见情势有所复苏，恐后周天子再度亲征，遂遣使者持币，乘船浮海，向契丹求兵。

蔚蓝的大海，波涛汹涌，使船渐次远去。江南犹如沧海一舟，颠簸在历史的惊涛骇浪间。

它真能躲过时代的浩劫吗？

年轻的心，一向是脆弱而且是多愁善感的。尤其是面对一个“情”字。恋爱着的从嘉，情感上的每度悲与喜，总是怦然击心，比别人有着更深锐的体念与感悟。

说不清是哪年哪月写的、写给谁的，他的情词，总是充溢着一种淡淡的忧伤之美、一种永恒的相思之美。魂牵梦萦，总为情。

特别是小别的时候。

有一天黎明，月色渐次隐去，窗外已是微云抹岫。从嘉醒来，默默地倚着绣枕，辗转反侧，他想念娥皇。他在思念中迷糊地梦去。梦境里，芳草连天，全是绮绿罗裙的怀想，天地奇阔，雁声循着她的身影愈鸣愈轻远，滑落在芳草的尽头……

一直到院里的啼莺在晨风中纷纷飞散，他才从睡梦中惊觉。步向玉阶，花瓣已落了满地，画堂深院里因为没有了她的欢声笑语，显得格外的沉静，寂寞如水般漫上了从嘉心头。

宫廷的侍者走来，准备扫去这一夜狼藉的落红。从嘉阻止了。就留一地季节的花瓣等她吧！最美的岁月，就像最艳的花瓣，终会消逝。可当她的舞步轻绕在这落满花瓣的舞台上时，旋舞的花瓣人影晕红地围绕着自己，一定会很浪漫且美好的啊！想到这里，从嘉心中涌动起无限诗情，他写下了这首小词：

晓月坠，宿云微，无语枕频攲。梦回芳草思依依，天远雁声稀。

啼莺散，余花乱，寂寞画堂深院。片红休扫尽从伊，留待舞人归。

——《喜迁莺》

大约是晚春时分，百无聊赖的从嘉无心过问前线的战事，独自来到御园的小亭。春雨霏霏，细细密密落得天地一片翡翠色。他想起了娥皇。小亭前，风逐花瓣，犹似她的舞态徘徊；雨意绵绵，天光暗淡，犹似自己愁蹙的双眉。从嘉记得，在尽妍顾盼的花香里，午后的太阳，曾把娥皇送来亭上，如今落红已尽，春已阑珊，苍天的心底也注满悒伤，看天颜蹙眉，微雨如注。独自无趣，从嘉便折回卧室。绿罗的小轩窗前，寂寥无声，已不闻她浅浅的笑声；串串香印，在空空的时光里也已烧成灰烬。痛苦的思恋中，从嘉默默斟酒独饮，微醺的醉意里，他恍然入梦，梦见她的跫音真切地近了……他的小词真切地记下了当时情景：

亭前春逐红英尽，舞态徘徊。细雨霏微，不放双眉时暂开。

绿窗冷静芳音断，香印成灰。可奈情怀，欲睡朦胧入梦来。

——《采桑子》

爱，原该有一种简单而丰富的内涵，訇然共振的心扉。仿佛永远有着给予和期待，渴望惦挂别人，也被别人惦挂。

在时空的那端猜度对方的思念，又是一种难言的情愫，在从嘉的词里，他百般柔肠地向我们展示了对方的世界。体会女子晶莹而忧伤的恋情，竟是那样的细腻而真切，这又是他的可爱之处。

记不得是哪一天了，风和日丽，从嘉和娥皇相约在花下。娥皇绾长发成髻，发上轻插一支金雀钗，再抹上浅浅的胭红，来到他身边。从嘉笑问："为谁而容？"娥皇笑曰："美丽给你看。"他们相依相偎，互知心意，娥皇更为从嘉的挚爱而感动。问两情相许有多深，两人都笑说："须问天。"他们的美丽在花下成为永恒的风景。

分手后，从嘉思恋绵绵，想象着娥皇此时的思绪，也一定如自己一般绵长。她那烧了一夜的印香，也该焚成一抹抹穗灰了吧？蜡泪横流，该会灼醒她爱情的记忆吗？是否会想起两人海誓山盟共有的心意？她会把灼热的脸颊，紧贴那两人稔熟了的、已是细腻陈旧了的珊瑚枕吗？锦被早已冷却，她还会在漏声已残的晚上，闪着熠亮的星眸，为自己醒到天明吗？思虑万千的从嘉，遂从娥皇的角度，写下了这首长短句，在猜度她对自己的热恋中，寻求心灵的慰藉：

金雀钗，红粉面，花里暂时相见。知我意，感君怜，此情须问天。

香作穗，蜡成泪，还似两人心意。山枕腻，锦衾寒，夜来更漏残。

——《更漏子》

又是一个春雨细洒的日子，柳丝在雨汽里纤长地飘拂。从嘉在雨中惆怅地徘徊。宫殿里不时有寿州围城的消息传来，他不参与政事，所以也无心多顾国事。屋外花色浓郁，花外时有漏声和着雨声远远近近地响过，提醒时日匆匆，也惊起宿在城头的寒鸦、塞外飞倦的夜雁。

在这样的时候，从嘉更容易想起娥皇。回眸屋内，倾盆的黑暗中，竟还栖着一对不肯离枝的小精灵，细看时，却是画屏上绣着的金鹧鸪。这更使从嘉浮想联翩。他点燃红烛和檀香，缭绕的雾气便在屋内弥漫开来，透过重重的垂帘帐幕，一点一点濡染着从嘉满腹的情思，让他的情思在谢家池阁定格。红烛晕染，绣帷低垂，此刻此时，娥皇是否也在楼阁中梦怀自己？是否也会担心她的怀思不被自己知晓而幽怨惆怅不已？他援笔写下了代娥皇抒怀的又一首长短句：

柳丝长，春雨细，花外漏声迢递。惊塞雁，起城乌，画屏金鹧鸪。

香雾薄，透重幕，惆怅谢家池阁。红烛背，绣帷垂，梦长君不知。

——《更漏子》

公元957年，春寒料峭。后周箭矢和矛戟的锋尖依旧缓慢地、顽强地、不绝不弃地咬啮着寿州的城墙。

在无数次攻坚中塌毁的城垛缺口，已被南唐的困守者们用木栅、石块堵上了。但他们守卫的，早已不是昔日粮草富足的城池了。

大墙后面的万余士卒，心惊胆寒。他们一只眼睛紧盯着围城外成千上万的后周大军，另一只眼睛则注视着南方的京师。他们渴望给饷的车马和援兵，能在下一次总攻前及时送抵。

瞭望台的哨兵日夜瞭望。一个消息，终于在新春正月的寒冷中闪现了。

紫金山头，突然出现了猎猎飘动的战旗。那正是齐王景达率领的强大援兵——许文稹、边镐和朱元，三员大将统领着这队军马，开始向寿州进发。

城中军民欢欣鼓舞。人们爬上城垛，翘首遥望援军的到来。金陵没有忘记他们。

但紧随着这种欢乐之后，却传来了更坏的消息——后周天子柴荣已跃上马背，从他的宝殿起身，风驰电掣向淮河岸边这座围城狂奔而来。

军令如山，后周军须不惜任何代价阻拦景达的援军，拼力攻破寿州这一大军南进的要冲。

围城中的人们渴盼冲出重围。他们日夜祈祷，他们十分清楚自己的险恶处境——兵疲民困，他们坚守不了多久了。如果援兵不能及时击败城外现存的后周军重兵，待后周天子率兵赶到，他们将无法再凭借颓垣残壁，抵挡凌厉的攻势。

谁的援兵先到，局势立刻大利于谁。他们希望着。

三月。夜幕低垂，视线模糊。围城中的人，突然被墙外一片惊天动地的欢呼声、鼓乐声惊醒。巨大的不祥感，立刻笼罩了围城。

次日清晨，围城中的人以为自己是在做梦。一支军队仿佛从天而降，蘑菇形的后周军帐篷，在一夜间，突然连天接地，庞大了数倍。锦旗迎风猎猎飞扬。他们揉揉眼睛，终于确定后周天子柴荣连夜踏淮河浮桥，已然抵达城外。

希望犹如一团薄雾，瞬间烟消在阴郁而绝望的孤城上空。

然而，围城内并不尽是绝望。齐王景达的三支劲旅，一路挺进。凭借天时地利，仍可能采取勇敢的行动，与后周天子一争高低。

岂料，不可思议的愚蠢，却使这支援军功亏一篑。

正当各方面力量亟待联合起来、集中保护围城的时候，南唐文武间那片刻也按捺不住的私怨与对抗又爆发了。无足轻重的谗毁把戏，在烽火连天中，不择时而出。

大将朱元，不仅勇武善战，善抚士卒，与其同甘共苦，而且每临战事，总是临众立誓，慷慨陈词，常常在泪洒衣襟间，激励将士们慨然动容，士气勃振。他的大军逼近了寿州。

监军使陈觉，一向与朱元有龃龉。眼见朱元复舒州、战和州、胜蕲州，功勋卓著。眼下兵旅又逼寿州，妒才之意，泛上心头。他开始一次次向璟帝数落起朱元，说朱元不过一介巧言令色之徒，不足信，更不可授之兵权，委之以大任。

璟帝无能，竟听信谗言，密令景达谋奇朱元将位，以杨守忠替代。

朱元得密报，大惊大骇！绝望之际，他怒从中来，遂率全军将卒，拔营起程，一举投向了后周天子麾下！

南唐军心大乱！

面对攻而不下的坚韧的寿州，后周天子什么都想到了，就是没想到敌军会在此大难当头之际，出现内讧，更未想到万余名降军士卒，会持大量的军械粮草，热烘烘地倒戈进自己的营垒。

后周天子柴荣大笑，委朱元为蔡州团练使，又起轿迎来朱元老母，赴汴都安享晚年。

卡在围城上的铁手，收得越来越紧了。

后周军乘胜进发，一鼓作气，连连拔去了景达手下所有援军的营寨。

援军大将许文稹、边镐、杨守忠，在一场场恶战中，含恨做了俘虏。景达力难克敌，顾不得寿州，逃归金陵。留下四万余士卒暴尸荒野。

巨大的危险和不祥的预兆，如同暴风雨的云团，黑压压笼罩在整个围城上空。

黑夜再度降临。后周天子的兵营，燃起一片篝火，仿如一片喜庆的光海。

被围者孤立无援，从高高的城垛上，悲怆地望着无数的火团在辽阔的淮南平原燃烧。

后周军士卒将所有的战鼓擂得震天价响，号手向统帅吹起响亮欢快的乐曲。猎猎旗幡，被旗手狂欢的舞步旋得呼呼作响，他们在胜利之前庆祝胜利。

寿州犹如供桌上的牺牲品，在献祭之前被缚着，接受所有骁悍喧闹的仪式。

最后的一幕就要降临了。

云梯、绳索、挠钩早已准备就绪。鼓角声震，城壁摇晃。此刻，紫金山寨早已全军覆没，齐王景达南奔禁城；此刻，金陵君臣，正奉表称臣，割地贡物；此刻，王子从嘉，正歌舞恋爱，词兴雅浓。此刻，独有寿州危城，几度风雨，百端摧折，犹自兀立淮上。

当年力阻寿州弃“把浅”兵的刘仁赡，脸色苍白地站在城垛前。撞击砖石的军刀，发出了冰凉的铿锵声。他知道，为国捐躯的时候到了。

万余士兵和深感恐惧的民众，正默默悲怆地凝望着将军宽阔坚厚的背影。整个淮上，一城生灵，连同南唐的国势，似乎都担在了他的肩上。

这时，城门内一阵骚动。漆黑的夜色里，守城的小校擒捉了一个偷渡淮北的叛降者，罪人被带到了将军的帐前。此人正是刘仁赡的小儿子崇谏。

将军大怒，令即斩杀无赦！监军使哭于中门，恳请刀下留人。将军挥泪，不从。

崇谏死。

满城将士，感动涕泣，誓以一腔热血，死守城池。

然而，久病的将军，终于倒下了。他的佩剑尚未出鞘，就横陈病榻之侧。不省人事的他，再也无法透过高高的城头，去看城北那黑压压一片雄师的军阵。

城内倒戈的阴谋，趁机萌动。

公元957年三月，副使孙羽等伪作刘仁赡手笔，向城北高高举起了白色的降书。

城门洞开。

淮河岸边，南唐最光荣、最坚固，也是最后的一个堡垒，历时一年零三个月，历经后周军陆路水道百番攻坚，终于在这个平静的、春风醉人的三月天，不攻而破。

大雨哗哗在三月末下个不停。五十八岁的刘仁赡在一个雨沙如雾、白昼如晦的日子里，咽下最后一口气。

寿州百姓，哭声恸天。仁赡夫人，绝食而死。士卒数十，自刎相随。

后周天子率军入寿州。仁赡的勇猛忠义，令柴荣赞叹唏嘘："刘仁赡尽忠尽责，抗节无亏，历代名臣，有几人可与相比！朕欲挺进江南，手下若有这等将帅，势将如虎添翼，惜哉！"

后周天子诏令使者前往将军灵前吊唁，并追封他为"彭城郡王"；又命名仁赡生前军队为"忠正"之师，"以旌仁赡之节也"。

国势危蹙，而失忠勇之将。李璟闻讯，大悲！他将太师、中书令的名号，赠给了仁赡，又谥之曰"忠肃"，加封卫王。

四月，雨季。淮水速涨。后周天子起驾北还。

冬天又降临了。十一月，淮水渐涸。后周天子策马渡淮，开始了第三次亲征。

十二月，后周军愈战愈勇，连下濠州、泗州。

东都扬州告急！

败势难挽，璟帝已无挽救东都之意。诏书过后，将卒们一把大火烧掉了官私庐舍，城中百姓在兵士的护送下，渡江南奔。

扬州陷。

后周军欢呼雀跃。士卒水陆并进。他们一路高唱"檀来"之歌，声闻数十里外，进逼泰州。

泰州陷。

从嘉在恋爱中，悄悄地生出了一份体恤的情怀。柔柔的思情，在他笔下，缓缓倾诉，读来，让人倍感绵延美丽的忧伤。

他吹皱的，又岂止是“一池春水”？我们的心，至今都会在他真挚的情词里停留。

他还为禁中的宫女写意。他的一首《采桑子》，就是以宫人的口吻，写被选入宫而不得见旧郎的无奈：

辘轳金井梧桐晚，几树惊秋。昼雨新愁！百尺虾须在玉钩。
琼窗春断双蛾皱，回首边头，欲寄鳞游，九曲寒波不溯流。

此外，他的四首《忆王孙》词，以春夏秋冬四季为时序，代思妇写了“王孙游兮不归，春草生兮萋萋”（刘安《招隐士》）的闺愁。情景相生，凄婉动人：

之一

萋萋芳草忆王孙，柳外楼高空断魂。
杜宇声声不忍闻。欲黄昏，雨打梨花深闭门。

之二

风蒲猎猎小池塘，过雨荷花满院香。
沈李浮瓜冰雪凉。竹方床，针线慵拈午梦长。

之三

飕飕风冷荻花秋，明月斜侵独倚楼。
十二珠帘不上钩。黯凝眸，一点渔灯古渡头。

之四

同云风扫雪初晴，天外孤鸿三两声。

独拥寒衾不忍听。月笼明，窗外海花瘦影横。

爱情，为从嘉筑就了心灵乐园。宫中追名逐利的忙碌、傲慢或虚荣的浅薄，后周争战的烽火，这些他都不关心。他只是依然故我，因为有娥皇相伴，还因为有文化的围绕。红袖共读，坐拥书城，享受人生的大美丽。这便是从嘉。

阴郁的气息是渐渐远遁的了。

静静的宫苑，柔和的晓雾轻裹着他，裹着梦余的光泽。纱窗外，青草淡淡的涩味和季节花朵散发的清香，氤氲缭绕。这是一个恬静而充满幻想的早晨。金井上辘轳转动取水的声音，吱呀呀响过。这是一个明朗的早晨。

他喜欢这早晨有她并肩在一起。不渺小，也不伟大。心灵与自然完好相融，会是多么幸福。他喜欢在这样的早晨看她梳妆，看她秀长的黑发自由地垂落，看发丝在晨光的照射下，发出金明的光环。那光环扩大开去，神秘莫测，又那样贴切。晨妆的形象每一次都新鲜又温情。

太阳轻轻地在充盈着水汽的南国蒸腾。越来越浓重的猩红，透过绿纱窗的隙孔从东方渗过来，热烈地渗入。

她的双手在松软的发髻上灵巧地蹦跳，细柔的青丝如云涌来涌去，忽而流向两鬓，忽而又涌向中间，伸展的软发间，隐现着彩色的晶珠，再斜插一支金雀钗，竟是一个漂亮别致的发型。头顶绾着高高的发髻，恍若深黛色的山峦，两旁鬓朵微翘，掩映迷离如丰腴的花朵，随着莲步轻移，云鬓轻颤轻动，竟精彩成一幅画！

这样的时刻，娥皇首创了高髻纤裳及首翘鬓朵之妆，是那样妩媚、动人，让人无法抵御它的诱惑。他便亲密地凝视和欣赏它们。

蓦然回首，裙袂飘动，金陵闱阁的绿纱窗内，竟涌出许多这样绾着新式发髻、穿着纤衣的女孩。高髻纤裳及翘鬓朵梳妆，很快在宫廷内外流行开来。新奇和快慰充溢他的心胸，是多么幸福。二十岁清澈的思想，吸吮着爱情的恩泽。

是的，被人欣赏和欣赏人是互相幸福的。静静地为悦己者容，默默地因容者而悦，是双向的快乐。以快活和相融面对生活，以热烈和真诚投入生活，假如心和心在双向的情趣中环流，假如双向的环流中带上文化的情味，他便快乐，她便快乐。

在那段浪漫的岁月里，娥皇时常用璟帝赐给她的烧槽琵琶为从嘉弹奏一支支欢快的乐曲。使它发声的，是娥皇永远不变的心。她愿用美丽的乐曲把从嘉紧紧围裹，她愿为他揉碎成爱的每一滴音符。

瘦西湖的水音盘旋着秦淮的流声，娥皇从古扬州走向从嘉的世界。被爱宠溺着是多么幸福，娥皇手抚琴弦，弹出一曲曲涌动心底的爱意。

琴音叮咚，在这样的时刻，他们不闻远方的硝烟，也不忧国运已衰。

958年，在不安的惊悸中到来。南唐帝国的守岁者强打精神，给风雨飘摇的国家，贴上了中兴的年号。渴望新年尽扫晦气，大地重光。

然而，崛起在中原刚满八年的后周，径自以内兴改革、外拓疆域的勇武姿态，展现出不可征服的尊严。

就在这年的正月，海州、楚州、雄州尽失。楚州之役，四十日不破。周天子亲自督兵攻城，南唐将卒十万，血战街陌，无一生还。

后周天子柴荣缓步攀上楚州北神堰。他的心在热烈跳动，因为他即将完成一件真正伟大的事业。现在，离这一刻只有几步了，越来越小的几步。

淮南一望无际、苍苍莽莽的原野，静静地、一览无余地伏在他的脚下。身后，数百艘崭新的“齐云”战船，也已造就。南唐游弋在淮水上的所有舟船，连同水兵，也已归属了自己的麾下。后周没有战舰水兵的历史，已经结束。淮河至长江的大运河，也被凿通。“齐云”扬帆，直入长江！

三月。李璟改元“交泰”。“中兴”，不过一梦。

是月，后周天子柴荣驰马扬州长江渡口。波浪起伏的江水，滔滔奔流，拱动着中游岸边的那个岌岌可危的小朝廷。

李璟别无选择。为保江南的半壁江山，他被迫议和。江北光、寿、庐、舒、蕲、黄、滁、和、濠、泗、楚、海、扬、秦十四州六十县土地，割给了后周。又每年向后周贡银十万两、绢十万匹、钱十万贯、茶十万斤、米麦二十万斤。

淮南江北十四州六十县土地，遂成后周进兵江南的根据地；淮南江北殷厚的财富，遂成后周国库庞大的源泉。后周在战略上，取得了绝对优势。

是月，李璟封皇太弟景遂为晋王，立燕王弘冀为皇太子，又向后周天子请求传位于太子弘冀。后周天子不允。

是月，后周天子致书李璟，宣布撤兵。

五月，一退再退，退出江北六十县土地的李璟，又做了政治上的退让——主动削去帝号，停止一切天子礼仪，以“唐国主”自称。为避周高祖郭璟之讳，自更名为李景；行使方二月的“交泰”年号，也被废止。从此，致奉后周正朔，始称显德五年。

八月，李璟在汴梁设置了进奏院，派员常驻，随时接受后周天子召询，奏报南唐事务。

南唐，从此沦为后周附属国。

后周天子班师回朝，又开始了对未来的思考。

对外，他将北伐契丹、收复燕云失地的计划，提上了议事日程；对内，他继续刷新政治，巩固国防。

公元958年，他调整了州县行政机构，整顿里甲，加强统治，号令全国各地州府，将一百户居民组成一团，“选三大户为耆长，凡民家之有奸盗者，三大户察之；民田之有耗登者，三大户均之”。稳定了社会秩序，加强了中央集权的统治。

他继续严惩贪官污吏，杀死了借任职之便贪污财物的楚州（今江苏淮安）防御史张顺，又安定了新辖州县。

他改革了税收制度，于这年十月颁布了《均田图》。他根据实际情况均定田租，核定民田，减轻了农民的不合理负担，又增加了府库的岁收。

“小康”的局面，初步形成。辽、北汉、后蜀、南唐数十万百姓，纷纷拥入后周辽阔的田园，纺织耕耘。

后周的改革，为统一中国、抗击契丹奠定了经济基础，带来了中国从分裂到统一的历史转机。

二十二岁的年华在爱语香风中到来。骊歌五年，文采风流、诗酒美人和梅雨中的芭蕉声，都形成了这首玄奥长诗的韵脚。

二十二岁的天空高而深远，宽阔而强健。禁苑的树木掩映在日魄之中，倾泻成叠印的光柱。草叶在午后的风里一闪一颤，似乎有幸做了阳光的琴弦，发出魅人的沙沙声。他和她并肩一起，抵足长读，爱语嘤嘤，是多么幸福。

他喜欢携她纤弱的素手，在松软的草滩上漫步。多雨的金陵，每个空隙都溢满了盈盈的水汽，林地恍如刚泼墨的国画，墨汁淋漓，直透心肺。

在这样的时刻，她会吟一曲小词，自作的词，并且回到藤影蒙络的书屋，挑开雪白的宣纸，饱蘸醇香的廷珪墨，执一杆她最喜欢的“总青螺”笔，写下动情的词章。词境拥抱心境，会是多么舒畅。

悠闲的时候，他喜欢对坐弈棋，静静的、默默的，喜欢在这时候与她对视，喜欢对视时她的顾盼生情。

和她弈棋缥若化境。寒冬的日子里共偎一炉火，再烫一壶酒，鬓影衣香，闲敲棋子看倩容，便是人生的极致；热暑的时候，轻罗小扇，共品一杯茗；不在乎输赢、不在乎夏蝉在窗外鼓噪声声，只愿这样，一步一着，一直走到妙趣横生，便是幸福清凉的极境。

是的，情味相投或互为知音是相互的幸福。轻柔的呼唤，默契的应答，微笑和亲情因为才艺的涵盖，才无限风流。倘若情爱的阴霾或误会在文化的气息中了然，他便快乐，她便快乐。

公元958年，生命的种子，开始在娥皇腹中躁动。宽厚的母爱如山野的风，吹拂她感情田园的福祉，在他的博宠里，她充满献身的渴望。褪去晕红的双颊、不再轻盈婀娜的体态，她都不介意。她只感觉崭新的生命在腹中孕育。她为这小生命而幸福，脚步为他而轻举，衣着为他而宽大，身躯为他而丰腴，风姿为他而娴静，思绪随他而飘摇。博大的爱总会引来博大的爱的反馈，她为他们爱的硕果而欣喜若狂。

在这样的时候，他们听不见北来的啸声，一切国务自有皇父皇兄操劳。

公元958年，婴儿的哭声打开了从嘉真实的、父亲的世界。婴孩那样纤小、天真，软软的、红红的，让人不知从哪儿抚抱起才好。从嘉亲切地凝视和祝福他，为他的到来而举杯庆贺。

他为他的长子取名仲寓。

公元959年三月，后周天子柴荣再披戎装，亲征契丹、北汉。

冀中风尘日色昏，红旗半卷出辕门。后周师气吞万里，一举攻下益津、瓦桥、淤口三关，又连复瀛、莫、易三州。

当后周天子柴荣满怀始终如一的渴望，向幽州进军之际，忽然病倒在北伐的路途中。

这一倒下，便没再起来。

显德六年（959年）六月，后周世宗柴荣病死开封。时年仅三十九岁。

他走了，带着深深的眷恋，过多的遗憾，留下尚未描绘完毕的中国版图，走了。

他的儿子宗训，年仅七岁的孩童，在这继往开来的年头，登上了帝位。是为恭帝。

珠围翠绕、笙歌靡丽的情爱，很浪漫。然而历史赋予从嘉这位快乐王子的意义，远远超出了他自己仅仅瞩目的诗词歌舞的范围。生活就是这样出其不意地捉弄人，或者造就人。因为他不是普通的文人，他生长在宫闱。

公元959年，久蕴着的王位角逐，随着欲望与躁动的迸发，疯狂撕开了宫廷那温情脉脉的面纱。令人惶悚的悲剧，在李氏家族中降临了。

初时，后周南征，战争阴云笼罩着南唐。从嘉的长兄弘冀因常州一役有功，被李璟立作太子，调回金陵，参决政事。

他离大位，只有一步之遥了。弘冀的双眸焕发出炯炯的光芒。怀抱“我不为王谁为王”的精神，他整顿朝野，威武施政。一时纲纪振起。

或许是过于得意而忘形，或许是刚毅果敢的秉性难改，他忘了他还只是太子。他开始一意孤行，开始屡屡违背李璟的旨意。

弘冀骄横刚断的行为，刺痛了李璟热切的厚望和栽培的用心，狂怒中，他终于操起球杖，笞打了弘冀。打毕骂毕，拂袖而去，只留下振聋发聩一语，猛击弘冀的野心：以王位“兄弟”相传！委军国大政给弘冀的叔父景遂！

天，渐次热了。白昼越来越长。空气随着雨云的积压，显得沉闷而湿重。衣服上的潮气，黏搭在身上，让人感觉更热的季节快要到了。

在这样的热风中，总有一双阴沉的眼睛，在注视着景遂。不可遏制的疯狂意念，在热辣辣的目光中窥伺着时机。

景遂犹自不知。当年李璟即位前，曾一再要让位给这位心性纯厚恬淡、饶有雅士君子之风的弟弟，因大臣的坚决制止，终于未成。

后来，李璟便立他为太弟，使居东宫。凡属太子享受的官属机构，一律划归给了太弟。对此，景遂一再辞谢过，却终不得成。无可奈何之际，只好取老子“功成名遂身退”之意，易字曰“退身”，以明心志，并时时向李璟求归。在东宫居位十三年后，他终于获得了李璟的同意，免去了太弟位。

与之相应的是，改立抗后周有功的弘冀为太子。

景遂离东宫后，被授作天策上将军、江南西道兵马元帅、洪州大都督、太尉、尚书令，并封为晋王。

就在这年热暑，景遂手下的宠臣，都押衙袁从范的儿子袁干，多有忤逆不道之行。心情躁愤的景遂，偏又听信了周围的谗言，一怒之下，杀了袁干。

从范闻知，悲愤怨恨，积聚心头。

弘冀刺得消息，一盅毒鸩通过亲信的手，转递到从范的手。

八月，太阳在天空隆隆燃烧，草叶在火热的熏笼中圈拢起身躯。景遂在燥热中打球，热汗淋漓，他想到了水。沁凉滋润的水，那原是生命的琼浆，他向侍从伸出了手。从范迅即持杯奉上。景遂大饮而尽。

景遂暴死，时年三十九岁。

老子的哲学无法保护他，他的尸体还没来得及装殓入棺，便已腐烂恶臭。

李璟闻知，大哀大恸！群臣为使帝宽心释怀，故意告说景遂纯是得病而死，病死时曾说：“是上帝令我速去的啊！”被鸩毒一事，遂被瞒下。

李璟废朝七天，赠以太弟之称，谥号“文成”。

血色萦绕着宫闱。鸩杀了叔父，惊惧和害怕便影子一样缠绕着弘冀。萦萦回回，醒里梦里，他总见叔父的魂魄化成了厉鬼，在昭庆宫中作祟。

九月，弘冀大病，亦死。

死诰谥曰“文献”太子。

热泪盈满从嘉的双眸。宫廷血案，使他不寒而栗。

然而，还没等他从骨肉相残的慌乱中平静自己，一切便突然起了变化，现实的人间突然替代了远离尘嚣诗词歌舞的浪漫天地；猩红的、铺向东宫的地毯，已摆到了足下。

景遂已经死了；弘冀，也死了；自弘冀以下四个兄长，也在不知不觉中，早早夭亡了。以次推近，只剩下自号“钟山隐士”的第六子从嘉，茫然而无奈地面对庄严的、辉煌的东宫。

这是怎样的历史错位？

就在这一年，从嘉被封作了吴王，授尚书令之职，参与政事，位居东宫。

他的东宫之位，也还起过小小的风波，并非无人觊觎。

大臣钟谟，曾与李璟的第七子、从嘉同母的弟弟从善一同出使北周，结为好友。见东宫有隙，便劝李璟立从善为太子。钟谟进言，指责从嘉器轻志放，全无人君风度。

李璟大不悦，贬钟谟官。次年，又赐死钟谟于饶州。

这一事件，使视功名利禄为尘外之物的从嘉，尤为不安。遇有权争，更是退避三舍。

还是投身爱的港湾里吧！那儿有浪砥平沙的温柔。他的心渴望在东宫里听到烧槽琵琶关不住的悠悠远远的声音。他觉得那不是人间的声音，是恢恢大宇宙的天籁。只有在娥皇叮咚的琴韵声中、在书房满堆的古籍中，他才能忘却人世的险恶，活得栩栩如生。

东宫的高墙，终于没能把他圈成“人君”的模样。他并不想做个人君。他在后周大举吞并南唐淮北土地时，一声不吭，只埋首于琴棋书画、爱语香风中，证明了他真的不想，而且也不配。

但他却在居东宫的这一年，开了崇文馆，广召贤士。

他真的是个文人君王。

历史有时竟这样喜欢重复的剧目——“禅让”的逼宫戏，时有发生。

公元960年。正月。正是后周太祖郭威施逼宫之技、得黄袍加身的第十个年头，当年随同后周世宗柴荣南征北战、在攻克淮南要塞滁州之役中战功赫赫的殿前都检点赵匡胤，趁幼帝可欺，密谋了又一场“禅让”把戏。

正月，汴京宫中，张灯结彩。满朝文武正拥簇着新皇，举行一年一度恭贺春节的盛典。幼帝头戴庄严的皇冠，正襟危坐，接受群臣朝拜。

与此同时，阴谋者也开始了行动。数匹快马从北疆镇州、定州匆匆启程，紧急边报从一个驿站，急速传往下一个驿站，直传到春节的汴梁——北汉、契丹已联兵南伐，北疆危在旦夕！

皇室大惊！匆忙发兵。

赵匡胤得令北抗敌寇。他心中大喜，急率汴梁禁军，连夜出师。

在离京师只有四十里路的陈桥驿，部队突然停下。千千万万热烈急促夜行的兵马声，忽然消失。这突如其来的沉寂和夜幕中的杀气，带着决然的威胁。

赵匡胤这头忍不住的雄狮，终于挣脱了朝廷的束缚，像支呼啸的箭矢，在梁苑城北飞行。

他的亲信穿梭在禁军将士中间，狂热地鼓动着“兵谏”，让众士兵推戴赵匡胤为帝。

亲信的游说，战胜了一切犹豫和顾虑。“兵谏”成功，赵匡胤被“强迫”穿上了黄袍，军队高举义旗，山呼万岁！

汴梁宫中，焦虑的大臣仍在等待着北伐边报。禁军却突然折回，兵变的大旗，直插京师宫殿。

正月初五。宗训被迫让位。赵匡胤接受“禅让”，登上帝位。国号为宋，改元建隆。

这就是历史上著名的“陈桥兵变”。

登上帝位的赵匡胤，开始了在历史舞台上狂热的角逐。他斗志昂扬。

他那双警敏的眼睛，从来没有离开过南唐。仿佛为着试探些什么，登上宝殿没几天，他就赐书南唐，宣谕消息；又放后周时被执的南唐降将三十四名，静待回音。

说不清李璟心中是喜是忧。北方政权的变换，似乎并没有给南唐带来更多的实际利益。清流关大战，足以使南唐朝野领略这位大宋新天子的勇悍与谋略。他知道，南唐必须有所表示。

三月，绢两万匹、银一万两，从江南府库，滚滚流入汴京国库。

七月，金器五百两、银器三千两、罗纨一千匹、绢五千匹，连同朝贺的乘舆、御服，车载斗量，一路风尘，驰往汴梁。

十一月，大宋平息了原后周淮南节度使在扬州的兵变，无数的金玉、鞍勒、银装、兵器，又自南唐滚滚涌入宋军营垒，名曰犒师平叛成功。

赵匡胤一一照收不误。李璟的心态，他已从这殷勤的贡奉中得知了大半。而江南，如此每贡万计，府藏空竭，如何强兵？而李璟，如此宛转低眉，开门揖盗，如何立国？就在这年十一月，赵匡胤令各军在京师南池训练水战，谋划南渡。公元 961 年正月，赵匡胤又令军卒在长江北岸赶造战船，亲观士卒演习水战。

江南大惊！

此时，清源节度使留从效，突然宣布脱离南唐，称藩于宋。此时，又有小臣杜着，伪作商人，由金陵偷渡北上，而薛良戴罪奔宋，二人各向宋献平南唐之策。

李璟大骇！

太阳，已经跃上了高空。薰香的氤氲，在阳光下清晰可见。一缕未尽，又一炷薰香被添入了金制的香炉里，细细袅袅，在流量次第高涨的阳光里，淌泻。

在这样的时候，从嘉和娥皇日夜在宫中酣歌曼舞，看红地毯随舞者的舞步，旋转出美丽的褶皱；高耸的发髻，随舞乐的节拍而飘散成长发；金钗滑洒，腾挪起更舒放的舞姿，心中便沉迷而忘忧。每至此时，隔宿一酒，因禁不住通宵一酣要，阵阵涌上喉头，使从嘉感到几分疲累和恶心，但他仍不肯罢了耍乐舞曲。他遣小宫女摘来纤纤一花朵，放在鼻下轻嗅，清芬花香使他又精神充沛起来。

这样的日子便是快乐和避世的所在。从嘉真心愿意这舞曲一直奏下去，从夜唱到晓、唱到太阳爬上高高的树梢，也不要止息。他早年的王子生涯和帝王生涯，就是这么度过的，他的一首《浣溪沙》，就是此间生活的真实写照。

红日已高三丈透，金炉次第添香兽。红锦地衣随步皱。

佳人舞点金钗溜，酒恶时拈花蕊嗅。别殿遥闻箫鼓奏。

词以华语丽句典型再现了从嘉这段奢靡而又空虚的生活。艺术技巧极高，却无后期词作的价值和魅力。

如果历史的大浪不把他推向命运的巉岩，他或许永远只能写出这样的词。

公元961年二月，李璟率群臣迁都南下。临行前，嗣立从嘉为太子，留守金陵护国。

一江之隔，北宋虎视眈眈，从嘉无语忧愁。

朔风吹过，大雪一夜间覆盖了金陵。宫苑里，到处是窸窸窣窣的声音——细细密密倾洒的雪声，唰唰擦落树上积雪的风声，以及哗哗雪团碎落的声响。

这样的雪夜，最适于歌舞酣宴。燃起通红的炉火，煮烫溢香的美酒，娥皇举杯，欢快地邀从嘉起舞。陶醉在这样的时光里，他们忘怀了国事家愁。从嘉请娥皇创制新曲，娥皇沉思低吟间，已是手到谱成。《恨来迟破》乐音舒缓抒情，优美轻柔；《邀醉舞破》旋律高亢激越，急迫宏放。

新曲，在华殿优美地响起。他们双双舞向锦毯，舞向忘忧的世界，舞向没有北方阴霾的天国。

公元960年，从嘉的业师，五代十国时著名的词坛大家冯延巳去世了。

从嘉自幼喜欢读他的词作，婚后，更时与娥皇共读他的佳篇。师长的教诲和艺术的熏陶，日日滋润着从嘉。此刻，唯有展读老师的一首首长短句，寄托哀思。而那一首首意蕴丰美、浓丽悲凉的词句，更深深打动了他热恋的心。

细雨湿流光，芳草年年与恨长。烟锁凤楼无限事，茫茫。鸾镜鸳衾两断肠。

魂梦任悠扬，睡起杨花满绣床。薄幸不来门半掩，斜阳。负你残春泪几行。

——冯延巳《南乡子》

小堂深静无人到，满院春风。惆怅墙东，一树樱桃带雨红。

愁心似醉兼如病，欲语还慵。日暮疏钟，双燕归栖画阁中。

——冯延巳《采桑子》

秋入蛮蕉风半裂。狼藉池塘，雨打疏荷折。绕砌蛩声芳草歇，愁肠学尽丁香结。

回首西南看晚月。孤雁来时，寒管声呜咽。历历前欢无处说，关山何日休离别？

——冯延巳《蝶恋花》

冯延巳深美的词风、白描的手法，将相思的情愫，刻画得入木三分。

从嘉从师长那儿学到了许多。从嘉的词高出了同代人同类题材的作品，更丰富了他与娥皇美好的爱情生活。

国境蹙弱。

曾于959年议而未决的迁都大事，在公元961年二月，被再度提上了议事日程。

李璟决计迁都洪州（今江西南昌）。他说：“金陵与敌境隔江而望，兵戈之声相闻，又处江之下游。若宋兵发难，金陵必难据守。即使各州节度使能解救国难，又岂能保证此中没有乘乱窃国的刘裕、陈霸先出现？若迁都洪州，据上流而治根本，最为上策。”

群臣无言。枢密使唐镐却同声附和。李璟顾不得许多了，他的命令被匆促实施。

961年春二月。皇室庞大的船队从金陵扬帆，向西南上溯而去。

金陵城阙的轮廓在淡蓝的水平线上渐渐消失。李璟率六军、百司，经彭蠡湖（今鄱阳湖），取道赣水，开始了迁都洪州的庞大航行。

这是一次悲怆、无奈的航行。旌旗蔽日，龙舟迤逦，千余里不绝。皇家千锦百帆的气度，无法消解李璟的郁积。

江风阵阵，江岸青山绿水，在季节的光影间，勃发着无限生机，撩得李璟心头发疼。

斟上一杯美酒，举杯浇块垒。江水汤汤，江那边有山萦绕，举目望去，竟是无限丽色。李璟心中不由一暖，终于转忧为喜，笑问：“好青峭数峰，不知何名？”

宫廷俳优李家明，垂首回说：“此是舒州名景皖公山，今已不归我朝所有。”言毕，这位弄臣、向以娱帝而司职的乐师，悲愁地吟起了一首小诗，有句曰：“皖公山纵好，不落御觞中。”

眺望数峰清苦，更北岸望不尽的山林原野，李璟泪如雨下。龙舟醉酒，深入骨髓的忧患意识，在心底发酵。

迁都洪州后，李璟即令大兴土木，仿金陵宫阙格式，建殿宇，通辇路。

然而，南都新城，毕竟迫隘狭山，哪有金陵宏伟的气度？且起居行止，也多不便，官府十不容一二。

群臣忧而思归。李璟每退朝之暇，北望金陵，想旧日帝国万邦来朝、四面归顺的雄风，心中日日都是悒郁不乐。

侍臣见了，莫不哽咽难忍。他们添置了屏风，遮挡了北窗——挡住了李璟触景伤情的窗口，却挡不住深埋心底的创口。

从此，君臣思故都，商略北归时。李璟在日夜愧悔中，迁怒于唐镐。唐镐竟由此惊惧而死。

从此，李璟宴饮不乐，噩梦幻觉连连。

一天，他游星子渚，召处士史虚白问诗。史虚白诵渔父一联：“风雨揭却屋，浑家醉不知。”

李璟闻诗大惧！勃然变色中，急赐粟帛，遣史虚白归去，自己则快快而思：“莫非久隐山水之间的处士，也已预感南唐气数快尽？”

从此，李璟郁郁而病，饭食不进。每日，他只靠啜饮蔗浆些许，聊以活命。

六月庚申，他死在了南都，享年四十六岁。

他走了。带着深深的无奈，过多的悔恨，留下风雨飘摇的半壁江山，以及逆来顺受、委曲求全的懦弱性格，轻如飞灰地，走了。

他已被后周天子削去的帝号，终于因了他的后继者、江山的第三代传人李煜的哀告请求，以及大宋天子的“宽容”“大度”，得以追复——他被谥为明道崇德文宣孝皇帝，庙号元宗。

他的身体，也在死了以后，被迎回千思万想的金陵，殡于宫中万寿殿。

翌年正月，葬顺陵。

李璟与父，行出一辙，却也别有扬弃。他光大了父亲“以文艺自好”的品性，写词写出了风格、特色，竟自成风骚；他继承了父亲的仁惠心性、俭省行为，却不会用人，无力振邦。他也渴望开拓江山，却未能守住故土，兵败丧师之后，便仰人鼻息，削号贡金买笑，助长了北方得陇望蜀之贪欲。他已不再有振邦宏愿，少了开拓气度，没了威武烈性。烈祖政治家的风采、军事家的风貌，已与他无缘。他蜕变为文人帝王、附庸之主。

江山代代无穷已，父子相承，帝王气度，已失东风一半，不知子孙相继，又会扬弃什么、光大什么，东风知多少？

第四章　重轭

人生的悲哀，莫过于他人和环境替自己选择命运，莫过于得到了所不愿意得到的。虽是至尊至高的帝位，也不是人人都愿选择的。

失败的选择，失败的人生。超我的重轭下，必有一颗嶙峋的心。

人的命运有时像一匹辕马，倘若无力驾驭，便会人仰车翻，或是误入歧途。

艺术天国里，李煜是最优秀的驭手。他那敏锐的目光，能够识辨琴棋书画各途登堂入室的痕迹；他的思维，宛若五代十国深邃天空中的星河，网捕并绽放着知识之光；他渊默而静谧的心境，仿佛上帝的作坊，蕴涵着天才的创识；他全部的才情，足以使他抵达人类艺术最辉煌的巅峰。

如果上帝把缰绳交给他，把马鞭交给他……

然而，公元 961 年，上帝对这位艺术天才扮了个鬼脸，将一国之缰交给了他，听凭一双笔染翰墨、流作清词丽句的手，驾驭一架已然岌岌可危的庞大马车，行进在鹰声凌厉的旻穹。

历史的一个偶然，改变了处在这个历史时期内某个人，乃至某个家国的命运。

或许，上帝在把缰绳交给他时，便已预知了这位天才文人会在车覆的刹那，涅槃成真正绝代的、中国词坛永恒千秋的驭手？

公元 961 年七月二十九日，六朝古都，满城粉黛。金陵很美丽。新皇即位的登基大典，就在这热风拂动的日子举行。

廿五岁的从嘉，缓步走上金光灿灿的宝座。

鼓乐奏响。装束华丽的后妃王公和文武百官，面向同一个方向，深深叩拜，山呼万岁。

壮观的场面和天子的气派，使从嘉郁郁的内心，也感受到了南唐朝阳的光照。伟大而厚重的使命感，光一样划过心空，汉代扬雄“日煜乎昼，月煜乎夜”的句意，在此刻此时，蓦然涌来。

他为自己更名为李煜。

他渴望国势如朗月艳阳，照耀永恒。

就在这一天，他颁布诏书，封王晋爵。他的母亲钟氏被尊为圣尊后；他心爱的后妃娥皇被立为皇后；他的叔父景遏被封为江王；他的几个弟弟从善、从益、从谦、从信、从度，也各有徙封。

就在这一天，他举行了大赦，仪式隆重。朱红长杆，在宫门前高高耸起；黄金饰首、高达四尺的大木鸡，悬上了七丈杆端。“金鸡”口衔七尺绛幡，下承彩盘，上系绛绳。所有的罪犯，都被集中到了杆下。

鼓声隆隆响起。李煜登楼，颁行赦令。

命运，就这样毫不犹豫地替他做了安排。

天下久分必合，久乱见治。中国是不可分裂的整体。大分裂的五代十国时期，正是“大泽龙方蛰，中原鹿正肥”的大好时机。在这风云际会的环境里，必有得风气之先、建腾跃之功的人杰，也必有鼎鱼幕燕、危在旦夕的弱者。

事实上，早在元宗李璟为君时，中原皇朝，已以显著优势，压倒周边各国。中国，已露统一曙光。

李煜从父亲手中接过的，是已被割去了十四州六十县土地的江山；是国运穷蹙、朝不保夕的社稷；是削去帝号、纳贡称臣的附庸国；是元气大伤、江河日下的烂摊子。

而此时，赵匡胤雄才大略，接过后周世宗柴荣丰厚的遗产、未竟的事业，正准备一统中国。

而此刻，十国只剩半数。南汉刘后主，宠信佞臣，国势日下，早已是日薄西山；北汉为契丹之傀儡，已成大宋眼中的肥食；后蜀孟后主，奢侈无度，尿壶也镶宝无数，自是风雨飘摇；吴越、荆南，了无问鼎之志，甘以藩王自居，仰人鼻息已久。

局势为此。一旦北宋饮马长江，投鞭断流，李煜连一个帮手也无法找到。

“南朝天子多无福，不作词臣作帝王。”李煜，偏是生长在这样的时代；偏是在这样的时代，接手这样的江山；偏是无意这样的江山，却有缘做个君主。这样一个无力整军经武、无才治国驭臣的文人，该怎样驾驭南唐这辆破车？

顺应潮流，几无疑矣！

但，南唐毕竟是十国中最大一国。如能卧薪尝胆，安邦兴国，扯遮天之帅旗，决心付与天险，虽难挽狂澜于既倒，却也可暂保疆土。即亡，也轰轰烈烈，给民族发黄的编年史，添上火光闪闪的一页。

可惜，从一开始，李煜就不预备逐鹿中原。

从一开始，他预备的，只是做好附庸国主。

事实上，要他逐鹿中原、经世济民，也确有点强人所难——他本是一个风流浪漫的才子。

继位庆典、大赦天下的消息，很快传到汴京。

立金鸡以大赦，显然僭越了当今天子才够资格享用的神圣礼仪。小小属国的国主继位，竟敢妄动天子大礼，如何了得？赵匡胤拍案大怒！

毕竟，天上只有一轮太阳。

南唐驻汴梁进奏院使者陆昭符，被暴怒的宋天子召入宫中，诘责问罪。

陆昭符沉着平静，淡然答曰：“此非金鸡，是怪鸟耳！”

宋天子大笑，遂不问罪。

一触即发的大祸，转眼消弭。国主的宝座，从此恢复了常态。李煜心头的震波，却疯狂旋起——宋军若以此为借口，兴师问罪，该怎么办?

两千两金器、两万两银器、三万匹纱罗绢丝，一齐送往汴京，为博得龙颜再笑。

然而，这仍不能让李煜释怀。他需要表白自己，让赵匡胤知道，他从未想抗衡中原，从未有过王者权欲。他的即位，全是身不由己。

他取来纸笔，写诗的手缓缓移动，卑微的心情，在绢帛上流出软弱的弧线。他写下了他的“自白”：

> 微臣本是先君的一个普通王子，一向质轻如蝉翼，碌碌而无能。虽然从小熟读诗书，出入学堂，却名心淡泊，从不以利禄为怀。
>
> 有幸蒙受父母爱抚，兄长庇荫，微臣的世界里，阳光经年温暖，月色总也皎洁。悠游在这样的时光里，微臣幸福而知足。
>
> 多么想永远抓住这无忧的淡泊，淡泊的快乐。像巢父和许由那样，归隐山林，隔绝了尘世的嚣声，不做太子；或者不登皇位，把它让给自己的弟弟，在伯夷和叔齐的世界里，找到属于自己的生活。微臣久郁的心思，早已倾诉给了先父，文武群臣，没有不知道的。
>
> 无奈命运之神不念我的终日祈祷。几位兄长，竟相继早早地去世了。微臣远疏利禄的幸福，也竟从此失去。父亲只好按长幼顺序，嫡亲远近，以及人品正直为条件，遴选太子。微臣便在这样匆忙而狼狈中，不期做了太子。而这并不是微臣的意愿。
>
> 时光流逝。在父亲庇荫下太子生活的平宁，竟又稍纵即逝。建隆二年，父亲率船南迁洪州，留微臣守建业城池，主持国政。无奈微臣实无经天纬地之才，轮轻载积，基薄墉高，真怕力不胜任，唯有时时自我安慰，自我劝勉。

不料父亲竟意外病逝洪州。像微臣这样平庸的人，竟继承了王位。这实在有辱天地，因而深自惭愧。

虽然登上了宝座，但帝王的威仪，已无法重塑微臣的精神和肉体了，甘于寂寞淡泊的心志，已沉抑得太深，蕴蓄得太久。微臣永远无法忘记，不敢忘记。

微臣的父辈在金陵为君二十年，其间早就有心归顺北方；微臣的亡兄弘冀为太子时，也曾有意降顺，且心愿已决。然周世宗既敦劝在先，认为江南与北方大约已定，降顺的议论，才敢稍息。尤其陛下您登极以来，更格外加深了对微臣的情谊。江南今日，全赖天朝恩泽。微臣发誓，要让子孙后代，都报答陛下的关爱。

在这风云际会的时代里，微臣轻如鸿毛，无足挂齿，更无心争功邀名。既已袭位，必当恪守父亲遗训，竭尽人臣之道，上奉天朝。如若日后稍改心志，萌动他心，不仅不孝于先祖，而且必将受神灵谴责，微臣岂敢？

今日，微臣初登王位，主持国政，实有赖于陛下对江南的恩顾。而陛下心怀柔义，仁慈大度，如和煦春风，温暖人心；凛凛清光，直追日月。微臣有这样含光蕴灵的帝力作凭靠，去安邦治国，则国泰民安，指日可待了。

然而，微臣又心怀顾虑，忧心着邻邦吴越国的行径。深恐其动辄挑起边事，惹起争端。微臣将严整军队，避免先有侵犯之举。以免结仇，打扰陛下。

微臣深深忧虑的，还有吴越的任意妄为，却又巧舌如簧、造谣生事。他们颠倒黑白，心怀叵测。万乞陛下明察是非，不为吴越谗言所离间。

这篇“自白”，就是著名的《即位上宋太祖表》。通篇卑躬折节，曲意奉承。李煜懦弱的心性、无能的行径、为君的“大政”，在此一并曝光，令人叹息。

书表随着贡品，快马送到了汴京。赵匡胤阅毕，眉开眼笑。巧取豪夺，接踵而至，并且从此开始了“降诏不名”的污辱性礼仪。李煜诺诺而应，不敢有违。

冬十月，赵匡胤终于要派特使来金陵贺李煜袭位，算是认可了这个附属国主。

李煜诚惶诚恐，竟连王者礼都不敢用了。他匆匆褪去黄袍，穿上紫袍，以臣者身份接待特使。直到使者走了，他才换回御服。

从此，明黄的龙袍衮衣，他只能背着大宋偷偷地穿。李璟为君，虽向北称臣，却也只去了帝号，王者礼仪悉数如旧。李煜为君，比之前是更退了一步。

也在这年十月，赵匡胤的母亲昭宪皇太后去世了。消息传到金陵，李煜即派户部侍郎韩熙载等朝廷要员携带厚礼，前往吊唁、奔丧。这是一个讨好宋朝的机会。自此，李煜紧抓住每一个机会，纳献朝贡。

以金帛和珠玉，铺一条夹缝中生存的路，大约是这位文人帝王无奈的选择了。

这种选择当然是痛苦的。

李煜纵然不想争胜中原，却也不至于愿意做个末代国主。他唯一的心愿是能维持现在的局势，守住先辈惨淡经营的半壁江山，不要使国家社稷败亡在自己的手里。

现在，他手中唯一的屏障，便是长江天险。

每望江水滔滔，浪打水流，他便会想起淮河，想起已落他人觞中的故国。心愫的潮汐，便也随着涌突而起。

冬十二月，李煜决心防备北患。他建起了“龙翔军”，操练水战。

江水喧闹而过。

这是一个竞奋的天地。

他最心爱的孩子仲宣，在这一年，呱呱坠地了。

在经过“陈桥兵变”辉煌的成功后，赵匡胤对自己带出的劲旅和对中原的未来，充满了自信。

然而，烈性的庆功酒，并没能灌昏这位英雄心中长存的智慧。他精确地把握着时局。所有的问题、矛盾、意向，经过筛选、分类、聚焦成两个核心——

如何使唐末以来长期存在的藩镇割据局面，不再重演？

如何使大宋皇朝能长期巩固，不再成为五代之后第六个短命的朝代？

为防范藩镇割据，赵匡胤开始削减州郡长官的事权，不许他们兼任一个州郡以上的职务；他将州郡的财权、兵权，收归中央政府；规定州郡长官须由文人充任，另设副长官相互牵制；将全国州郡划作十五路，每路设监司，总管所辖州郡。

中央集权强化了。

公元961年，他开始收夺高级将领的兵权。他与宰相赵普定策，召集禁军将领石守信、王审琦等宴饮，以高官厚禄解除了他们的兵权。这就是历史上有名的“杯酒释兵权”。

他常常更调和改换军官职位，使“兵无常将，将无常帅”，为的是防范兵士与将领间发生密切关系。他时时更换部队的屯区，借口是可以使兵士“习勤苦，均劳佚”，实为防范军队与地方结缘。

他还钳制宰相的事权。以枢密使分取宰相的军队大权；以三司使分取宰相的财政大权。

他让枢密使掌握军队的发号施令权，又不让枢密使直接统领军队。于是枢密使与军队高级将领之间形成了互相牵制的局面，二者都无法发动军事政变。

现在，赵匡胤可以坦然地面对天子的桂冠，坦然地部署统一中国的战略方针了。

他打开了地图。北宋的版图、天下的布局，尽展眼底。他的目光停在两条大河上。

北方，黄河流域的河东，有北汉相毗连；更有契丹族建立的辽朝，构成劲敌的态势。

南方，隔着长江自西而东，是后蜀、荆南、楚、南唐、吴越、南汉各个割据政权。

他陷入了沉思。他必须精确地把握时势，分析江南、黄河流域的战略意义，然后定出一个切实可行的战略方案。这个方案必须正确无误，否则就会给宋朝带来巨大风险。

他的目光再度停留在两条大河上。

是继承后周世宗未竟的事业，继续北伐，光复幽、云十六州，直捣北汉，再回马杀向长江？还是先渡长江，分取南方各国，再乘胜北上？

仿佛后周世宗当年徘徊于取江南、伐北国孰为先后一样，他也陷入了这南与北的大抉择。

公元961年冬，大雪。传说，举棋不定、心怀焦虑的赵匡胤，曾在这样的雪夜，与兄弟赵光义一起踏雪夜访了宰相赵普。

君臣三人，彻夜晤谈。在这红泥小火炉、绿蚁新醅酒的融融雪夜里，赵普献上了平边策："先南后北。"

这就是历史上，赵氏二兄弟雪夜微服访赵普的佳话。他们细密而充分地论证了得失。

北宋正处在建国之初，尚没有足够的兵力、财力，去对抗强悍的契丹；他们唯有采取守势，在北部国境线上，部署足资防守的兵力。

北汉辖地偏小，却如西北之屏障，具有十分重要的战略位置。若攻北汉，无疑自毁边防，引来外患。不如暂且不问，以牵契丹兵力。

而迷人的南方，物产丰饶，土地流油，广州、泉州一带，更是当时对外贸易的最大口岸。散落在那一带的政权，大都实力薄弱，易于消灭。

只有得到了这片广阔的土地，国库仓廪，才会充裕，收复燕云，势将可成。

他们决定，先灭南方几个政权，再折兵北上，收复幽、云十六州。

赵匡胤满怀激情，开始了拓展南方战场的宏大计划。

他冒着严寒，赶到造船工地巡视。他的麾下假如没有一支足以担负战略任务的水军，便无法保持对江南的军事威慑力。

艨艟大舰，扬帆而起。他亲临水兵锚地，视察舰队，观看了军事演习。

北宋威仪四方。

翻开《宋史》，仅961年短短一年中，域外就有占城国、回鹘国、三佛齐国、女真国来朝；域内，荆南二番朝贡，南唐则四次来朝贡。

这一年，北宋在军事上也有所获。九月，契丹的解利来降；十二月，昭义军节度使李继勋领兵出战，大败北汉军，并一举俘获了辽州刺史，押入汴京。

赵匡胤雄踞中原，日夜虎视南北各国的局势。

公元962年正月。一个灰色、阴冷的早晨，盛大的丧礼在南唐举行。柩车吱吱呀呀，伴着皇家庞大的出殡队伍，直达顺陵。

南唐中主李璟，便下葬在此。

公元962年，赵匡胤开始南征。国势衰弱的荆南之江陵、公安一带及南楚的湖南一带，成了他首战的目标。

第一步棋往往可以透出谋策者匠心独运的全盘战略。

江南各国，都感到了北宋的威慑。

曾经遮掩的帷幕，终将掀开。

江南，怎么办?

三月，南唐使者冯延鲁受李煜委派，匆匆北上朝贡。

六月，两千两金器、一万两银器、一万匹美丽华贵的锦绮绫罗，从南唐已然穷蹙的仓廪里运出，急急发往汴京。

句容县尉张泌，见国势如江河日下，忧愤不已。遂于七月二十八日，上书数千字，慷慨陈词：

今陛下当数岁大兵之后，邻封袭利之日，国用匮竭，民力罢劳，而野无刘章、兴居之人，朝无绛侯、曲逆之佐，可谓危矣！设使汉文帝之才，处今日之势，何止于寒心消志而已也！

为着国家社稷之利益，张泌不顾人微言轻，以小小的县尉，向国主递上了十大救国建议：

一曰举简大以行君道，二曰略繁小以责臣职，三曰明赏罚以彰劝善惩恶，四曰慎名器以杜作威擅权，五曰询言行以择忠良，六曰均赋役以恤黎庶，七曰纳谏诤以容正直，八曰究毁誉以远谗佞，九曰节用以行克俭，十曰克己以固旧好。

——《十国春秋·张泌传》

张泌从国内安危治乱角度出发，从施政、任人、安民、赏罚等各个方面，提出了治国忠言，请求“陛下勉强行之”，则“纤芥之恶必去，毫厘之善必为”，家国振兴有望。

李煜览书，阅毕大喜，遂手批慰谕，召张泌为监察御史。批文说：

古人读书，不只是为了词赋口舌之美，对君主敬重有礼，忠信而无隐晦，这才不辱士子名风。

朕初继王位，政纲尚未行施。家国愔愔，心中哀伤，智力思维竟也慌乱无绪了。常深深担忧布政设教，是否不足以与民望及国势相符。张泌身居下位，却头一个递交正直谏书。论国家大事，词气激扬，提出的十项建议，深谋远虑，十分可行。朕一定善始善终，卿也勿不可今日忠直，明日奸佞。

李煜曾有文集三十卷，杂说百篇；今存大约只有十篇。《批张泌谏文》，即是其中一篇批奏文。

可惜，李煜并没有真的从此奋起。《十国春秋》论此叹曰：“后主览书大悦，优诏慰答，然亦未竟用其言，遂至于亡。”

十一月，李煜派水部郎中入贡中朝。

无事不贡，无时不贡。以金银财宝换取苟延残喘的时间，已是李煜的“基本国策”。

秋风渐紧。又是一年的尾声了。

一天夜里，躺在静悄悄的寝殿，听着窗外呼啸的寒风，李煜心头，充满忧伤。

想起一年半来苦守的家园，正瑟缩在“北方”的寒流里。一程程贡献，一程程疲累。求一点庇护，乞一点恩赐。而寒流还是不舍昼夜地逼近。

他无法入睡。掀去温软的锦被，他披衣出户。冷月高挂，寒竹瑟瑟。一首《三台令》小词，脱口而云：

不寐倦长更，披衣出户行。
月寒秋竹冷，风切夜窗声。

吟罢低眉，竟是无限心酸。

岁月倏忽，过去的一年终于永远消逝了。963 年，世界重新安静下来。春节的喜气笼罩了一切。

正月的一天，太阳慷慨地散布着热力，金陵宫阙里，荡漾着轻拙的笑语。北宋使者赶着羊、马、骆驼，车声辘辘，一路五彩祥云，送往南唐。

这是一个吉祥的征兆。李煜的心在新年里温苏。

如果北天的密云不携来寒流，长江的水面不涌起艨艟大舰，只有亲切祥和的春风及春风一样的岁月，生活会是多么快乐。

突然有一天——这一天确实是和赏赐南唐、吴越羊马与骆驼差不多时日出现的。北宋大将慕容延剑突然出动十州兵马，呈攻击队形，闪电般越过冰封的国境线，直插湖南（南楚被南唐灭后的残余势力）、荆南。

与新年的烟花爆竹声同步，赵匡胤风尘仆仆，再度赶往寒风呼啸、繁忙沸腾的造船台，检阅又一批昂首翘立的崭新战舰。

紧接着，荆南三千水兵，应北宋的命令，匆匆赶往潭州，接应慕容延剑克衡州。

二月。慕容延剑迅猛攻入荆南。三州十七县土地，划归北宋。

烟尘弥荡，杀声震天，湖南潭州，在春寒中，归于寂灭。

三月。这场南下的征战很快结束。慕容延剑率军破三江石、下岳州、克朗州，长驱直入湖南十四州六十六县土地。

匆匆间，荆南、湖南已划入大宋版图。

爆发在两湖地带的这场侵吞大战，以超乎想象的方式，迅速冲击着江南各个割据王朝。

现在，人们在五代十国尘烟弥漫的版图上，看到北宋南部突悬起了一个巨大的物块。它像一把钢刀，直插江南，切割南唐与后蜀两个大国。它们已无法呼应联系。

赵匡胤“先南后北”、涵盖一方的大韬略，首战告捷。

赵匡胤雄心万丈，精神抖擞。他决心在当今世界里，再制作一部风云变幻的大戏。五代十国后期广阔的舞台，使他有可能导演这次有声有色的凯旋。

于是，一个早晨，他策马飞奔金凤园习射，箭矢在三月的春风里呼呼响过。

七发皆中！

他开始令役夫挖凿庞大的水池，让士卒们在新池中操练水战；他亲临船池工地，赐民工钱物，以资鼓励；他亲临一处又一处新池，检阅水师，指挥作战；他免却登州沙门岛百姓的捐税，让他们专务船业。

江南多水。水是江南拥有的屏障，水曾使雄风抖擞的后周军队止步不前，使无往不胜的后周天子领悟到陆军并不是万能的军种。

如今，水又重塑了中原皇朝崭新的国防观、战略观。

水，是中原皇朝南下发动统一战争的重要通道。

更确切地说，是南下金陵的唯一通道。

若没有长江横亘，焉知公元964年，北宋进军江南的第二目标，不是南唐，而是后蜀？

凿船池，习水战，意在南唐。

当金陵君臣被北宋佳节馈赠中表现出的真诚与友好所迷惑、所感动时，他们唇齿相依的邻国已匆匆覆灭。亡国的将军们，已如羊马一般，圈入了汴京牢狱。

李煜惶怖失色！

三月，车队、马队，载着丰盛的金银货物，直送宋军营垒，犒劳宋师征战有功。李煜不辞金银。

清明佳节翩然而来。秦淮河畔，正是“绿杨如发雨如丝，春风无色最销魂”时，李煜的心境却在暖苏的日子里，忽然变得恍惚起来。

天空苍苍，他文弱的心影如汪洋里的孤舟。春风浩荡，他无助的灵魂如落红旋舞。究竟何处是精神家园，哪里有立锥之地？

那一晚，他睡不着。

夜已深沉，他走向空庭。庭边水池，在月下显出很黏很稠的样子。他被一种说不出的气氛包围着。在所有苦梅的时节，或是台风雨的天气，或是疏朗的秋日，日色清朗的冷冬，他都习惯了寂静，习惯了在恍惚中体会那滋味绵长的孤独，和某种在辉煌华殿里沉落的感觉。

所以，多少年了，他都不忘到亭皋边去，去徘徊、去独坐、去默想，推开身边所有的嘈杂世事，理一理烦乱的心结，去安定一无所依的灵魂。

雨，悄悄下来，落到池中。那声音很不清脆，数点数滴，扭扭捏捏，很压抑的样子。他的心湖突然掠过一阵深深的悲哀，雨滴落得不自由，不舒放，一定是风约束的缘故。这很惆怅，惆怅是说不清楚的。雨，却是款款地停了。云悠悠地在暮春的夜里自由来去，把月的光色弄得很淡、很谦和，并且带着那么一种森森细细的美。

夜深沉。桃花、李花都在这静静的时分，释放着芬芳无量的气息。在满国弥漫的沉静中，一个人更容易感觉春去匆匆的步履。

他再次觉得寒心。阔大的皇宫，突然变得很窄小；安详的大江里，似埋伏着广大的阴谋；春雨桃李，只因为落在这禁苑而变得不自由起来。自己做了这样时势、这样国度里的附庸国主，所有千千结的心思心绪，如今又能如何安排呢？

心中一紧，泪便下来。

而林荫中秋千上女闺中不知愁的笑声，“扑哧”传来，使夜色悚然惕惊。一首惆怅的词，便漫溢心头：

遥夜亭皋闲信步。乍过清明，渐觉伤春暮。数点雨声风约住，朦胧淡月云来去。

桃李依依春暗度。谁在秋千，笑里轻轻语？一片芳心千万绪，人间没个安排处！

——《蝶恋花》

这都是心的私语。词中抖落的忧郁、落寞，除他之外别人很难滋生的痛感与联想，总会令我们想到，今生，他一定无法剔除对于北方梦魇般的记忆了。

清明过去，便是一段平静的日子，谁也不知宋天子下一步拓出的，会是哪一方土地。

而各路探子，都送来了北宋在京师凿船池、选精卒、习水战的消息。

风声愈紧的十一月，宋改元乾德，并行南郊礼。

李煜急忙贡贺礼银一万两、绢一万匹；为贺册尊号，又贡绢万匹。

《宋史》载：“煜每闻朝廷出师克捷及嘉庆事，必遣使犒师修贡。其大庆节，更以买宴为名，别奉珍玩为献。吉凶大礼，皆别修贡。”

屈辱的日子里，李煜的生活如履薄冰。他不断地放弃财物、放弃名号、放弃君王的尊严和人主的礼仪。

冬十二月，他怀着不安和试探，向北宋上书，乞求罢了诏书不名之礼。赵匡胤断然拒绝。

假如不是长江横亘、水兵尚处于初成阶段，赵匡胤的下一个目标，当然会是南唐。既然军事上尚不足以进攻，赵匡胤自然要在政治上、精神上，钳制南唐，使南唐随时感觉到北方的威慑，不敢妄作非为。

这是赵匡胤当前的战略。“诏书不名”，正是政治钳制的连环手段之一，岂能放弃？

晚冬的天空肃穆而且空旷。在这十二月的单调中，金陵城阙显得比往日更为庞大。尤其是宫殿屋脊的鸱尾，在灰蓝天空的衬托下，十分引人注目。

出入金陵的人，几乎无法忽略它的存在。

相传，汉代的宫殿常遭火灾，术士们便指出，天上的鱼尾星可以降灾。若制成它的像装在屋脊，就可避祸。也有人说，海中有鱼，虬尾像鸱，海鱼就是用这种像鸱的尾巴掀起大浪、喷水降雨的。把这种“鸱尾”装在太庙宫殿屋脊四周，即可降灾镇祸，永保社稷。

从此，各朝各代宫廷的华屋楼殿上，常设鸱尾。

建章宫中设鸱尾。宋朝的太庙及宫殿，周边也各设有鸱尾。

总之，鸱尾几乎已成了社稷的守护神。它庄肃、神秘、冷漠、坚硬、高傲地静卧在一幢幢色彩华丽的新楼旧宅之上，危乎高哉，凛然正气，气度非凡。

然而，就在公元963年，北宋改制乾德之后，金陵宫殿上的鸱尾起了神秘的变化——北宋大小使臣一入金陵，便再看不见殿上的鸱尾了。使者一出南唐国门，鸱尾，又偷偷地混迹于千楼万室之间，护佑南唐。

既不敢得罪了中朝，又不愿委屈了社稷。李煜有如走在钢丝绳上，进退两难。

这年，他二十七岁。

二十七岁的心，在“超我”的重轭下，破碎着，挣扎着。

他几乎力不从心，他渴望改变这种负重的生活。他累极了。

但是，统一的趋向，犹如高天的雷电。谁也不知道第二道霹雳会落在何时。而霹雳之光，必然落下。当雷电在金陵上空迸裂而下，金陵宗庙上的鸱尾又有什么用呢?

公元964年，赵匡胤在征服世界，同时也革新着中原。

为统一大计，他考虑最多的，是发现并提拔有用人才。新春伊始，他就亲试科举三科，命令国内人等，不论官职大小、平民百姓，都可直入阁门进状。

为渡江南下计，他仍然乐此不疲地亲临船池，观水兵演练。一俟时机成熟，他的水兵便会施展骁勇之威。仅半年间，他就三赴船池阅兵，并疏浚了汴河。

这年二月，北汉辽州刺史投降北宋。作为降臣，他携带的不是金银绢匹，而是整整一座美丽城池——辽州城。

这比黄金美绢更中赵匡胤的心怀。

他要的就是土地。

只有在这广大统一的辽阔版图上做帝王，才真正不辱了这金黄的龙袍，才是人生的巅峰和极致。

这年十一月，赵匡胤在崇德殿备下佳肴美酒，为再度南进的将帅饯行。席间，他说：“尔等攻下城池要塞，须妥为登记和保管器甲、粮草等军需物资。钱帛等可就地分发参战士卒，犒劳军队。朕要的，唯有土地。”

更为疲累不支的，还有南唐国库。

964年，春二月。李煜又贡北宋安葬用的银两一万，绫绢各万匹。此外，还贡银二万两，金器龙凤茶酒器数百事。

连年的贡金献银，仓廪早已入不敷出。物价飞涨，铜钱匮乏。朝中上下，无不愁眉。

当年中主李璟为政，因连年用兵，德昌宫所藏的钱物，也曾衰竭。中主便采纳臣属提议，铸“永通泉货”，以一当十；又铸“唐国通宝”，以渡难关。

此时，老臣韩熙载借用前事，向李煜提请，用铁钱取代铜钱，同时逐步回收铜钱，藏之府库，以度国难。

李煜无奈，为弥补经济危机，遂令宫匠大铸质轻价廉的铁钱。

自964年三月始，南唐市场铁钱大行。到岁尾，十枚铁钱，竟只值一枚铜钱。

铁钱使货币贬值，却无法改变南唐财政窘迫的实质。

国用局促的李煜，便想尽方法获取贡宋物资。史载，他甚至窘迫到向富户借取十万匹绢，以事中朝。

他更巧立名目，扩大税收来源。史载，当时民间若有鹅生了双黄蛋，或是柳条结了絮，如此等等这样平常的事，都被他揽入须纳税之例。

家国愔愔，李煜无法从中摆脱出来。何况，他还得永远贡奉下去。否则，就得贡出土地。

五月，赵匡胤的文明殿落成。囊中羞涩的南唐，依旧做出一脸的喜气，携银万两，前往祝贺。

据说多年后，有个叫南华的老僧，藏有杨行密时的税帖，以及李煜在位时南唐的税帖。灯下把玩，二相对照，老僧发现，李煜时所征的税钱，竟比杨氏时重数倍！于是有后人长吁短叹："李煜在位时，一定纵侈无度，乃至增加赋税到这样惊人的地步！"其实税钱惊人，岂止是纵侈而已？

惊人的赋税，使百姓羸弱；惊人的贡品，使北宋强壮。

公元964年八月，北宋开始在长江北岸设置机构，严禁江北商旅过江贸易，同时禁止百姓沿江砍柴伐木。

长江北岸，一派肃杀。

第五章　情缘

对爱情的渴求、情欲的冲动，乃是任何人都无法回避的生命现象。

二十八岁的国君，倘无北方宋朝的阴影，正是大选妃子的时候，何况李煜这天生的浪漫多情种？

李煜给人的第一印象是：“广额丰颊，骈齿，一目重瞳子”，“天骨秀异，神气清粹”，“恂恂大雅，美秀多文”。然而，他却要在淌着血污、啸着雄浑大风歌的时代，出任国主。

李煜不是一个真正的君王，而是一个真正的人。

他渴望生活，渴望在天上飞！

但君王的重负，铁链般套着他的人生旅途，时刻提醒他不是个自由人。

然而，词人与政客毕竟不同，强烈的“人欲”与君主“权欲”的矛盾，“原我”心性与“非我”“超我”现实的矛盾，常使他痛苦万分。

他不知怎样处理两者的关系，也不懂怎样做才更合乎为君之道。既然戴着镣铐行走在人生舞台，更多的时候，也就只好充耳不闻铁链之声，我行我素地过他的浪漫文人生活了。

公元963年。当遥远的北方沉浸在南进的凯歌里，并继续摩拳擦掌、操练水军时，李煜悄然躲进温情的宫闱里，在宴乐酬唱中，麻醉着自己。

这一年，金陵巍峨的城楼上，除了黎明和黄昏时分一群群鸟雀在那儿聒噪起落，再也没有鸱尾雄镇了。李煜，已无法完全主宰自己的国家。日夜坐在雕栏玉砌的宫殿里，回首盛唐往事，他深切地感到了世事的难测。

在这样的心绪下，盛唐奇美的大曲——传说是唐玄宗李隆基得于天赐、口传而成的大曲，又说是开元中，西凉府节度使杨敬忠所献的大曲——《霓裳羽衣曲》，便如钟磬一样，撞击心头。

他一向是音乐王国的朝圣者。走在空旷的宫中，独对苍天，他清清楚楚地知道，自己的心很寂寞、很愁苦，很需要音乐的抚慰。他恍然觉得，那回旋飘转亘古美丽的盛唐之音，正在星光寥寥的夜空里优美地散漫开来。

必有一天，他要听见这大曲在自己的华殿里重新奏响。

幸运的是，他那搜罗极丰的书斋里，竟存有这份失传了两百多年的残谱。

他满怀热望，把残谱交给了善弹琵琶的乐工曹生。“此曲只应天上有，人间能得几回闻?”曹生按谱弹奏，只能略得其声，无法尽善尽美地展现这皇皇大曲华美的精髓。

但作为一个热忱的音乐之子，李煜不甘心让这历经两百多年沧桑而幸存下来的残谱，永远埋没。

他抱定再试的决心，把残谱交给了已被立为国后的娥皇（周后）。

周后没想到李煜的书斋里还会有这样难得的曲谱，她抱来烧槽琵琶，试着用手触按琴弦。

开始时，琴意犹犹豫豫地响起，僵硬、滞涩，而且不连贯。

她没有灰心。她按谱触弦，轻弹轻吟，时断时续、耐心补缀着一个个漏缺的音符。

久抑的创造情怀一经打开，便如岩浆喷涌。渐渐地，她开始自如地弹奏起来。琴音清亮、纯净，流过安史之乱的“渔阳鼙鼓”，流过两百年若有所待的空空岁月，在几近绝响的五代十国，热烈回旋。

他终于真切地听到了《霓裳羽衣曲》！他对周后的音乐造诣不胜惊

喜。怀着无法抑制的热情，他开始着手准备一场大型的宫廷宴乐。

他要让开元、天宝之遗音，再度天衣无缝地响彻在南唐的宫殿中。他要在这支美妙的宫廷乐舞中，步入忘忧的境界，重现盛世的快乐。

公元964年，春夜。

盛装的宫娥，穿着虹裳霞帔，佩着细璎，插着金步摇，娇柔娉婷，依次鱼贯排列在舞池中。池旁，是磬箫筝笛、击擫弹吹的乐工。李煜和周后并坐香案前。

被安史之乱金戈铁马惊破并从此湮没的《霓裳羽衣曲》，在北兵压境、国势颓顿的南唐宫殿里，骤然响起。

李煜全身心进入了大曲的境界。一种从来不曾感受过的快意，迅速流贯他的身心。

大曲的开头，温柔轻丽，每一个音符如同温暖的、令人心怡的光流，在他的周围缓缓涌动，仿佛置身在上天的圣河之中，被抚慰、被摩挲。

音乐的方块奇妙地叠加着。渐入中序，曲音叮当喷涌，宛如秋竹崩折，又如春冰坼裂。擘騞入拍的音响，如雪橇滑过冰河般晶莹剔透。

未及细品，跳荡的音符又飘然旋回到嫣然轻丽的境界，仿佛已入上天之门，和风拂畅，微云出岫。仙女们斜曳裙裾，飘然轻舞。

他如痴如醉，如沐甘霖。心随乐曲华丽的展现热烈起伏，仿佛每一个音符，全都拥有了驱魔避邪、解除桎梏的力量。

音乐在不断充盈，升高、变化。临近尾声，热烈的盛世之音刚刚轰鸣而过，便被繁音急节的风暴攫住，被连奏十二遍的强拍一次又一次地掷向高处。

尾声到了。这跳珠撼玉般的铿锵之音，突然裂成碎片般纷纷坠落，曲调急转直下，顿然收敛。在这异乎寻常的尾声面前，李煜的心蓦然受到了强力的震荡，欢快地战栗起来！

宴饮达到了高潮。盛唐太平之音，有如上天的嘘息，流贯在这部大曲的每一个音符之间。他陶然若醉。

他天性中被抑制的浪漫情怀，又如春潮般涌动起来。他纵情欢笑，大杯饮酒，醉拍栏杆，双眼闪耀着熠熠光辉。

宴罢歌罢，是夜阑归去的时候了。春殿外，飞馆生风，花林曲池，风儿淡淡。

谁又能放过这样的晚上，不去品味此中深深的隽永和神秘呢？他嘱咐宫人不要点亮灯烛，就让马儿踏着溶溶的月，悠悠地归去了。一路清脆的蹄音，叩响着李煜兴犹未尽的诗魂。

他轻轻在重楼起雾的归途，吟词一首：

晚妆初了明肌雪，春殿嫔娥鱼贯列。笙箫吹断水云间，重按霓裳歌遍彻。

临风谁更飘香屑，醉拍阑干情味切。归时休放烛花红，待踏马蹄清夜月。

——《玉楼春》

《霓裳羽衣曲》终于因周后的悉心补缀，复传于世。但周后对大曲的尾声作了改动——原曲尾声“翔鸾舞了却收翅，唳鹤曲终长引声”（白居易《霓裳羽衣歌》）渐缓渐慢，飘然逝去。现在则急转直下，戛然而止。

这仙境般的清音，是否也预兆了生民之悲哀，国运之短促？作为国君，又逢大敌当前，又怎能像常人那样，耽溺于艳曲呢？

乐工曹生闻大曲尾声，叹说：“此本实慢。而宫中有人易之，非吉征也。”

中书舍人徐铉听后，惊问：“法曲终慢，而此声何太急耶？”并在《又听〈霓裳羽衣曲〉送陈君》一诗中，写道：“清商一曲远人行，桃叶津头月正明。此是开元太平曲，莫教偏作别离声。”

朝廷上下，对李煜沉溺情海与乐舞，是极为不满的。评音乐是假，讽李煜是真。

监察御史张宪，见李煜因周后喜好音律，也沉湎其中，荒废了政事，十分焦灼。张宪上书切谏。

谏书送到了李煜案头，他细细读了，并不生怒。他赐给张宪三十四帛，用以表彰张宪的敢言。只是，他与周后音乐歌舞，依旧不辍。

人性与君道的冲突，可见一斑。而李煜的取舍，令人吃惊。

公元964年三月，国用匮乏，南唐市场上，铁钱盛行。一时，官吏乘机横征暴敛，市场物价飞涨。

李煜仍在他精心筑构的温柔乡里，如痴如醉地听教坊演奏着《霓裳羽衣曲》，以及《醉邀舞》《恨来迟》新破。

他浪漫，而且富于幻想。仅仅与周后浅斟低吟、把酒话艺，似乎还不足以愉情悦性。他要把情爱的氛围构筑得更华丽、更艺术、更不同凡响。

他令人构筑了一座小巧玲珑的柔仪殿。殿内布置光怪陆离、豪侈华美；他求新，求变，喜欢每一次感觉都是新鲜的，每一次宴饮前他都要宫人们重新修饰一番殿堂；他喜欢夜宴，喜欢在硕大的夜宴厅里，悬上珠光莹莹的大宝珠（藻井明珠），并且熄灭了所有的烛光，让梦幻般的璀璨、氤氲的气息流荡在殿内每一个角落。让宫娥美女的肌肤，在珠光里似雪如玉。

他用心灵的触觉，在颠动的乱世里，为自己构筑了一座小小的城堡，这是他精神的家园。

他在歌舞诗词中逃避世事。他的两个儿子仲寓、仲宣，耳濡目染，竟也聪慧异常，小小年纪，才华出众。

尤其是次子仲宣，降生在李煜即位的那一年。仲宣眉目清秀，神采流光，人见人爱。

仲宣三岁时，就开始读古杂文，《孝经》读后，竟能过目成诵。仲宣还爱听音乐，每次听到琴曲之声，就会停下脚步，侧耳细听，凭着曲调，能分出五音与节律。仲宣更有君子之风，虽才只有四岁，进退揖让有度，长幼尊卑有序。

李煜对仲宣十分喜爱。空暇的时候，他常把他放在膝头，教他读诗，或讲授文学艺术给他听，解说着仁义礼节。

仲宣，是他爱和希望的寄托。

这是一个幸福的家，幸福的港湾。

964 年，厌腻了金币绢帛贡品的赵匡胤，对土地的热望愈益强烈。他开始为新一轮的攻势，绞尽脑汁。

只是，他还拿不准从哪儿下手。

面对疆界繁杂、错落神秘的中国版图，他徘徊审视、千思百虑，犹如星象家面对深奥无比的星群。

964 年深秋，他宣布了第二次南进的战略大企图——攻占财物丰裕、政治昏聩的后蜀。

十一月乙亥，他召集了西川行营王全斌等大将，在崇德殿设宴，为勇士饯行。

酒香浓郁的宴桌旁，他拿出了川峡地图，向即将踏上蜀道的将士们，道出了“朕只要土地，散尽千金尽归诸将士”的话。

土地刺激了天子，金银又刺激了将士。

赵匡胤用钢铁般的意志，开始了自己伟大事业的第二步。

周后与李煜，在“蝶乱落花，雨晴寒食”的爱情世界里，欢乐悠游。李煜“燕燕交音，洋洋接色”，“接辇穷欢，是宴是息”。

但是好景不长。

964 年春后，高台芳榭、飞梁跨阁的后宫，再不见周后“雪莹修容，高髻凌风”款款来去的倩影了；柔仪殿中，也没了她“翠虬一举，红袖飞花”的婀娜舞姿；金炉夕香的日子里，更听不见她“含颦发笑，擢秀腾芳”的莺燕音声。

她病了，病得很沉。

风雨凄凄。她无力地倒在了病榻上。委地的星灿小花，默默地开了又败，兰花蕙草的华殿，也悄悄蒙上了封尘。她已无法再与李煜采戏弈棋，邀舞审音。烧槽琵琶，高挂粉墙。

李煜便夜夜在床头守着她、呵护她。虽然她已鬓发凌乱，神采无光；虽然她已无力用手拨弄琴弦，嘤嘤婉婉，为他轻轻哼歌。

他请来了最好的宫廷御医，嘱咐给她服用最好的药。他亲自为她安排饮食用餐，审视食谱；为她煎熬的苦药热腾腾地端上后，他总要亲自品尝，待冷烫合宜了，才端给她喝。

晨昏晦明，他以柔情的呵护祝福；日暮崦嵫，他以关爱的守候祈祷。困了，累了，他只和衣小憩在她的病榻旁。

周后的心中充满了温暖，轻轻地一口饮尽他品尝过的苦药，饮尽了一份挚情。微醺，悄悄爬上心头。

爱情的力量，支撑着她的病弱之躯。她要活下来，她期许生命会有一次复苏的机会，期许爱恋的手永远相挽，相挽到世界的尽头。

月光在小轩窗前漾开。夜幕低垂，四壁悄然。点亮柔柔的烛光，她起身取出了珍藏的一首词。这是他书赠给她的词，他热切鼓励她、安慰她。在他深情的眼光里，她花月般的年华和姿容，将永远不老。

玉树后庭前，瑶草妆镜边。
去年花不老，今年月又圆。
莫教偏，和月和花，天教长少年。

——《后庭花破子》

但是，意志和信心，已无力主宰她的命运。她的病愈益沉重了。她形容枯槁，陷入了长期的昏迷之中。

希望，在一点点破碎。

李煜的心，降到了冰点。忧愁和孤独，再度缠绕了他生命的天空。他为自己搭盖起的那幢遮风挡雨的爱情暖巢，曾是他乱世当政唯一的庇护。如今，这片爱巢，已在汹汹的病魔前，摇摇欲坠。

面对寂清的长夜，他陷入了无限茫然。

而周遭，那庞大伟岸、高耸长江之畔的宗庙社稷，连同沉重的国家机器，正隆隆倾逼过来，仿佛要把他挤压咬啮成粉末。

多么想再回归那个翡翠般的爱情王国，走进去缓一口气，轻松一下，去做一个普通的人，而把“另一个我”，且放一边，只去爱、去生活，去汲取生命的琼浆和心灵的宁静啊！

日暖莺丽，风轻云淡。当周后大病沉沉、久治不愈的时候，画栋雕梁、珠帘绣幕的宫闱中，却悄然走来一个谜一样的少女。

她清纯秀丽，肤如凝脂，横波入鬓，顾盼流光。

华楼回榭的宫殿，因了帝王的气息，在少女心中，涂上了神秘的色彩。少女来到宫中，宫闱处处，似乎也因此蒙上了一种激动人心的魅力。

她下榻在瑶光殿别院一座幽静美丽的画堂内。

当清晨，天空渐渐蓝缎一样清透起来的时候，她便为一天的开始而欣喜。悄悄走出画堂，沐浴在江南的天光下，她那清纯的、梦幻一般深邃透明的眼睛，便和湛蓝的天光溶为一色。温润的、飘着香屑的重风，轻轻揉搓着她的心扉，仿佛要把她融化在金碧辉煌的宫中。

她迷上了这里。

她对一切都充满了好奇和新鲜。宫中风光，处处迷人。她想知道宫廷宴乐是什么样子的，禁苑景致又有怎样一番与别处不同的风情。

她却不知，这深深的禁宫内因着她的出现，涂上了几许神秘和浪漫的风情。一种新鲜的、奇妙的感情，也同时撞击了另一颗心——李煜的心。

相逢恨晚，一种可遇不可求的哀戚，悄然地滑过他的心湖。

在花丛中的“邂逅”，在长廊中的“偶遇”，她嫣然一笑，或羞涩地低头，都会在他心中荡开春的涟漪，仿佛都是一种默契、一种宿命。

她就是周后的妹妹。因为佚名，史称小周后。公元 964 年，她正十五岁。

五岁时，小周后就来过宫中，看姐姐出嫁。

后来，这个黄发垂髫、天真烂漫的小女孩，又曾牵着母亲的手，多次来宫会亲，探视姐姐。她的聪慧灵巧、天真美丽，使李煜的母亲圣尊后十分喜欢，圣尊后还曾专门派人把她接来宫中小住。

十年一瞬，她已长成了豆蔻少女，娉娉婷婷，出入花林曲池。这次，她是来宫探望病中的姐姐的。

自她来后，他的生命仿佛获得了一种期待。寂寞的日子重新变得有意义起来。他感到有一种莫名的情愫，从心头上升，日夜上升。他只想看到她、听到她。这种感觉越来越强烈，越来越无法抗拒。

春已深，禁苑的花木，仍开得浪漫，却也落红无数，留了一地的胭脂。

这个春天，他不曾踏青，此刻，暮春，他却兴意盎然，想要去绿茵的移风殿，赏花宴乐。

他不要那些虚幻的苦恋，不满足于薄暮中一次次像是出于偶然的邂逅。他更愿求得真实，真切地和她在一起，听歌观舞，呼吸同一片林子里清香的空气。

他向她发出了同赴移风殿赏花的邀请。她含笑点头。

他们终于快乐地并坐一起。金色的小花在他们身旁盛开。他们一同谈着诗、说着曲，沐着天光热烈地笑。斟上一杯满得欲溢的醇醪，这尚没有过滤的醅酒滑过心头，顿时有一股强烈的醉意和奇妙的情怀，直逼心头。他心跳耳热。

坐在这重重叠叠、浅浅深深、秾绿无涯的晚春中，他快乐已极。宫女们在殿内奏演起了热闹的西域歌舞，当羯鼓咚咚敲响时，他心头瞬间闪过的那片情怀，再次涌上心头。

他握住了笔，把心中的微澜倾泻在纸上，写成了一首《子夜歌》。他把词郑重地赠给了她。

> 寻春须是先春早，看花莫待花枝老。缥色玉柔擎，醅浮盏面清。
>
> 何妨频笑粲，禁苑春归晚。同醉与闲评，诗随羯鼓成。

只读了开头两句，她便双颊绯红。这两句中有许多暗示，令她产生许多联想。但又似乎什么也没说，只是平常的、即兴的词句。

心中繁繁密密的涟漪，在深春的季节里跃动着。自那个赏春的日子开始，少女守着画堂窗口，夜夜与星默默相对，假拟它是一座鹊桥，一树美丽的春光。

然而，银河风平浪静。弯弯的月舟，渡不来彼岸的心事。她骤然觉得，要从《子夜歌》里求证出什么，真也十分困难。一首即兴的小词，犹如一颗小星，不期然落到窗前，只是些微的光辉而已。

她是矜持的，她只好满怀猜想了。有时候，她自己也不明白在想些什么，盼些什么。

盼些什么呢？在那心神不宁的日子里，他抬起头来，想见的是她，闭上眼睛，梦见的还是她。

他想，为什么不为她举办一次盛大的歌筵舞会呢？自周后抱病，他已许久没有举办过歌宴了。

清辉殿，以张九龄“思君如满月，夜夜减清辉”之诗而命名。把歌筵安排在此殿，最为合意。

盛大的歌筵，如期举行。

江南民乐、羯鼓胡乐，以及《霓裳羽衣曲》等舞乐歌曲，美不胜收地一一展现。

她听得入了迷，舞曲小停，她取来了十三簧玉笙，轻轻地弹奏起来。

在清脆的铜簧古笙里，她忘情地向他凝眸。少女的矜持、无谓的猜测、世俗的眼光，都不见了，心中朦胧的渴望，在音韵中出岫。

眸光与眸光相接，他发觉自己竟是如此幸福！他读懂了一切，仿佛活力从血脉中喷涌，他忍不住要欢呼，要让全世界的人，都感受到他此刻的幸福！

然而，宫女如云，侍从来去，面对这繁繁密密的眼睛，他们无法亲近、无法邀约，也无法畅述衷肠。

宴会散了。他们仍是如此遥远。有些事不是两情相悦就可以解决的。于是虚幻依然存在，遗憾依然存在。

他们无法克制地爱上了。甜蜜而痛苦的爱，理智与感情在激烈交战。但她是周后的妹妹，他无法伤害病重的娥皇。

怀着深切的眷恋与惆怅，他为她写下了一首《菩萨蛮》：

> 铜簧韵脆锵寒竹，新声慢奏移纤玉。眼色暗相钩，秋波横欲流。
>
> 雨云深绣户，未便谐衷素。宴罢又成空，魂迷春梦中！

在星夜、在画堂柔和的烛光下，她轻读他的词，心儿在欢快地狂跳。然而，一切的渴望，仍只是渴望。她想起了姐姐。

当弯弯的月舟爬上中天时，她心中涌起了阵阵歉意。她无声地折藏了词笺。

但爱，已经成熟了。在时光里悄然熟透成朱红的相思色。

他们无法抗拒心中的呼唤，它们是那样热烈。

不知不觉地，他常会绕道瑶光殿别院的那座画堂前，为的是看一眼她深情的眸子。

那是一个寂静的午后。宫闱中静悄悄的，静得有些无奈。单调的日子、空荡荡的华殿，相思和寂寞像一张绵绵密密的网，无声地撒向他。

他忍不住走向画堂。

天气很暖，太阳很好。画堂掩映在奇花异卉间，蓬莱仙阁般乍隐乍现，并且氤氲流荡着一种令人亲切的柔婉之气。

他想起了《列仙传》的故事，想起了晋明帝时，刘晨和阮肇入天台山采药，遇着了两个仙女的艳事。

世上有许多美丽的地方，常叫人永远心怀萦绕。画堂就是他心中的天台，熟悉，而又缥缈。他心中的天台女，此时正独锁屋中。

他步入画堂。苍穹很蓝，四周很静，宫女们蹑足悄然退去。

透过漏窗的空隙，他看到了绣榻上，睡态娇美的她。乌发从她鬓边随意散落在洁白的枕上，玉容在乌发的衬托下，流泛着炫目的光晕。

他屏住了呼吸，默默向她凝视。四周的光和影，把她衬托得很高洁、很雅致，淡淡的肌肤之香，从她那露水染碧的“无水碧”绣衣内，舒缓逸出。

不知不觉地，他悄悄走向了门边，弄动了门帘上珍珠穿成的珠锁，发出了一阵响声。

她醒了。绕过卧榻边美丽的屏风，她看到了他。嫣然的笑靥从她曼丽的面容上荡漾开来，这微笑照亮了一切。

他们深情凝睇。一切，无须多说。一切，无须忘怀。他把这个美丽中午的情事，填入又一曲《菩萨蛮》中。

蓬莱院闭天台女，画堂昼寝人无语。抛枕翠云光，绣衣闻异香。

潜来珠锁动，惊觉银屏梦。脸慢笑盈盈，相看无限情。

爱情的魅力毕竟太大了。此刻，李煜已无法守住自己的心。他渴望亲近，渴望爱。

周后的病，依然沉重，但他已很少关心了。他矛盾过、内疚过，但他无法抗拒另一种情感的魔力。

他鼓足了勇气，约她相聚在月夜，在画堂的南边。

她又喜又怕。

她再次想起了姐姐。来宫多日，她沉浸在爱情的秘密欢乐中，只去姐姐的病榻边探视了几回。但姐姐总在昏睡，姐妹俩无缘说话。

那天，她又去姐姐床前，姐姐竟醒了。撩开纱帐看到了她，周后十分惊讶，便问："何时来宫？"

她毕竟幼稚年少，也不知嫌疑。她对姐姐直说道："已来宫多日了。"

心如明镜的周后，当即明白了许多，想起李煜近来突然的淡漠、突然的不见踪迹，泪水无语涌出。放下纱帐，周后转身内向而卧，再不与小周后说话。

从此，周后愤恚而不面向外躺卧。

想起这些，小周后心中泛起难言的苦涩和不安。她决计不赴这个约，她不愿再伤姐姐的心。可是一想到他，她刚定下的心又乱了。初恋的心无法遏止强烈的思念。她真想和他在一起。真想！

她在这样的矛盾中挣扎多时。从一开始，她就为此所苦，现在她面临着最终的抉择。

爱，无疑战胜了一切。

那个激动的夜晚，终于来临。鸟音花靥在如水的月华下，酥醉得很缱绻。夜雾悄悄起来，吹拂着她羞红的酡颜。

她悄悄走出画堂，小心地避开宫女们的视线，走向移风殿。

绣鞋很软，步履很轻。踏在阶上，踏在回廊，踏在花径，却像踏在了琴弦上，总有跫音轻轻叩响。

她又惊又怕，匆忙脱下金缕绣鞋，提在手上，左顾右盼着，穿着袜子踩一路的石阶，来到了月色迷离的画堂南畔。

月影下，他早已等得心焦，此时，他仿佛不再是人君、国主，而是一个热恋的凡人、快乐的白马王子。

她看见他，忐忑的心顿时涌上无限娇羞、无限委屈。她再顾不上矜持，偎入他的怀中，唇如小鹿般颤动，气喘吁吁地娇语着心中炽热的情愫：“奴为出来难，教君恣意怜！”

他为她穿袜蹑足的勇气与爱意，揉搓得百般柔肠，心旌摇荡。

于是，夜之心颤动起种种神秘的欢乐，大气嗡动着这对情人的喁喁细语。

在这个销魂的晚上，那个懦弱的君王不见了，只有一个浪漫纯情的李煜的“本我”，鲜活地存在于乱世熏风里。

像所有流传千古的爱情幽会一样，这个动人心魄的夜晚包括所有细熨的柔情、娇羞的情致，都会像雾一样悄悄隐退。但李煜不同。

他是一个爱的缪斯。他的浪漫天性和近乎赤子之心的爱，总忍不住要借缪斯的翅膀，在炜烨的高天飞翔。

他的又一曲《菩萨蛮》，就以其难得的透明度和文字张力，向我们展示了这样一个世界：

花明月暗笼轻雾，今朝好向郎边去！刬袜步香阶，手提金缕鞋。

画堂南畔见，一向偎人颤。奴为出来难，教郎恣意怜。

他是真诚的。我们深知有另一种力量像箭一样，从风情的文字背后射来——这就是一个文人爱的世界，一个“本我”之我的生命透明度。

这个世界的君王似乎没有多少爱，而他有，他有许多，并且把它表述出来，坦诚大胆得让我们差点忘记他是一国之君。

我想，这就是真实的李煜。赤诚的李煜，不为世俗所左右，不为纲常所绑缚。

他是这样爱的，他就这样爱了。他是这样想的，他就这样想了，他也就这样写了。写得风情却绝不淫靡，写毕想毕，他便甩袖远去，以致当我们读到这些词时，感受到的只是一种高远而率真的生命情致。

说到感情生活，他和我们一样，也有苦乐、有欲望，也在广漠无涯的世界，寻求着自己的另一半。

纵观他的一生，“权欲”感相当弱，作为人的李煜本体，远远超过了作为国君的意识。

他的“生命现象”，远远超过了社会使命，迎着斑驳不同的人生世相，呈现出各异的风采来。

然而，爱美而不陷淫佚，这一古希腊人也曾标榜的精神，同样是李煜情感生活的主旋律。

应当说，李煜是有着真正爱情生活的君王。无论对周后还是小周后，他的爱都是真实的、一往情深的。

他与小周后的爱情，从他写的三首《菩萨蛮》词来看，也都是建立在相互爱悦的基础之上的，与一般帝王的浮靡好色自是不同。“国风好色而不淫”，他对爱情超浪漫的描写，正是词家本色。

当然，作为一个旧时代的君王，李煜在私生活上，也曾有过荡侈不羁处。据《十国春秋·南唐备考》载：

李煜为君时，曾经微服私访娼家，恰好有一僧人张席已先到，李煜遂成不速之客。

僧斟酒与煜同欢。席间，吹拉弹唱，轻歌慢吟，无限风流。

僧人惊异于李煜神采明俊蕴藉，琴曲才艺无不高妙，顿觉意气相投，竟也十分看重李煜。李煜则乘醉援笔，在娼家石壁墙上，大书：“浅斟低唱，偎红倚翠。太师鸳鸯寺主傅持风流教法。”书毕，掷笔复饮欢。酒过数巡，僧人拥妓入屏帷内。李煜这才缓步离去。

僧人，娼者，竟不知共饮者为谁。

此事是否属实，尚无定说。但李煜风流蕴藉，却也是真的，他也有众多的宫女嫔娥，也纵情在歌舞声色中，过风流帝王的生活。

宫娥黄氏，生长在汉水与长江交汇的江夏。父亲守忠，曾是南楚战将。公元951年，南唐攻南楚时，他尽忠死战、血沃沙场。南唐大将边镐率兵直入长沙时，见年幼的黄氏容貌佳艳，便把她带回金陵，献给了后宫。

待李煜登位时，黄氏已长成了少女。顾盼颦笑，妍姣出众，容颜姿色，冠绝一时。李煜十分喜爱她，即位后，即选她为“保仪”。

黄氏自幼在宫中，学得了一手好书法。历代名家的墨宝碑帖，她都潜心钻研、临摹，书艺超群，在众嫔娥中，尤为突出。李煜十分赏识她的才艺，他把宫中的图籍以及所有名家书法的真迹、孤本、拓印本等，都交给她保管，两人也缘此引为知音。

只是，周后与小周后先后专宠于房，黄氏虽博得了李煜的垂爱，却终于无缘亲近。

宫娥流珠，贤惠聪颖、才艺双全，她很擅于弹奏琵琶。娥皇创制的《邀醉舞破》《恨来迟》，以及其他“新声”，她都能熟记于心，并深情地将这些旋律完美地表现出来，是众嫔妃中最工琵琶的一个。爱好音乐的李煜，也十分喜爱她，常在歌舞宴乐中召她献艺。

宫娥乔氏，沉静娴雅，性格内向。因李煜喜好佛教，无缘亲近君王的她，日夜在青灯古佛前，抄写佛经，呈李煜御览，以期引起李煜的注目。

李煜有个可供读禅的嫔娥，也自欢心，每有烦恼之际，便也常召她一同说佛参禅。心有灵犀一点通，两人竟也佛缘深长。李煜感念于此，便亲手抄写了一份金字《心经》，赐给乔氏，留作念物。李煜的手书，为乔氏凄凉的后宫生涯，带来了生命的寄托。

宫女秋水，最喜鲜花。款步后宫，她的鬓发新裳上，总是插满了各色奇花异卉。浓郁的花香，招引得蜂蝶环绕，扑之不去。花下掩遮的，是她那颗渴盼临幸的寂寞芳心。

宫娥窅娘，是一个纤细娇柔的女子，最擅起舞，很得李煜青睐。在声色歌舞中日夜逍遥的李煜，有这样一位舞娘，当然风流。

但是李煜早看腻了一般的舞姿舞态，连大型歌舞《霓裳羽衣曲》也不足以满足他多变的、求新的审美眼光。

他要创制更新奇、更别出心裁的舞台，更柔美的舞步、舞姿。

他让工部制作了一个高六尺的巨大金莲花座，金莲四周，缠绕上各色的珠玉、璎珞、宝物、锦带。远远看去，金莲熠熠生辉，像被五彩祥云萦绕、烘托着一样，奇美异常。这便是他新设计的舞台。

他又让窅娘用素帛紧缠脚上，缠得纤小美丽，足趾尖尖，足背弓屈，有如新月。窅娘便踏上金莲起舞，足尖着地，舞姿竟别有一番轻盈婀娜，摇曳多变。进退回旋，碎步轻移，有如凌波仙子。

人们见了，无不惊叹叫好。唐镐有诗赞曰："莲中花更好，云里月长新。"

从此，以缠足为美，风气日盛，并且也风行到了宫外。民间女子，纷纷起而仿效，有一首《金莲步》这样写道：

金陵佳丽不虚传，浦浦荷花水上仙。
未会与民同乐意，却与宫里看金莲。

相传，中国女子缠足的历史，由此发端。为取悦李煜而缠成的美丽"芭蕾舞步"，从此变成了束缚中国女子的"三寸金莲"。这大约是李煜及其始作俑者的窅娘，不曾料到的。

"生于深宫之中，长于妇人之手"的李煜，便这样日夜浪漫花丛。

尽管如此，后宫中更多的女子，却无从临幸，无缘识君，青春如落红，随风飘零。

风雅多情的李煜，当知后宫女子之苦。在一把绘有垂柳的黄罗扇面上，人们发现了李煜题写创作的一首《柳枝词》：

风情渐老见春羞，到处芳魂感旧游。
多谢长条似相识，强垂烟穗拂人头。

这是李煜题赠宫女庆奴的一首词。

毋庸讳言，李煜是一往情深之主，又是风流浪漫之人，性尚奢侈，且又不谙君道。如此秉性，如何坐好一国江山？

公元964年十月二日。李煜在斑斓的深秋里想着温柔的风情，但是他的次子仲宣，却在这个美丽的季节里，突然夭折了。

四岁的仲宣，正是活泼好玩的年龄。那天，他独自到佛殿游逛。佛殿很大、很静，而且神秘。他慢慢地走进去，他听见自己单弱的步声，在旷静的佛厅里发出奇怪的声音，他看到幽暗的光影中，威耸的佛像，以及幽幽的香火，觉得所有模糊的景物，正向他逼压过来。他感到了极度的恐慌。

这时，突然蹿出一只绿眼的大猫。那猫从角落纵上佛殿正中高悬的琉璃灯，封尘厚厚的大灯承受不了突然的一击，哗然跌地。

沉寂的古佛殿骤然响起惊心动魄的琉璃破裂声，以及大猫仓皇逃走时惊惶的哀号声。

仲宣瘫软倒地，从此一病不起，惊厥而死。

李煜被命运击昏了头。他日夜默坐饮泣，无语垂泪，却又不能告知大病沉沉的周后。兼着悲戚与一个父亲最低限度的祈求，他希望周后不要因噩耗加重了病情，希望她早早康愈。

秋意渐深，淫雨没日没夜地落下来。失子的悲伤，在淅沥风雨和漫长秋夜里，盈涨。

他为爱子写下了悼诗和祭铭文。

诗曰：

永念难消释，孤怀痛自嗟。
雨深秋寂寞，愁引病增加，
咽绝风前思，昏朦眼上花。
空王应念我，穷子正迷家。

铭曰：

鸣呼！庭兰伊何，方春而零；掌珠伊何，在玩而倾。珠沈媚泽，兰殒芳馨；人犹沮恨，我若为情？萧萧极野，寂寂重扃。与子长诀，挥涕吞声。噫嘻，哀哉！

犹如芝兰玉树，于春日正长之时，却蓦然凋零；犹如掌上明珠，正把玩爱惜之际，却突然珠坠玉碎。他怎能不为爱子的“珠沉媚泽，兰殒芳馨”而涕泪涟涟呢？

他在寝殿默默流泪，一遍遍吟读悼诗。左右朝臣侍卫，不忍相看，也都无语泪下。

他追封仲宣为岐王，谥曰怀献。

仲宣早殇的消息，终于被周后知晓了。她不仅大病沉沉，而且心绪坏到了极点。或许，仲宣是她当时最大的感情寄托了。她毕竟还有聪明的、深得李煜宠爱的儿子。现在，这可爱的孩子，竟然没了。命运连最后一点小小的慰藉，都没给她留下。

她迷迷糊糊闭上眼睛，周围顿时黑茫茫一片，她想她真的活不成了。她知道大限将临。

她哀号颠扑，病遂大恶。仲寓也因她病重，被送往别宫抚养。

有一天，她从昏迷中醒来，气息奄奄。她想，死亡已无可避免了。她心境平静、温柔。

望着病榻前探视的李煜，望着他愁苦、焦虑、关爱的面容，她宽容了一切。十年恩爱相濡以沫的浪漫岁月，她无法忘怀。她深情地凝视着他，慢慢地，虚弱地，发自肺腑地说出了临别的话：

> 婢子多幸，托质君门。窃冒华宠，已届十年。世间女子之荣，莫过于此，所痛惜者，黄泉路近，来日无多，子殇身殁，无以报德。

说完，她费力地抬起手，褪下了腕上晶莹约臂的玉环，作为念物，交给李煜，又取下元宗亲赐的烧槽琵琶，递给李煜，作为诀别。

李煜热泪盈眶。歉意加内疚，爱怜与悲伤，齐集心头，不能自制。

这以后，昭惠国后周氏又活了三天。

十一月二日，她含泪长逝。

临去前，她让宫女为她沐浴更衣，梳妆打扮，又薄施脂粉，口含玉石，这才默默谢世。

瑶光殿，病榻旁，留下了她亲笔的遗书："请薄葬。"

这一年，她二十九岁。

周后死了。

只是在她猝然去世之后，他才有暇设想，当他在后宫画堂欢情热恋时，她是怎样兼着病痛、失意与一个母亲最巨创的殇子悲哀，熬过那些白天黑夜。

羞惭、追悔与悲悼，日夜折磨着他。为了自赎前愆，他诏令宫中为"母仪天下"的皇后，举哀服丧，设灵祭奠。

他常赴灵堂祭悼，哽咽哀绝，几次哭倒在地，不能自已；他总是肃立很久，不忍离去，左右苦苦相劝，才策杖而起。

绝望中，他甚至想到了死。他曾想投井，却被左右臣子们救获。他是性情中人，真会这么做。

昭惠国后周氏病亡的消息，传到了汴京。赵匡胤闻讯，即派作坊副使魏丕前往吊唁。这是一个安抚南唐、利其归顺的机会，也是乘机进入金陵察看南唐内情、摸清众臣心态的良机。

964 年十一月，魏丕来到了金陵。

国力不足、无力争胜的南唐君臣，常挟文才以自负、夸口舌而争胜。他们见北使是一员武将，意欲竞诗才而压倒赵匡胤的霸气。

他们以为，魏丕乃作坊副使，必不能写诗，便决计在升元阁举行诗宴，邀魏丕登殿赋诗。李煜向使者发出了正式邀请。

这样的事，元宗时就有过。那时，韩熙载曾对后周兵部侍郎陶谷，采用过这种手段。

那还是公元 958 年的时候。南唐刚被削了帝号，屈辱之中，迎接后周来使陶谷。陶谷自恃上国大使，下视江南，骄横跋扈至极。李璟便令江南才子韩熙载殷勤相伴。

陶谷素喜诗书，见韩家藏书丰盛，不胜惊羡，便向韩熙载借阅，并让馆伴抄录，一时滞留南唐半年。

中主李璟令知书识字、色艺双全的歌妓秦蒻兰去客馆充作女役，出入陶谷左右。陶谷果然十分喜欢她，但身为北使，不敢唐突问其姓名，以为这美丽多才的女子是驿吏之女。

但蒻兰的秀丽多情，终于使他把持不住自己了。在一个轻拨琵琶、共叙思恋的晚上，他们度过了销魂一夜。

陶谷风情难抑，便写了一首《风光好》小令，赠给蒻兰，期许鸳梦重温。

翌日，李璟突然兴致勃勃，邀陶晚宴。席间，陶谷依旧矜持高傲、冷峻少语，李璟便笑引蒻兰出场，令她弹唱《风光好》侑酒，并问："江南春色，闻君采得一枝，不知真否？"

陶大窘间，蒻兰已款款而出，轻唱起来：

好姻缘，恶姻缘，只得邮亭一夜眠，别神仙。

琵琶拨尽相思曲，知音少！再把鸾胶续断弦，是何年！

陶谷大惭！第二天，匆匆北归。

现在，南唐君臣，又想借诗捉弄魏丕，迫他当众出丑。

魏丕从容登楼，把酒间，便已揽笔成篇，有句曰：“朝宗海浪拱星辰”，“莫教雷雨损基扃”。

南唐君臣，大惊失色！

他们了然诗中傲盛的讽劝之意，他们更了然，北宋京城又有巨大的教船池被新凿就，蔡河水源源注入，数百大舰正在池内监造。“雷雨”沉沉，家园“基扃”，正自风雨飘摇！

李煜，又向北宋进贡银二万两，金银器皿数百。

公元964年十一月。北宋五万兵骑，挥戈南下。

十二月，拔蜀国之夔州、万仞、燕子等寨，又连克兴州、石圌、巫山、三泉二十余寨。

蜀国节度使高彦俦自焚；蜀将南光海连同他的八千士卒，战死巫山；巫峡战棹都指挥使连同他的千余名水兵被生擒。

公元965年正月，大殓的日子到了。李煜含泪，将周后最心爱的金屑烧槽琵琶，放入梓宫殉葬，又亲自写诔千言，令石匠镌刻在周后陵园懿陵的石碑上，以志永念。

琵琶，永远埋在了懿陵的墓穴中。《昭惠周后诔》文，却以其情真意切、泣血泣泪的挚情，以及六朝艳体的佳构，留传古今。

天长地久，嗟嗟蒸民。嗜欲既胜，悲叹纠纷。缘情攸宅，触事来津。赀盈世逸，乐鲜愁殷。沉乌逞兔，茂夏凋春。年弥念旷，得故忘新。阙景颓岸，世阅川奔。外物交感，犹伤昔人。诡梦高唐，诞夸洛浦。构屈平虚，亦悯终古。况我心摧，兴哀有地。苍苍何辜，歼予伉俪。

窈窕难追，不禄于世。玉润珠融，殒然破碎。柔仪俊德，孤映鲜双。纤秾挺秀，婉娈开扬。艳不至冶，慧或无伤。盘申奚戒，慎肃惟常。环佩爰节，造次有章。含颦发笑，擢秀腾芳。鬓云留鉴，眼彩飞光。情澜春媚，爱语风香。瓌姿禀异，金冶昭祥。婉容无犯，均教多方。茫茫独逝，舍我何乡？

昔我新婚，燕尔情好。媒无劳辞，筮无违报。归妹邀终，咸爻协兆。俯仰同心，绸缪是道。执子之手，与子偕老。今也如何，不终往告。呜呼哀哉！

志心既达，孝爱克全。殷勤柔握，力折危言。遗情眄眄，哀泪涟涟。何为忍心，览此哀编。绝艳易凋，连城易脆。实曰能容，壮心是醉。信美堪餐，朝饥是慰。如何一旦，同心旷世。呜呼哀哉！

丰才富艺，女也克肖。采戏传能，弈棋逞妙。媚动占相，歌萦柔调。兹蘐爰质，奇器传华。翠虬一举，红袖飞花。情驰天际，思栖云涯。发扬掩抑，纤紧洪奢。穷幽极致，莫得微瑕。审音者仰止，达乐者兴嗟。曲演来迟，破传邀舞。利拨迅手，吟商呈羽。制革常调，法移往度。翦遏繁态，蔼成新矩。霓裳旧曲，韬音沦世。失味齐音，犹伤孔氏。故国遗声，忍乎湮坠。我稽其美，尔扬其秘。程度余律，重新雅制。非子而谁，诚吾有类。今也则亡，永从遐逝。呜呼哀哉！

该兹硕美，郁此芳风。事传遐祼，人难与同。式瞻虚馆，空寻所踪。追悼良时，心存目忆。景旭雕甍，风和绣额。燕燕交音，洋洋接色。蝶乱落花，雨晴寒食。接辇穷欢，是宴是息。含桃荐实，畏日流空。林彫晚箨，莲舞疏红。烟轻丽服，雪莹修容。纤眉范月，高髻凌风。辑柔尔颜，何乐靡从？蝉响吟愁，槐凋落怨。四气穷哀，萃此秋宴。我心无忧，物莫能乱。弦乐清商，艳尔醉盼。情如何其，式歌且宴。寒生蕙幄，雪舞兰堂。珠笼暮卷，金炉夕香。

丽尔渥丹，婉尔清扬。厌厌夜饮，予何尔忘？年去年来，殊欢逸赏。不足光阴，先怀怅怏。如何倏然，已为畴曩。呜呼哀哉！

孰谓逝者，荏苒弥疏。我思姝子，永念犹初。爱而不见，我心毁如。寒暑斯疚，吾宁御诸。呜呼哀哉！

万物无心，风烟若故。惟日惟月，以阴以雨。事则依然，人乎何所。悄悄房栊，孰堪其处。呜呼哀哉！

佳名镇在，望月伤娥。双眸永隔，见镜无波。皇皇望绝，心如之何？暮树苍苍，哀摧无际。历历前欢，多多遗致。丝竹声悄，绮罗香杳。想淡乎忉怛，恍越乎悴憔。呜呼哀哉！

岁云暮兮，无相见期。情瞀乱兮，谁将因依。维昔之时兮亦如此，维今之心兮不如斯。呜呼哀哉！

神之不仁兮，敛怨为德。既取我子兮，又毁我室。镜重轮兮何年，兰袭香兮何日？呜呼哀哉！

天漫漫兮愁云噎，空暧暧兮愁烟起。娥眉寂寞兮闭佳城，哀寝悲氛兮竟徒尔。呜呼哀哉！

日月有时兮龟著既许，箫笳凄咽兮旂常是举。龙輀一驾兮无来辕，金屋千秋兮永无主。呜呼哀哉！

木交枸兮风索索，鸟相鸣兮飞翼翼。吊孤影兮孰我哀，私自怜兮痛无极。呜呼哀哉！

夜寤皆感兮何响不哀，穷求弗获兮此心隳摧，号无声兮何续，神永逝兮长乖。呜呼哀哉！

杳杳香魂，茫茫天步。抆血抚榇，邈子何所？苟云路之可穷，冀传情于方士。呜呼哀哉！

全文约二千言。末尾署名“鳏夫煜”。

大殓那天，他将两首悼念周后与仲宣的《挽辞》，一起焚化在周后的梓宫前：

珠碎眼前珍，花凋世外春。
未销心里恨，又失掌中身。
玉笥犹残药，香奁已染尘。
前哀将后感，无泪可沾巾。

艳质同芳树，浮危道略同。
正悲春落实，又苦雨伤丛。
秾丽今何在，飘零事已空。
沉沉无问处，千载谢东风。

公元965年正月。万余蜀将，血沃剑门。随之，利州也被划归北宋版图。

蜀后主孟昶被迫降宋。蜀亡。

赵匡胤又大获成功。仅两个月，他就征服了蜀道天险，把天府之国的四十五州、一百九十八县土地，统统囊括入宋。随同并入北宋的，还有五十三万四千三十九户百姓。

赵匡胤忠实地履行了自己的诺言。他散尽千金，厚恤了死伤兵卒，重奖了有功将士，又招抚了西川地方的官吏百姓。

君臣将士，各得其所。

琴断声咽。大殓之后，李煜常常不由自主地便去了瑶光殿，徘徊在周后的起居室内。

又是雾罩的早晨，又是红日已高三丈透的午后，他只想着一件事——可是周后已经不在了。

在西屋壁边成排的琵琶前停下，在香案边灵筵时曾用过的那方素巾旁停下，又是落日辉煌、她的笑声宛然响过的傍晚，又是待踏马蹄清月夜的时候，他只默念着一句话——可是她已经不在了。

把琵琶取下，轻抚琴弦，一串美丽的弦音，便随着指缝漏出，檀槽边，还留有她的香泽和体温的余暖。仿佛她娇弱的身影，犹自温婉地相伴。他便在琵琶的背面，题上了四句诗行：

侁自肩如削，难胜数缕绦。
天音留凤尾，余暖在檀槽。

转过身来，取过素巾，贴在颊上。她的音容已不复存在了，这黛痕犹染的汗巾，还会存香多久？苍天为什么让他在壮年的时候，突然没了国后？

浮生若梦，悲从中来。他便又援笔题写了《书灵筵手巾》：

浮生共憔悴，壮岁失婵娟。
汗手遗香渍，痕眉染黛烟。

隆冬到了。一夜北风，吹开了瑶光殿前的蜡梅花。

花下踯躅，他想起了有一年，曾是笑脸对着笑脸，植下了这株蜡梅；曾经一同联手为小树撑起挡风的“步障”；曾经望眼欲穿，沐一帘弯月，燃一支红烛，浇下清水，期待一树美丽绽放。

树很幽香。花事大发，她却杳然消逝。东君却犹不知之。便吟二曲《梅花诗》，长歌当哭：

殷勤移植地，曲槛小栏边。
共约重芳日，还忧不盛妍。
阻风开步障，乘月溉寒泉。
谁料花前后，蛾眉却不全。

失却烟花主，东君自不知。
清香更何用，犹发去年枝。

当春阳升起，东风拂面，他徘徊桐花树下。一样的色泽，一样的美丽，桐花和去岁并无差别。但是瑶光殿已是空无丽人，他的爱情已成往事；桐花依旧人无踪，他的惆怅凭谁诉说？

魂兮归来！他《感怀》轻吟：

又见桐花发旧枝，一楼烟雨暮凄凄。
凭阑惆怅人谁会？不觉潸然泪眼低。

层城无复见娇姿，佳节缠哀不自持。
空有当年旧烟月，芙蓉城上哭蛾眉。

公元965年，朔风阵阵，又是春节喜庆的日子。南来的马队，驮着李煜奉送的两袭华丽的御衣、千两金器、无数锦绮绫罗，匆匆赶来汴京。

马蹄叩动北国冻土，紫红的太阳高高照耀，使者们低头艰行。

在此刻，在成都，在春节，在蜀的青烟蓝水间，二万七千余蜀国降兵的头颅，纷纷坠落。坠落在旧年的朔风中。新年的太阳，高高照在他们的尸骸上。

赵匡胤手执蜀主降表，陶醉在无边的遐思中。

太阳升入中天。四月风温婉滑过北国大地。

淡青的地平线上，又有一队人马剪影一般疾驰而来。马背上驮着数以万计的银两、绢匹。

赶车的，仍是南唐人。朝贡的名目，是贺宋灭蜀。

五月末，有隐隐的舟楫声自峡江传来。蜀后主孟昶奉赵匡胤之令，携花蕊夫人以及所有族属，星夜兼程，赶来汴京，待罪阙下。

太祖御崇元殿，备礼见孟昶。他封孟昶为检校太师兼中书令，授爵秦国公。他赏赐了所有官属，又释放了在押的全部俘虏。

暮霭，在汴梁弥漫。大明殿内，烛光璀璨，酒香扑鼻。赵匡胤赐宴孟昶。

夜半，席散。孟昶归寝，竟暴病。

六月初，孟昶医治无效，来汴的第七日，便一命呜呼！

赵匡胤废朝五日，素服发丧，厚葬孟昶。

孟昶的母亲，低头洒酒于地，长叹："非死殉社稷，贪生至此而已！"遂不哭，不食，自绝死。

孟昶的花蕊夫人，天姿艳丽，被赵匡胤立为妃，拥入后宫。

七月，赵匡胤再赴教船池，视察水军。

九月，赵匡胤亲自检阅各路兵马，以骑兵为骁雄、步兵为雄武，并属亲军。

周后病亡了。小周后泪雨涟涟。她默默照料仲寓，安慰李煜，在圣尊后前，更极尽孝道。

她获得了圣尊后的欢心。朝中大臣，也默许了她的存在。

但周后尸骨未寒，婚礼难行。李煜便先宣谕"妇德、妇言、妇容、妇功""四德"俱佳的小周后，居住中宫，"待年"成礼。

公元 965 年九月。秋雨阵阵。

两幔起一层雾纱，把金陵笼上了厚重的阴郁。圣尊后大病不起。

李煜早晚侍奉母亲身边，衣不解带累夕，药必亲尝过后，才放心喂入母亲口中。

他是个仁惠孝子。

雨仍然淅淅沥沥，没有停意。母亲的病愈见沉重。太医绝望的目光，使李煜心悸。

浓稠的雨雾里，圣尊后钟氏，终于合上了双目。

十月，宋太祖派使者前来吊唁。同月，圣尊后葬顺陵，谥号“光穆”。

母亲死了，李煜必须守孝三年，其间不得行婚礼大庆，小周后不得已仍“待年”宫中。

在北方有浓重的阴霾，这里自有清蓝的天。由于没有名分，当时曾有难堪的歌谣在四处流传，但他们不在乎。

这年十月，二万两银、数百金银龙凤茶酒之器，随着北贡的旧路，又流向赵匡胤丰盈的仓廪。

路，真长。

第六章　遁逸

佛族中的释氏，弃王位而远遁，含辛茹苦，探求人间解脱苦难的方法。

他已无法卸王位而避世。或许，逃向佛殿，逃向诗歌，逃向浪漫的小巢，才能摆脱“非我”的重轭？

南平，亡了。后蜀，败了。国库，空了。李煜彷徨了。他的人生使命到底是什么？他到底该走哪条路？

奋起挽回国运颓势，做一个角逐于五代十国的霸主？他不能。他只是一介书生，风流文人。他既不能设谋，又不能治军，他根本无法与那位胸怀大志、腹有良谋，有包藏宇宙之心、吞吐天地之志的宋太祖抗衡。

为了能在宋皇朝的宽容下苟活，他单纯地以为，只要纳贡称臣，竭力报效，就能国泰民安。所以，他年年贡献，不遗余力；逆来顺受，丧权辱国。

他也不会施政，不会用兵。登基时，以庸才严续辅政，所用非人，棋错一着；宋平荆湖、后蜀，他屡屡遣使犒宋。

以汤止沸，招来的，却是赵匡胤屡凿船池，矛头直指长江天险；是宋使借诗讽劝，以“朝宗海浪拱星辰”，“莫教雷雨损基扃”，传檄江南。

面对五代十国的大棋局，他心中充满惊骇。岁月如梭，北风狼吼。世事有如转烛，人生恍如蓬草飘忽无定。何处是归宿？

夕阳西下。他独步不近喧哗却也水流泠泠的池塘，花覆楼阁，落日伶仃。在这样的时刻，想起《论语·子罕》的句意：“子在川上曰，逝者如斯夫！不舍昼夜。”便有无限的沧桑感袭来心头，他援笔写下《浣溪沙》一首，排遣心怀：

转烛飘蓬一梦归，欲寻陈迹怅人非，天教心愿与身违。
待月池台空逝水，映花楼阁谩斜晖，登临不惜更沾衣。

多么想从梦魇的岁月中挣脱，时运之光却把他罩住。他无处躲藏，无力挣扎。诗词歌舞，柔情蜜语，已不足以使惶恐的心找到精神的家园。

他逃向了佛祖的怀抱。

现实世界既然残酷无情，那么，还是在彼岸世界里寻求一点安逸和乐趣吧！现实生活既然如同梦魇，那么，还是在晨钟暮鼓顶礼膜拜中，偷得浮生半日闲吧！

那莲花万朵、无生无死、优哉游哉的极乐世界，深深吸引了他。

966年腊月，雪意盈盈。

踩一地的苍苔路，他走向彤云百尺的佛殿，雪便下来了。静听轻微的雪声、风声、步声，注视浮荡如鹅毛的薄雪花，落在山林幽径，不觉有一种淡淡的出尘意境，一种返璞归真的古拙，轻轻涌来。

再凝眸，苍苔小路，已被积雪铺满了。来路足迹杳然，去路，也已茫茫。

天光次第暗下来，黄昏迫近。寒鸦急于归宿，寒风开始肆虐。一林竹叶，或伏或垂，像是畏寒不能高飞的孤鹤，在历历羽林影中，飞舞徘徊。李煜转身回宫。

风弄杨花、天剪鹅毛的雪，已然遮天盖地。再回首梵宫，想到那里面掩藏着的模糊而巨大的内涵，李煜心中不由涌起万事堪托的信赖。

就在那个雪夜，他写下了《青玉案》词，抒发了自己对彼岸世界的心羡，以及识得大自然真趣的隐者意味：

> 梵宫百尺同云护。渐白满苍苔路。
> 破腊梅花李早露，银涛无际，玉山万里，寒罩江南树。
> 鸦啼影乱天将暮，海月纤痕映烟雾。
> 修竹低垂孤鹤舞，杨花风弄，鹅毛天剪，总是诗人误。

公元966年，赵匡胤预备攻取南唐、吴越和南汉。他再一次为先伐何国的重大决策，思虑万千，举棋不定。

他的韬略尚未抛出，南汉主刘鋹的神经，已被困扰得无法自持。他急不可待，竟先自发兵，进攻早已归入北宋版图的原南楚道州（今湖南道县）。

不自量力的行动，为北宋伐南汉制造了借口。

道州刺史王继勋果然乘机上书宋帝："南汉主刘鋹，残暴不仁，屡出寇边，请速兴王师，吊民伐罪！"

一丝神秘狡黠的微笑，从赵匡胤嘴边闪过。

公元966年八月，一个金色的、充满想象力的秋天，李煜骤然收到了北宋的敕书。敕李煜致书南汉主刘鋹，使其向宋俯首称臣，并归还刘鋹先辈乘楚乱夺取的桂州（今广西桂林）、郴州（今湖南郴州）、贺州（今广西贺州）等地。

李煜向来事宋不怠，此回既得赵匡胤诏书，不敢不从。他派使者婉转将北宋的旨意，转告了南汉。刘鋹漠然置之。

李煜闻讯，心中忐忑。他明白南唐、南汉，唇齿相依，休戚与共。南汉亡，南唐亦危。助宋灭南汉，实是损己。

但是赵匡胤敕诏，分明是一种威胁、一种暗示。宋军又正耀兵江岸，大难将临，他岂敢得罪宋朝？

他思虑再三，终于决定再次派人出使南汉。或者，赵匡胤念他心诚，覆巢之下，会怜惜南唐，而保南唐有附庸国主的地位？

他召来心腹近臣，共商再度出使的方案。最后，他选定了气宇孤峻、文章议论皆出类拔萃的知制诰潘佑，执笔写劝降书。

他知道，潘佑自幼苦学、不营资产，练就了出众的文思和文笔。早年他居东宫，开崇文馆招贤时，就选定过潘佑。他相信潘佑必不负所望。

果真，他很快收到了潘佑那长数千言的劝降书。这确是一篇上乘书信，骈散兼行，情词款款，坦诚恳切，催人泪下。

信中说，李煜与刘鋹，和睦友好，情似兄弟。生死存亡，休戚与共。“每思会面而论此怀，抵掌而谈此事”，“而相去万里，斯愿莫伸”。托使臣述怀，又恐使者词不达意，“不尽深素”。只好以信传心，希望“足下诚听其如交友谏诤之言，视其心如亲戚急难之心”，然后可三思内心，“忠乎不忠”，然后也就可以决定对自己的劝告，“从乎不从”了。

信中指出，南汉伐道州，实在是不明智的事。自古用武而不顾国势强弱，力量悬殊，非要征战的原因，只有四类：“父母宗庙之仇，此必战也；彼此乌合，民无定心，存亡之机以战为命，此必战也；敌人有进，必不舍我，求和不得，退守无路，战亦亡，不战亦亡，奋不顾命，此必战也；彼有夭亡之兆，我怀进取之机，此必战也。”今贵邦四者都不具备，如此用兵，于社稷何益？

信中规劝刘鋹，自古称帝、角立杰出是常事，割地贡奉称臣，也是常事。能屈能伸，全看自己，何必争雄？足下虽统兵数十万，又辖五岭天险，藉先朝之基也，大可慨然自负，但北兵骁勇，其力难测。贵邦纵能十战九胜，也有一败可虑，若有一失，国将奈何？

信中举例，论地势险要，没有比剑阁更险的了，而庸蜀已亡；要论兵之强悍，没有比得过上党的，而太行已然不守。所以，大祸多出于不期，怎能不郑重？故足下切莫轻信说客谋士之孟浪言谈。坐论时势易，做则难矣！况贵邦与宋山水相连，北兵一旦沿边界数道进攻，贵邦岂不全线崩溃？

传说，北兵还可调动早已称臣的吴越水师，自泉州出海，直捣羊城，南北挟攻，四面楚歌，人心思危，忠诚义士又有几何？那时再想泛舟沧海，怕是难遂人愿了。

有鉴于此，还不如尽早收兵，向北宋行“玉帛朝聘之礼”，以小事大为好。南唐自开基以来，每遇交兵危殆，就总是修盟贡宋的，因而得到了息兵抚民的好处。屈己可济万事，谈笑可定家国，于大业无亏，于社稷无损，易如反掌。何必扼腕血战，喋血疆场？

最后，信中又阿谀欢捧了赵匡胤一番，再劝南汉切莫弃德修怨，自生仇敌。南唐与南汉交谊笃厚，自己也非常渴望贵邦江山永存，然而“事大之节”，又岂能违抗云云。

李煜览书阅毕，也被感动了，他想，有此佳文，南汉国主也会动心的，自己也好向赵匡胤交差了。他令知制诰龚慎义持书出使南汉。

岂知刘鋹得书，大怒！他囚禁了使者，以示绝交，回书大斥南唐助纣为虐之丑行，语多不逊，以示愤慨。

无法交差的李煜，心中忧惧。他怕赵匡胤以此为借口，饮马长江。踌躇再三，他将潘佑的劝降书，连同南汉主刘鋹愤慨的回书，一并交付使者，送往汴京。

宋决议伐南汉。

九月。一年一度的秋风秋雨密密而下。天空灰如薄暮，王朝末日的梦魇，仍在阒静中黏黏地缠绕着他。

南汉的存亡，他已无力去忧心了。他只为自己的处境而胆寒。

九月十日晚，雨又凄凄下了起来。心绪在这样的晚上随之鼓荡。世事难料，心事难述，近来他常逃遁醉乡，借酒浇愁。此刻酒醒，独对夜雨敲窗，挑灯抚发，鬓已染霜，不觉悲从中来。

他坐了许久。满耳是飕飕风声。红叶、黄花，都已零落成弃物，泥渍的花瓣，早已褪去往日艳色。

在这时候，他特别感觉到了一种对往事的反省和忏悔。所有的人生失误、抉择的失误，都像钟磬一样，在心底敲响、回荡。

他想，他真不该早死了兄长，真不该想做“渔夫”、隐士，却又难斩尘世情缘，落得现在进也不得，退又不是，“鸦啼影乱天将暮”的处境。

他才三十，却已华发早生，晋代文学家潘安曾因此而写《秋兴赋》。他虽不曾像潘安那样写赋惊叹，却仍禁不住要惊心伤怀。

想到这里，他写下了《九月十日偶书》，宣泄内心的郁积：

晚雨秋阴酒乍醒，感时心绪杳难平。
黄花冷落不成艳，红叶飕飗竞鼓声。
背世返能厌俗态，偶缘犹未忘多情。
自从双鬓斑斑白，不学安仁却自惊。

翌日，他坐了蒲团，顶礼膜拜后，再度因国事蜩螗，饕餮起烈酒来。在醉生梦死中消磨时光，或许聊可度日？

放下杯盏，昨夜风雨昨夜愁，重新涌来。除了醉乡，又有何路堪行？

昨夜风兼雨，帘帏飒飒秋声。烛残漏断频欹枕，起坐不能平。

世事漫随流水，算来一梦浮生。醉乡路稳宜频到，此外不堪行。

——《乌夜啼》

秋意更深。日夜为国事忧蹙，他更显憔悴，而风雨相逼，寒意侵骨，他无法忘怀亡国的恐惧，无法不饮酒。

他醉而卧，卧而醒，醒而伤怀，了无穷日。方寸被这无边的愁绪揉碎了，碎得奇痛。他病倒了。

那晚，一盏青灯，光焰若豆，把影子幢幢印在壁上。药的苦味从夜鼎中缭绕而出，空气中弥漫着难言的苦涩。

人生悲苦，谁与问佛祖？而明晨对镜，又将是一头霜发一身愁！

憔悴年来甚，萧条益自伤。
风威侵病骨，雨气咽愁肠。
夜鼎唯煎药，朝髭半染霜。
前缘竟何似，谁与问空王？

——《病中感怀》

在那无数个夜深人静、捣药声声不绝于耳的月下，他总是任思绪无拘无碍地驰向佛家的境界。虽身在病中，行动走路，也得侍婢搀扶着，他仍要坚持走向“空门”，念经拜佛。

否则，万途烦恼，心境哪得安宁？

病身坚固道情深，宴坐清香思自任。
月照静居唯捣药，门扃幽院只来禽。
庸医懒听词何取，小婢将行力未禁。
赖问空门知气味，不然烦恼万涂侵。

——《病中书事》

国事日非，势无可为。崇信佛教，成了他的精神支柱。

公元967年三月。迫于局势，李煜始令两省侍郎、谏议大夫、给事中、中书舍人及勤政殿学士，分夕到光政殿“宿直”，议论时局，谋划国事，常至夜半才罢。

公元968年春，南唐大旱。五月，赵匡胤下诏赐米麦十万石赈灾。

公元968年六月，为了表示自己对宋的恭敬虔诚、绝无二心，他派自己的弟弟从谦赴汴贡宋。

这一年秋，李煜的另一个弟弟，元宗的第八子从益，奉他之令，出镇宣州。

临行的时候，李煜率近臣亲自到绮霞阁设宴送行。

倚阁远望，秋山湿翠，长江横亘，江流滚涌，征帆正急。想到从益也将从此解缆远去，手足至情，涌上心头。

他揽笔写下了《送邓王二十六弟从益牧宣城》诗并序：

秋山的翠，秋江澄空，扬帆迅征，不远千里。之子于迈，我劳如何！夫树德无穷，太上之宏规也；立言不朽，君子之常道也。今子藉父兄之资，享钟鼎之贵。吴姬赵璧，岂吉人之攸宝？矧子皆有之矣。哀泪甘言，实妇女之常调，又我所不取也。临歧赠别，其唯言乎？在原之心，于是而见。

噫！俗无犷顺，爱之则归怀；吏无贞污，化之可彼此。刑唯政本，不可以不穷不亲；政乃民中，不可以不清不正。执至公而御下，则俭佞自除。察薰莸之禀心，则妍媸何惑。武惟时习，知五材之难忘；学以润身，虽三余而忍舍。无酣觞而败度，无荒乐以荡神。此言勉从，庶几寡悔。苟行之而愿益，则有先王之明漠，具在于缃帙也。

呜呼！老兄盛年壮思，犹言不成文，况岁晚心衰，则词岂迨意？方今凉秋八月，鸣榔长川，爱君此行，高兴可尽。况彼敬亭溪山，畅乎遐览，正此时也。

且维轻舸更迟迟，别酒重倾惜解携。

浩浪侵愁光荡漾，乱山凝恨色高低。

君驰桧楫情何极，我凭阑干日向西。
咫尺烟江几多地，不须怀抱重凄凄。

序文情深意长，殷切的叮咛、勉励和嘱咐，展现了兄长的关爱之心。而他自己方三十年华，却自说是“岁晚心衰”，可见处于动荡乱世，他早已心如死灰了。

李煜之外，群臣也各有诗赋赠别。绮霞阁一片咏别之声，其中以徐铉“满座清风天子送，随车甘雨郡人迎”最为佳句。

李煜是个充满人情的帝王。他最与我们常人契合之处，正在于待人热忱、为人仁惠，在于对平生故旧知情尽礼。

他登基之日，就大赦天下；他也曾亲自视监探案，释放犯人；国势削弱，府库空竭，他常以爱民为急。

在父母兄弟面前，他更是一个惠心丰厚的人。父逝，他居丧哀毁，几不能胜；母病，他朝夕侍奉，衣不解带累夕；周后得病，他朝暮视食，药必亲尝乃进；对几个弟弟，他全无猜忌防范之心，一律封王。

而所有这些，又都出于一片真情，全无笼络人心之狡猾，或是治国安邦刻意为之之心。这在古代帝王中，殊属少见。这多少源于佛学的“无我”“利他”和“普度众生”的影响，也可能是有鉴于他父亲兄弟间那深刻的嫌隙，及长兄弘冀毒死了叔父，又莫名而死的悲惨历史。

公元 968 年九月，李煜为母亲圣尊后守孝的日期终于满了。在国运衰败的愁苦中，他越来越依恋于与小周后相伴的温柔日子，越来越多地需要爱情来抚慰他焦躁的心。三年来，他们相依相守，在歌舞美酒中麻醉自己。

现在，终于到了可以真正填补长期虚位的中宫，名正言顺立她为后的时候了。

他满心欢喜地开始了迎娶的准备。虽然时局纷乱，国库穷蹙，但他一心准备热热闹闹地迎娶他最心爱的人。

他令掌管宗庙礼仪的太常博士陈致雍查阅典籍，详细考寻古今历代帝王婚礼的沿革，拟订婚礼程序的草案；又令中书舍人徐铉、知制诰潘佑，一同参与议定方案，希望把一切都办得既合礼制又隆重体面。

徐铉和潘佑就婚礼进行了再三讨论。徐铉认为，国难当头，财力维艰，应省俭办；潘佑则认为，仪式总应合乎先人礼仪，况又是人君，应尽量办得像样些。

徐铉引经据典，说自古婚礼都不用乐。《礼记·曾子问》中，就有“嫁女之家，三日不息烛，思相离也。娶妇之家，三日不举乐，思嗣亲也”之说，请罢乐。潘佑则说，今古也未必一定要相沿袭，还是用乐好。

徐铉又考古引典，说自古房中乐并不备钟鼓，请罢钟鼓。潘佑吟引诗经“窈窕淑女，钟鼓乐之”反驳，主张钟鼓相和。

就男女交拜之礼，他们又各执己见。徐铉引《后魏书》“后初见君，先拜后起，帝后拜先起”之语，主张以此作为夫妇之礼、人伦之本，请夫妻间互行答拜礼；潘佑则说，帝王婚礼不能与庶人相同，人君可免答拜之礼。

久议难决，谁也说服不了谁。两种意见都呈到了李煜面前，请君定夺。

李煜自觉不宜定夺此事，便诏文安郡公徐游来决定取舍。徐游是南唐宗室，善阿谀逢迎，并无多少考据源流、判别是非的能力。他知道李煜较宠信潘佑，于是他选择了潘佑之说。

古时婚礼，迎娶前必须先办“纳采”礼，也即男方须向女家提亲。按礼俗要求，纳采须执雁而行，因为雁是美好、忠贞的吉祥物，鸿雁传书，雁历来又被视为爱情使者。

深秋天气，大雁早已南飞。但李煜已等不到春暖雁归了。他让使者以白鹅代雁，在鹅身上披挂丝织绣物，鹅嘴衔黄绫诏书，前往小周后家提亲。早已“待年”宫中的小周后，也被送往京城周家，等候迎娶。

十一月，盛大的迎亲典礼在金陵隆重举行。这是南唐三朝天子以来，第一次行正式的迎后大典，当年烈祖以及中主行迎亲礼，都不在君位。李煜娶娥皇，也不在君位。所以仪式极尽奢华。

金陵城中，凤辇鎏金溢彩，帝辇金碧辉煌。旌旗扇伞，热烈涌动；钟鼓之乐，欢快而鸣，一时万人空巷。夹道观看迎亲队伍的人流，挤得大街水泄不通。屋顶上、大树上，也爬满了观者，甚至有人从屋顶跌落而摔死。

新房安置在美丽清静的柔仪殿。殿内装饰精美。主香宫女早已用丁香、栈香、檀香、麝香、甲香及鹅梨汁研磨成了上好的香料。室中焚香器皿，皆用金玉制成，并各有美名，如把子莲、三云凤、折腰狮子、小三神、卍字金、凤口罂、玉太古、客华鼎等，共数十具。

这一夜温馨柔美。幸福像良宵的空气一样，围裹了周身。

翌日，李煜大宴群臣。整个宫廷张灯结彩，花烛灿烂。觞酒祝祷声、歌舞琴瑟声，此起彼伏。

国难当头，侈靡如此，使有识之士深感失望。韩熙载等人都写诗讽谏，李煜置之不理。

可惜，许多讽谏诗被岁月之尘湮没了。但徐铉的几首写迎亲侍宴的诗，却留了下来，从中也可使后人感知李煜当时挥霍铺张的情景。《纳后夕侍宴》诗云：

天上轩星正，云间湛露垂。
礼容过渭水，宴喜胜瑶池。
彩雾笼花烛，升龙肃羽仪。
君臣欢乐日，文物盛明时。
帘卷银河转，香凝玉漏迟。
华封倾祝意，觞酒与声诗。

此外，还有三首写晚宴奢华的七绝，也流传了下来。

时平物茂岁功成，重翟排云到玉京。
四海未知春色至，今宵先入九重城。

银烛金炉禁漏移，月轮初照万年枝。
造舟已似文王事，卜世应同八百期。

汉主承乾帝道光，天家花烛宴昭阳。
六花盛礼如金屋，彩笔分题似柏梁。

连江南民间也有讽刺歌谣流传。歌词中，“娘来”指再娶小周后，旨在讽刺李煜娶了美人，忘了家国：

索得娘来忘却家，后园桃李不生花。
猪儿狗儿都死尽，养得猫儿患赤瘕。

公元968年十一月。宋太祖赵匡胤因乾德年号与蜀相同，遂改元开宝。

自迎后大典以来，李煜更是纵情声色，豪侈无度。这种豪侈，也与小周后的习性有关。小周后的父亲周宗，“资产巨亿”，且经商买卖羊马，家资丰盈，史称二周后“侈靡之盛，冠于当时”，入宫后，更影响了李煜尚奢华之风。

从此，李煜再度逃进了温柔乡，在柔仪殿中，诗酒美人，歌舞升平。家国大事，人生烦恼，抛掷一边。他对小周后的宠爱，远过娥皇。

他在花丛建筑了许多新奇的小亭，小到刚好能容下他和小周后；花亭顶盖、四柱和底座都用名贵的紫檀木做成，而且雕镂精致。亭四面，用销金红罗作壁幕，以白银钉玳瑁相嵌压；漏窗隔眼，糊上红罗，刷上绿钿。

小亭名曰“红罗亭”。亭外四围，种上了许多红梅树，亭与梅花，相映成趣，流溢着一种独特的情韵。

当冬日梅开，李煜常携小周后亭中酣饮，缱绻缠绵，并且作艳曲而歌之。他忘却了他是一个对江山社稷负有重任的人。

韩熙载唱和李煜艳歌时，忍不住讽谏道：“桃李不须夸烂漫，已失了春风一半。”

李煜依然故我。

他还为自己和小周后在清凉寺后、避暑宫内，建筑了雕镂华丽的“不受暑亭”，度过溽暑；在后苑花丛中，还建起了彩画小木亭。亭小也仅容二人，花墙漏窗，富丽精宏。

他在珠围翠绕中，逃避人生的使命。

当春日艳阳，桃红柳绿，他自己构筑起一座小巧的花房来。他和小周后将一盆盆奇花异卉摆入房中，连梁栋、柱栱、阶砌，也被花簇点染得灿烂。他仍不满足，又把缤纷摇曳的花枝插入花房四壁。顿时，花香弥漫，一片锦绣。

他把花房命名为“锦洞天”。

能够忘却一份现实，世界在他心中，就会多出一份美丽、一种诗意。人为什么不能超然于浊世之外，有一片属于自己的天空领地呢？

也许，只有在“锦洞天”“红罗亭”内，他才能获得内心世界的全部自由，那儿才是完全属于他自己的领地，他自己独立自主的主权王国。

秋日，当七夕到来的时候，也正是他生日的喜庆时光。在这样星河灿烂的夜晚，他会令宫人用百匹红罗、白罗，做成月宫天河，尽兴欢娱通宵。

他越来越不像一个被历史委以大任的君王，却越来越成为一个庸碌无为、终将为历史唾弃的帝王。

作为君王，他失败了。他不堪使命，荒政误国，令人扼腕。

大理寺卿萧俨，刚正不阿，是为着家国社稷，敢于直言的三朝元老。当年中主李璟曾在宫中筑百尺楼，工程浩大。楼成，璟帝邀近臣观赏，十分自得，观者也无不惊叹楼之华美，唯萧俨一人愤愤说："只可惜楼下少一口井！"璟帝不解，萧俨对曰："楼下若添一井，百尺楼就可与奢靡无度的陈后主之景阳楼相媲美了！"

璟帝大怒！萧俨因此被贬作舒州判官，逐出金陵。后来才被召回。

现在，见李煜日夜沉溺于诗酒美人，这位曾"以谏获罪"的老臣，再次忍无可忍了。一日，他见李煜不理朝政，埋头与嫔妃弈棋消遣，怒不可遏，闯入宫中，一举掀翻棋盘——棋子滚落一地。

李煜大怒而诘责："汝欲效魏徵乎！"萧俨对曰："臣固不敢以魏徵自诩，但陛下也绝非唐太宗！"

朝中百官贵戚，闻知此事，皆讷讷退避。李煜一时困窘，自知理亏不便发作，罢弈而去。

公元 969 年仲春。李煜率近臣游北苑作诗。北苑在澄心堂前，读书之暇，散步其中，他常感觉到某种佛性的顿悟。

徐铉在《北苑侍宴诗》序中，记叙了当时盛况："岁躔己巳，月属仲春，主上御龙舟游北苑。新王旧相，至于近臣，并俨华缨，同参曲宴……乃命即席分题赋诗。"

在清幽的北苑，享受静坐无牵挂的乐趣，他想，人如果参禅悟佛了，身置朝廷，一样悠然见南山。

没有古人买山退隐、耽于林泉的自由；也无幸如王维一样，徜徉"深林人不知，明月来相照"的化外之境，要做灵性焕发的山水诗人，那就身着龙袍、背负皇权，做个心上有净土、灵心有慧根的君王，或可一样领略佛的清静无为之化境，摆脱"烦恼万途侵"的现实。

自 969 年开始，早已将心许佛、不堪"尘中累"的李煜，开始罔恤政务，大兴佛事。

在爱与生的苦恼中，在血腥现实与温柔梦境的矛盾中，在人性与君道的冲突中，李煜逃向了“空门”，在“七宝莲花”座下，寻求心灵的平衡。

“以无为之心，示好生之德”，佛家境界成了他心灵的避风港。他的崇佛荒政，达到了登峰造极的地步。

白天，他荒政礼佛；夜晚，他心中念佛。

一天早晨，他被道场的钟声惊醒，钟声洪亮而有节奏。宫人告诉他，撞钟的是一个小孩。

李煜很惊喜，召来童子，亲加勉励，又让童子剃度为僧。童子狡黠说不敢独受君恩，请陛下像佛一样慈悲为怀，广施诸郡众僧。李煜慨然允诺，不顾国贫，普度各寺僧。

他拜倒佛门之下，不惜钱财，出钱广募民间百姓和道士为僧。募得道士愿意改做僧人的，即给“二金”，以资鼓励。

一时，所度之僧，不计其数。金陵都城多至万僧，一切取用于官府。后来太祖平南唐，见僧多为患，遂将金陵僧尼“十减六七”。被裁僧尼人数极多，又无田可归，竟聚而为盗，以致太祖不得不将他们“悉黥为兵”。到了太宗时，仍不得不禁止僧尼增加之数。太宗不得已而诏江南两浙福建等地，每三百僧，一年许度一僧；每百名女尼，一年许度一尼。足见李煜普度僧尼之众了。

公元 969 年冬，李煜赴青龙山校猎，归途中，进大理寺休息。其间，他心怀宽容悲悯之心，亲录狱中囚犯，并饶恕了多人之罪行。

韩熙载闻而忧愤，上书奏曰：“狱讼是有司之事，自有他们负责，况囹圄牢狱，又怎能是陛下车驾可去之处？请陛下将国库三百万钱，充作军需。礼佛怎比保国更为重要？”

李煜从之，而礼佛依旧。

就在南唐寺庙如云、君臣跪拜祷祝靡有止息时，赵匡胤开始了颠覆南唐的间谍活动。

南唐，他志在必得。但他一直计划着不战而降。他在江北厉兵秣马，是为震慑江南。然而，仅仅耀兵江口是不够的。利用佛教征服江南之心，耗殆江南财物，正是时候。

公元969年。域内域外，大批穿着袈裟、捻着佛珠的人，慕名拥向香火鼎盛的南唐。在这风尘仆仆、虔诚朝佛的信徒队伍中，有一个少年。

少年姓江，谙熟佛典，能言善辩，伶俐过人。他身后背着一只鼓鼓的背囊，里头盛满珍宝奇物。少年一路从中原募化，直达金陵。

他日夜穿行，出入朝廷显贵与要人的厅堂，身后的背囊渐渐空了。他终于挤入了众僧向往的名刹清凉寺，成了法眼禅师门下的徒儿。

法眼常出入禁苑，为李煜讲经。作为弟子，少年殷勤跟随，得识李煜，并颇受青睐。

不久，法眼圆寂。清凉寺住持之位，落入了江氏少年之手，号曰小长老。入禁苑讲经之职，遂为小长老取代。

小长老始向李煜大讲天宫地狱、因果报应，大谈佛门的“六根”与“四净”。

他说，唯有不生憎爱、亦无取舍、不念利益的清静本心，才是顿悟之慧根；外在的进取、奋斗、荣辱，都不过是虚幻之假象，过眼之烟云。

他说，家国社稷、功名业绩，都是妨碍本心清静之“业障”；唯独善其身，保养身心，自然适意，才能得本心之清静，自我之宁谧。

他说，人唯有向内心退缩，忍受外辱，把外辱看作虚幻之物，方能超脱俗世，进入大化之境。

李煜被迷惑了。他相信小长老说的都是至真之理，是拯救苦谛的良方。他全心全意地接受了这番教诲，他内心的求索也正好与这番说教吻合。他惊喜地向人们推荐这位圣人，并推崇备至地称小长老是“一佛出世”。

这位佛爷从此有恃无恐。他四处活动，不久就将南唐国务的虚实，探得一清二楚。他已成功博取了李煜的信任，并教给了这位庸碌的国君一套“忍辱退让”的哲学。现在，这位来自北宋的奸细要披着袈裟，以佛教事业为掩护，履行他第二步行动了。

小长老不再是当年在李煜面前恭谦低眉来去的朴实和尚了。他穿上昂贵的缕金降罗法衣，在众僧侣间昂首阔步，在禁苑内外自由来去。他的过分奢靡，引起了李煜的不快。这实在有违佛门的戒律。

面对李煜诘责，小长老傲慢答曰：“陛下不读《华严经》，怎知佛祖不尚富贵？”言毕大开狮口，请李煜广造塔像，并请先在牛头山建千余间寺殿禅房，剃度僧徒千人，缗帛禀米，悉取于府库。他要耗尽这个国家的财力。

狂热蒙住了李煜的眼睛。他把小长老的话当作圣洁的旨意，他愿意花更多的钱筑寺造塔，以为多寺塔可庇佑社稷。

公元970年始，李煜在各地大修佛寺，又在禁中广造僧尼精舍，多聚僧徒无数。史载，当时仅在宫中，就筑有佛寺十余处，宫中有永慕宫，苑中有静德僧寺。在钟山上，也建造了精舍，并用御笔亲题了“报慈道场”四字。一时，建康寺院，跨州连县，每建兰若，必均土田，称之常住产。

一时，红墙碧瓦，晨钟暮鼓，盛况传乎遐迩，慕名远来的僧徒无数。甚至连域外如日本、朝鲜等地，也有来者。李煜都迎纳到金陵禅院，供养逾万人，费用一律取之府库，不计耗竭。

佛教侵吞了田产、劳力，麻醉了这个国家官员百姓的灵魂，耗费了穷蹙国库内本已无多的财物，一步一步地把这个国家推向深渊。而这一切，又正是小长老受命来南唐的目的。

叮当作响的钱币，转瞬间化作了寺砖香灰。“真是机会难得。”赵匡胤心中暗喜——等到江南精神与财物消耗殆尽，大片河山便唾手可得了。

李煜哪里晓得他竟中了赵匡胤的计！他老老实实跪求佛祖，他忧伤的心真的变得有所寄托了。他不仅荒政济僧，他还恨不能也披上袈裟，剃光头上千万根烦恼丝，出家为僧。

他觉得国后须母仪天下，率先礼佛，就和小周后一起头戴僧伽帽，身披红袈裟，双双跪倒在佛像下，口诵佛经，叩拜不已。

他认真而诚挚，由于长时间不停歇的叩拜，他前额的淤血难化，渐渐生成了瘤赘。

他笃信他做的每一点善事，都在积德，都有上苍的眼光在深情地注目。他再顾不得君王的体面，取来片片竹简，亲自为僧徒削做“厕简”。厕简是古人便后擦净用物。他怕削成后仍粗糙有刺，会弄伤僧人的皮肤，就反复细刮修治，并在自己脸颊上轻轻刮试，直至光滑舒适了，才放心交付使用。

他对臣属更为关切体恤。如一生才气俊发偏又放浪形骸的韩熙载，时受朝臣非议，他却赞赏韩熙载的才华，多次想擢用为相。

当年，他与徐铉值夜光政殿，论天下用人、才德孰为先后之时，他便以为，国家多难之时，必以才为先。徐铉反驳道：“论才，韩熙载最盛，却无德行，陛下敢以十万兵马付于熙载乎？”他笑而称是。

但他仍寄大望于韩熙载。韩熙载已老，自觉无力回天，怕一旦为相，坏了家国，也坏了自己晚节，就故意更加放荡不羁起来——家中女仆百人，又“蓄妓四十辈”。妓与宾客杂居，调戏者有之，殴击争夺者有之，韩熙载缓步而过，习以为常。甚至连医士或炼丹僧人，也登堂入室，与女仆杂处，韩熙载都视而不见。

李煜因他是三朝元老，不好直指其过，便令待诏画了幅《韩熙载夜宴图》，好令其见了自愧。但韩熙载见了，安然如故。李煜叹息：“孤也无可奈何了！”

虽然如此，李煜仍很关顾韩熙载。韩熙载多门客弟子，朝廷数千缗月俸，竟不足用。替人写碑铭之文虽常有金帛等丰厚收入，仍不足家用，便借了三十万官钱。有司逐月从韩熙载的月俸中扣除，他便上书李煜，自言家贫："家无盈日之厨，野乏百金之产。"凡数百言。

李煜览奏，写下批文："言伪而辩，古人恶之。熙载俸有常秩，锡赉尚优，而谓厨无盈日，无乃过欤！"

但他仍以慈悲为怀，令有司停扣月俸，另再追加绢百匹，金千两。

公元970年七月二十七日，一代名士韩熙载因病而终。

韩熙载死后，李煜赐衾被而殓之，还专门派人选择墓地。他要求择山峰秀绝的灵仙胜境，或古贤名圣之墓处为穴，以便韩熙载黄泉之下，仍可悠游山川，品赏美景，并与古贤雅游对话。

韩熙载果然葬在清幽的梅鼎岗，侧面是谢安墓。集贤殿学士徐锴奉诏收集了韩文，保藏宫中。徐铉奉令做墓志铭。

但李煜仍不心安，不安于韩熙载在世，竟终于不能为相。他令人考查古制，有古法可循后，赐韩熙载为右仆射同平章事。

有司提出，当辍朝三日，以示哀悼。李煜在奏折上，写下一则情溢乎辞的《批有司奏》：

> 天不慭遗，碎我瑚琏。辞章乍览，痛切孤心。嗟乎！抗直而言，而今而后，追不得其过半闻听者乎！可别辍朝一日，赠右仆射平章事，仍官给葬事。

他还大行善事，广赦犯案的僧尼。每有僧尼淫乱，有司奏请李煜治罪。李煜总会为他们开脱。他说，僧尼毁戒规，图的是婚嫁，倒也是人之常情。如果革其僧籍，令还俗为民，听便婚嫁，不正遂了其意？倒是不必责罚，令礼佛百次，不除僧籍为好。

他满怀恻隐之心，甚至断死囚犯人生死的大案，也要按照佛意，去"决囚灯"。如果报奏死囚那天，正好是他的"斋日"，他便不再依案情判决，只在宫中点一盏明灯，谓曰“命灯”。天明而命灯不灭，则减免囚犯一死，灯灭，依律处决。

他的荒唐行为，使那些有钱之囚徒有机可乘。他们往往重金贿赂有关宦官，暗中为“命灯”偷续膏油，逃避法律制裁。

他的沉溺浮屠，使朝中上下，趋之若鹜，皆以谈神论佛为荣。政事日弛，朝纲日废。

韩熙载在世时，上疏李煜，时以“诸佛慈悲，苟容悔过”之语，为违律之事开脱，并时时以为僧徒撰碑铭为乐。

漳州节度使边镐，是久经沙场的骁勇大将。当年元宗取湖南，他曾扮作僧人，“募化”到长沙，探尽虚实，率军一举攻取湖南。征战途中，他竟将佛像装上专车，一路随行随拜，人称“边罗汉”“边佛子”“边菩萨”。执政时，也竟优柔寡断，纪纲日弛，人又称他“边和尚”。

中书舍人张洎，每见李煜，必大谈佛法。张洎因此得宠。

《续资治通鉴》云，南唐“当时大臣亦多蔬食斋戒以奉佛”。上下风化如此！

香烟缭绕，木鱼笃笃中，国库金银滴若流水。真是豪奢的君王，败家的浪子！先辈基业不过二三十年，能供如此挥霍多久？

凡是多少有些政治头脑的君王都会懂得，如此佛教，是侵夺人口的无底巨壑。多一个佛徒，朝廷就会损失一个男丁的赋役。所谓“十分天下之财而佛有七八”，寺院的大量田产和劳动人手，还会妨碍政权的稳定。

寺院增多，使大量的铜被用来铸成佛像，影响了钱币发行，致使钱币短缺，商品交流与政府的财政收入，都受影响。

李煜却一意孤行，上下狂惑，国事日非！他的行径，激怒了一批忠君忧国之士。他们冒死直谏，恳请李煜以家国为重，迷途知返。

当时有两位大臣，相继而谏，却被获罪，罢官流放。

歙州进士汪焕，恨李煜不进忠言，犹自庄严施舍，斋戒持诵，略无虚日，建塔创寺，以满为患，继前二位忠勇之士，再次冒死上谏。谏书云：

> 昔梁武事佛，刺血写经，舍身为佛奴，屈膝为僧礼，散发俾僧践。及其终也，饿死于台城。今陛下事佛，未见刺血践发，舍身屈膝，臣恐他日犹不得梁武也！

李煜读谏，心中黯然。其实，他何尝不知国势危弱？只是无力匡正，遁入空门而已。他的病中诗云“赖问空门知气味，不然烦恼万途侵”；悼诗云“空王应念我，穷子正迷家”；病中感怀说“前缘竟何似，谁与问空王”。诗为心声，字里行间，无不叠遘着忧国忧己的避世之意，他事佛的初心本意，与梁武帝自有不同。

汪焕的谏书，使他忧思久久。武帝崇佛，血写经书，甘作佛奴，到头来仍不得善终，何况自己？人们相信并感恩的菩萨，是否真的存在？

他自语：“此又是一个敢死之士也！”不治汪罪，擢升为校书郎。

但事后，他依旧故我。他的逃向佛门，不只祈望于“佛力”保国，更企求以佛力超脱内心苦难。

公元970年九月。宋太祖发兵南汉。大将潘美，领兵直逼贺州。一场大战，汉兵四遁。宋军所向披靡，又连拔昭州、桂州、连州，直捣韶州。

韶州，岭南之重镇，广州之门户。韶州失，广州必不可守。南汉主刘𬬮，临危调兵，又将南国驯象聚集成队，直赴韶州应战。

大战在韶州城北展开。宋兵惊见敌军列象为阵，大骇！潘美沉着引强弩猛射，象阵大乱，宋兵乘乱出击，韶州失陷。

广州危在旦夕。

也就在这个时候，有一个在南唐屡试进士、屡试屡败的书生，突然削发为僧，潜入金陵西南的采石矶，结庐为屋。

采石矶，横空揳入长江，雄伟险峻。长江流经此处，江面陡窄。此处地理位置十分重要，向为兵家争夺之要地。

僧人穿着蓑衣，出入神秘，日夜在山野草泽江岸边徘徊、垂钓。谁也不知道他为何要遁入空门，为何要迷上怪石嶙峋的采石矶。

在这里，有李白的捉月亭、东晋大将温峤的燃犀亭，且寺庙林立，风景独好，可是僧人并不留意这些，也不留意垂钓本身。

他凿石为窍，在矶下建起了高大的石塔。在一个无风的晚上，僧人突然出现在江边。他用丝绳系在石塔的一端，又引舟急渡北岸，系上丝绳的另一端。

他因此测得了江面的阔狭。

数月后，他的数据已十分精确，水流缓急的规律也已摸熟。他结识了清凉寺中权倾一时的小长老，然后有一天，他突然失踪了。

他偷渡到了江北，向赵匡胤献上了精心绘成的采石矶地形图，以及附近长江的水文资料、江面阔狭数据，同时献上的，还有系石塔而造浮桥的“平南策”。

这位科举失意的叛国者，终于如愿以偿，获得了北宋的重用。他在汴京应试时，圆了进士梦，又被授为舒州军事推官，与宋同谋征南唐。舒州，与南唐池州仅一江之隔。

他就是樊若水，南唐池州人。归宋后，这位卖身求荣的假僧人，改名樊知古。

樊知古北降，激怒了南唐朝臣。群情激愤，上书请李煜捉拿叛者家属，严惩不贷。

李煜沉吟久之。他不愿开罪宋朝，他只令将樊氏婆媳软禁池州。

樊知古隔江望乡，终于不敢月夜弄舟，渡回家人。毕竟，做贼者心虚。他知北宋正是用己之时，遂向赵匡胤提出请求，盼接家人归宋团聚。赵匡胤果然降旨批复，下诏南唐速派官员护送樊家婆媳北渡——这无疑是向李煜施加压力，进行政治挑衅；此举还稳住了樊知古的心，使其尽忠效命北宋；对江南列国所有欲投北宋而举棋不定者来说，也是一个触动，得知北宋不会亏待降者。一举三得。

李煜得赵匡胤御书，愤切万分。但思来想去，唯有忍了。他将樊氏家人待如上宾，礼遇有加，又厚赠物品，派特使将他们专程护送到了北宋。

由于李煜的崇佛厚僧，一时间，装成僧人、披上袈裟，成了阴谋者颠覆南唐的最好保护伞。樊知古的石塔，后来为北宋跨越天堑时构建浮桥提供了巨大便利。小长老敦促建成的寺殿禅房，到头来都成了宋师南征驻军的营垒。被献身佛祖的崇高精神激动着的李煜，又岂能想得到这些?

国难当头，礼佛荒政如此！当时天下，一边是南唐君主，晨钟暮鼓，上行下效，百无聊赖；一边是大宋雄师，磨刀霍霍，灭南平，征武平，攻后蜀，伐南汉，欲捣南唐了！

帝王也有爱情，但真正沉溺于爱情，却是专制帝王的坟墓，帝王也有人性，但人性与君道总是矛盾；帝王也求超脱，但礼佛与荒政总是孪生。

处在这样一种群雄争霸、危机四伏、尔虞我诈、无所不用的社会；这样一种为了争权夺利，不惜忍辱受屈、骨肉相残，为了独霸地盘，不惜昧心设陷、丧尽天良的残酷时代，若依旧以温柔敦厚来处世，依旧“居处服御必以节，言动施舍必以时”，依旧躲在自己狭小的心境和浪漫爱情中，或逃向空门、逃向醉乡，求超脱、寻慰藉，就显得与帝王的使命格格不入了。

所以，李煜在和具有严宽相济之气度、虚与委蛇之手段的宋太祖角逐时，形象就显得十分的稚嫩、单纯和笨拙了。

卍字的窗棂里，泻出熏人的烟火，鸦片一般迷醉，却挽回不了亡国的厄运。求超脱而不能，欲排遣反误国，李煜最终将为他的遁逸佛乡，付出沉重的代价。

他的下场，最终将与卖身佛祖而亡国的梁武帝一样，不得善终。

第七章　大势

世界虽然永存动乱，浪头总是向前涌动。当他站在曾经恣意涂写过历史的祖父的帝庙前悲哭时，历史，又将被重新改写。

当北宋的箭弩击散了韶州城北雄伟的象阵，通往南汉都城广州的通道，便畅通无阻地暴露于宋军眼前。

宋军乘胜南进。

广州城内，南汉主刘张眼睁睁地看着宋军踏上了扼守都城的要塞，却无可奈何。环顾朝中将臣，竟都是面面相觑。刘张明白，他手中再也没有可以委以重任的大将了。

这位南汉第五代君主，平日昏淫失德，深居宫中，耽于酒色，残暴之极。他在后宫与波斯女子日夜鬼混；在宫中建造阉人的密室，还备有烧、煮、剥、剔、刀山、剑树等刑具，惩罚有过失的臣子；他令犯人与虎象搏杀，看他们如何被撕碎吞噬；他岁敛奇重，所得钱款都用于筑构离宫别馆，装饰奇巧玩物。

现在，宋师长驱直入。即使身边有良将勇士，也难抵御，何况他宠幸庸臣，岂能不败？

六十五年家国面临覆灭，刘张怆然涕下。而边报传来，英州、雄州失陷。

宋军摧枯拉朽的铁蹄声，隐然可闻。刘张急派人商议和约。

和约被拒，刘张想到了逃命，想到了那片蔚蓝色的大海。他匆忙准备了十余艘大船，装上金银财富，欲携带皇亲国戚，航海远遁。

但是他晚了一步。他手下的一名宦官已悄然率千余卫士，偷船逃离而去。

宋军攻城。南汉将士，背城死战，力不能克，退回城内。他们编木为栅，欲依栅固守。

他们竟在无意中为宋军准备了火攻之薪。在一个夜深人静的晚上，宋军万炬齐发，木栅顿时燃起冲天火光。栅内守兵死伤无数，空气中弥漫着烤炙人肉的焦味。

城内，南汉兵士举火焚屋。国库珍玩，皇室宫殿，在火中化为灰烬。他们宁愿烧毁一切，绝不留给敌人。

公元 971 年二月四日。南汉亡。

历史常常在三种情况下给予人更多的机遇——被迫中断的历史过程重新继续下去之际、原来的一段历史将要完成之际、一个新的历史时代诞生之际。

考察古中国漫长的历史过程，我们看到，处在这三种历史情况下的人物事件，总是更多地受人注目，总是焕发着更多的光色。

现在，李煜和赵匡胤同处五代十国这样一个历史断层，面临的是中国逐渐走向统一的历史时代。

但是，机遇面前并不是人人都享有平等的权利，机遇只垂青那些有准备的头脑、能建腾跃之功的人杰，眷顾能引领时代风气的斗士。

在机遇面前，赵匡胤不仅拥有政治家的风采、军事家的气度，而且，后周柴荣革故鼎新的改革，留下了丰厚的遗产，为他纵横天下奠定了强大的物质与政治基础。那时，中原皇朝对周边各国，已处于压倒的优势，中国，已露统一的曙光。

个人才能与意志，加上家国初盛之基础，兼与历史大势组成的“合力”，使赵匡胤不甘于只是被当作一个现有疆域的承继者，他自诩为一种推进历史潮流的力量，去完成统一大任。

在机遇面前，李煜的诗人才情和避世遁隐的世界观，注定了他的退守和内向，注定了他无法逐鹿中原。

而且，他从父亲手中接过的江山，早已是被后周割去了十四州六十县土地的残山剩水，是一个国运日蹙、向后周纳贡称臣的烂摊子。

个人才能心气与早已降为中朝附庸、元气大伤的社稷，导引他从另一方面，作为顺应历史大潮的个体，在瓦解与败亡中成就中国的统一。

历史造就了这代人，并给以机遇。天下久分必合，久乱见治。中国是一个不可分割的大整体。

公元971年，大势的风刮过。

荆南、湖南、后蜀、南汉已被北宋鲸吞。地图在一次又一次的改写中，为大宋描画着新疆界。北宋早已双倍于它原来的面积。

在地图上，南唐看起来像个孤儿，江山在北宋南北西三面合围中呻吟。毗邻的小国，都已败亡，唯剩东邻吴越。

而吴越了无问鼎之志，一向甘以藩王自居。赵匡胤俯视地图，心中充满了欢乐。他该收拾南唐了。

一旦他投鞭断流，饮马长江，南唐是连一个帮手也找不到的。

在地图上，南唐看起来更像个朝臣。李煜想耸起肩膀，而赵匡胤要把它按下去。

四海一统，万里同风，大势的风在天边剧烈掀动。南汉败亡，池鱼之惧。李煜深知，危险已经来临。

他变得更为谨慎，更为恭谦。大食国千里迢迢，送来礼物，他不敢受用，急忙派使者转送给了赵匡胤。他极力想以诚动人，不愿成为北宋连灭四国之后的第五个目标。

他又委派自己的弟弟从谦，带上数倍于前的珍宝珠玩，北上朝贡。

赵匡胤如数收下了贡物，但是他面向江南的神色，决绝而严峻。

赵匡胤再度陈兵威慑南唐——他筹划了周密的计划，在汉阳屯兵，耀武扬威；他又令工匠日夜不息地建造战船，秘密齐集荆南，准备渡江。

十月，李煜闻北宋屯兵汉阳，愈加惶恐。而此时，自荆南回来的商人，秘密带来了荆南已然停泊了数千艘战舰的消息，他更心乱如麻。

此时，如果派人密赴荆南，放一把大火，烧了这数千艘威胁金陵的船只，情况会怎样？

如果那样，长江天险依然可凭。虽不足以完全扭转劣势，但至少赢得了时间。卧薪尝胆，强国富兵，社稷或许真有转机。

有商人向李煜提出了这一建议。

但置身于惊涛骇浪间的李煜，拒绝了商人火焚敌舰的提议。他不敢在此危险关头，突然与北宋翻脸抗衡。他太怕覆舟了。

事实上，自他执政以来，有过许多次抗衡北宋的机遇。他面对抉择，已不只一两年，而是漫长的十一年了。每次，他都无法克服自己的软弱，无法振作起来抗争。

此前，宋军伐南汉而凯旋时，他就面临过这样的机遇。

南都留守林仁肇，是他手下一位善谋善战的骁勇大将。当年后周侵淮南，林仁肇率兵拼杀，援寿州、破濠州，又率敢死队借风纵火，一举焚毁正阳桥，立下了战功。

林仁肇身材高大，威猛过人，胸口纹有吊睛白额大虎，人称“林虎子”。林仁肇更能与士卒相互勉励，同舟共济，军中威望甚高。

就在南唐君臣忧心如焚的时候，李煜收到林仁肇的上书，请求密商国事。

林仁肇怀着忠肝义胆，向李煜提出了自己深思熟虑的方案——宋军连年出兵，千里征战，现正自南汉战归，一定兵疲师劳。淮南旧地的防务，也很空虚，此正是光复淮南之良机！

林仁肇请求率兵北伐，先出师寿州，再乘胜渡淮，直取正阳。依靠淮南思恋故国的百姓，还可就地征集粮草，扩充兵马，重整旗鼓，直捣汴京！这样，变被动挨打为主动出击，总比坐以待毙为好。

考虑到事关重大，李煜又不愿开罪宋朝，林仁肇提议，一俟自己起兵北上，李煜即向国内外公开宣称，林仁肇已举兵叛国，他愿牺牲自己忠义的名声，连同家人的性命，成就李煜，为南唐作拼力一搏。他请李煜公开将自己一家老小拘捕入狱。

这样，事成，则救了危难中的南唐，又收复了淮北失地；事败，则将自己连同家族老小，一同诛杀，表明与李煜全不相干。李煜进可益国，退可守身，守住现在的局势。

李煜听了，由衷惊恐，坚决拒绝。

怀着以攻为守之思的，还有沿江巡检卢绛。这位军中豪士，射日猎夜，犹好纵横兵法。面对大兵压境的局势，他提出了灭吴越而抗衡中朝之策。

他说，吴越是南唐之仇雠，也是心腹之患。将来战争爆发，吴越必会落井下石，做宋军的羽翼攻我东部边境。他沿江守巡时，多次在海门与吴越水兵交战，知其弱点，攻取不难。以目前局势，出其不意，偷袭吴越，最为上策。

李煜忧心北宋将会借此兴师。卢绛提议可伪称宣、歙二地谋反：“陛下以惩戒为由，出兵追击，并贿赂吴越，请兵求援。待吴越援师一到，突然反戈。臣摄其后，乘胜追击。吴越举手可灭矣！灭吴越，则南唐国威大振，北宋不敢动矣！”

李煜思之再三，终不敢用。

他放弃了一次次出击的机遇，选择了忍辱退守。现在，他同样否决了樊北舰的密告，一如既往地与北宋友好往来。

他为这种“友好”付出了相当高昂的代价，现在，他只好继续走到底了。

他派心腹之人悄悄揣上五万两银子，奔往汴京，塞给了北宋宰相赵普。赵普是赵匡胤手下重要的决策者，他想，只要赵普收下银子，南唐就有救了。

不久，使者怀揣赵普的答谢书返回南唐。李煜终于松了一口气，他又委派自己的弟弟从善，北上贡宋，然后坐待宫中，听候消息。

他并不知道，赵普收银，竟是奉了赵匡胤的旨意。当时，赵普将南唐私送五万银之事，告诉了赵匡胤。赵匡胤认为，此银不可不受，只须致书答谢，并给使者一些赏银就可以了。赵普叩谢，辞钱不受。赵匡胤平静地说："大国之体面与威势，不可自行削弱，卿自收了这些银两，令其不测，朕自有安排。"

李煜在宫中，静待消息，并为赵普私收银两而自喜。

不久，便有消息传来，赵匡胤待从善十分有礼，而且在按例赏赐之外，另又悄悄地赠予了从善白金若干。白金的价值，恰值五万两银！

暗中贿赂北宋宰相的计谋，顿成泡影。李煜震骇万分，同时，也不得不佩服赵匡胤的气度和心机。

李煜在这个充满狂风险浪的世界里，挣扎得精疲力竭，他已放弃了很多。现在，他只好降格到底，彻彻底底做个藩臣。

971 年十一月，他取消了南唐国名，以江南代称。传了三代的国玺，也在这一年，被悄然收藏了起来，而代之以江南国主印。他自己也在这一天，降格成了江南国主。

972 年正月。李煜又下令全面贬损国家的制度。他把掌管中枢政务的决策机构"中书省"，易名为左内史府；审议机构的"门下省"，易名为右内史府；执行机构的"尚书省"，易名为司会府。与此相应，他又将御史台改为司宪府；翰林院改作了文馆；枢密院改为光政院；大理寺改成了详刑院；接待部门的"客省"，改成了延宾院。

他将一切涉嫌中央政府、皇家机构的部门，都更换成了藩臣的机构；并把他的几个弟弟，由"王"降格为国公——改韩王从善为南楚国公，邓王从益为江国公，吉王从谦为鄂国公。

他自己也自贬一等，下书不再称"诏"，而改作"教"；会见北宋来使，穿上紫色衣袍，以藩臣的礼节相待。

金陵宫殿屋脊上，那装了又拆，拆了又装，象征着消灾祛祸、镇守社稷的吉祥物鸱尾，以及昔时北使来时卸下、归时又安然翘起的飞鱼形尾，自此，再也不曾在皇家殿阙上出现过。

他决计委曲求全，守住先辈创下的江山。

据史书记载，972 年春节，南唐两次向北宋纳贡——一次是三十万钱；另一次是二十万石米麦。

江南的早春悄悄降临了。太阳悠然散发着热力，片片青葱的绿意已经弥漫了大地。而从善自去岁十月启程入汴京，仍没有归来的消息。李煜坐立不安。

从善被软禁在汴梁。赵匡胤授给从善泰宁军节度使的官职，却不让他赴兖州上任，只在京师建造了一座华丽的汴阳坊，赐给从善，令他安居此地。

眺首北望，李煜心头十分沉重。手足情深，他不愿七弟羁留北地作人质。他明白，这是北宋寻衅的开始。

他一次又一次上表赵匡胤，请求放从善归江南，都被赵匡胤傲慢地回绝了。他只好忍气吞声，派户部尚书冯延鲁到汴京，谢宋太祖授从善官职。

此后，他寝食不安，罢了四时宴会，每登高北望，都忍不住泣下沾襟。

973 年，春天悄悄来了，而从善还没有归来。美丽的春色，无法使他心生愉悦。念往昔共赏春景，如今物是人非，他柔肠寸断，含泪写下了《清平乐》，遥记离愁：

别来春半，触目愁肠断。砌下落梅如雪乱，拂了一身还满。

雁来音信无凭；路遥归梦难成。离恨恰如春草，更行更远还生。

初夏五月，他又派常州刺史入贡北宋，手疏赵匡胤求从善归，仍不得准。

从善的嫔妃，日夜号泣。李煜不堪悲切，唯有默默避开。嫔妃终于忧愤而死。

秋天到了。片片绿中泛黄的落叶，把秋思撩拨得正自浓重。左右臣子请李煜重阳登高赏秋："维芳时之今月，可借野以登高。矧上林伺幸，而秋光之待褒乎？"

李煜拒绝了。山天云水，和风艳阳，草木原野，乃至"玉单澄醪，金盘绣糕，茱房气烈，菊蕊香豪"，都不能宽解他的心焦力疲，自感前路黯淡的心境，反而会把秋思撩得更深、更难堪。

他无法在七弟身陷囹圄之际，跻身于重九登高、雅兴盎然的队伍中去："遥知兄弟登高处，遍插茱萸少一人"，是怎样一种滋味？

他援笔写了《却登高文》，回味了往日兄弟间金石诗乐、豪饮宴乐的时光，倾诉了今日天各一方、愁思万绪的悲怀，拒绝了登高之建议。

> 昔时之壮也，意如马，心如猱，情槃乐恣，欢赏忘劳，悁心志于金石，泥花月于诗骚，轻五陵之得侣，陋三秦之选曹。量珠聘伎，纫彩维艘，被墙宇以耗帛，论丘山而委槽。年年不负登临节，岁岁何曾舍逸遨？小作花枝金剪菊，长裁罗被翠为袍。岂知萑苇乎性，忘长夜之靡靡；宴安其毒，累大德于滔滔。今予之齿老矣，心凄焉而忉忉。怆家艰之如毁，萦离绪之郁陶。陟彼冈矣企予足，望复关兮睇予目，原有鸰兮相从飞，嗟予季兮不来归。空苍苍兮风凄凄，心踯躅兮泪涟洏。无一欢之可作，有万绪之缠悲，於戏噫嘻！尔之告我，曾非所宜。

赵匡胤以武力轻取南方四国。现在，他心生一计，决计以朝拜觐见为由，召南唐、吴越二君主亲自入朝，然后赐以美宅，永不放归。

这样，不费一兵一卒，南唐、吴越，唾手可得。

他幽囚从善，赏赐汴阳坊的宅邸，又授给官爵，正是做给南唐、吴越看的。

汴梁城南，薰风门外，大兴土木，建造起了礼贤宅。离宫规模华壮，不亚于江浙。

赵匡胤亲赴离宫，视察工程，见居宅仿江南而筑，华美悦目，十分开心。但他总觉得还少了些什么。少了什么呢？江南多嘉木秀水，李煜是浪漫文人，须有亭台园池相伴，才会安心在北地过乐不思蜀的日子。

他即令工匠民夫凿池造园，种花植树。又引清冽的惠民河水，注入园池，使得礼贤宅花树掩映，翘角飞檐，赏心悦目，宛如小江南，其气势之瑰丽，不下皇家宫苑。

快马直奔江南，送去了赵匡胤敦促觐见的诏令。

与此同时，李煜收到了从善被迫写来的信，劝他从速北朝。

与此同时，吴越王收到了使者带来的赵匡胤口谕：“北宋已筑华宅，虚位以待南唐王、吴越王。谁先来朝，宅第即赐谁所有。”

吴越王似有来意，李煜却称病不朝。每次敦促，他都以身体欠安为由，一次次地拖延时间。

李煜虽庸懦，却也知北上意味着什么。

赵匡胤又玩起了另一个花招。

公元 973 年夏，几艘大船自北驶向江南，泊舟宣化口。宋使卢多逊弃舟上岸，公然向南唐索要地图：“朝廷重修天下图经，独缺江东，务必从速献江南十九州山川地形图！”

李煜知道，地图乃兵家要物，献上地图，则南唐山川关隘、屯戍布防的虚实，将一览无余地暴露在北宋的眼下。赵匡胤玩地图的把戏，正是有心部署兵力、侵吞南唐，而公然索图，更是在胁迫自己入宋觐见了。

他被逼得走投无路，只好含恨令人复制了南唐舆图，送给来使。图中，十九州屯戍远近、户口多寡，尽标其间。

饮鸩止渴，他纯粹只是在苟延残喘，拖延亡国的期限。

赵匡胤得了图后，并没有出兵。他深知南唐军中尚有几员勇武大将，不可贸然挺进。

一个阴谋，又在他心中酝酿成熟。

就在这年秋天，一个密探从汴梁启程，直奔南唐南昌僧院，潜伏下来。

密探照例身披袈裟，晨钟暮鼓，随众僧们念经礼佛，但那双阴沉的眼睛，一刻也没有忘记在南昌城中搜寻一个人。

那个人便是南都留守、南昌尹林仁肇。

为君为国、披肝沥胆的林仁肇，已成了北宋挺进江南的障碍，成了赵匡胤的心病。危险，正向这位忠义勇士逼近。

不久，密探突然离开了僧院，云游北去。随身密藏的，不是军备防务的国家机密，而是一张人物画像。画像被当作最机密、最重要的物件，呈送到了赵匡胤的御桌前。

画中人正是林仁肇。

赵匡胤抚像大喜！但他立刻掩饰了自己的失态。他派人去汴阳坊召来从善，指着画说："江南最负盛名的林仁肇将军也将归降本朝了，这画像就是林仁肇派人送来的信物。"又指着一座新建的空馆说："这就是为林仁肇准备的宅第，以嘉奖他的深明大义。"

南唐使者来朝了，赵匡胤又故作诡秘地拿出画像，问："卿可识此是何人？"使者惊诧道："这很像林仁肇将军。"赵匡胤便故作得意，宣称："林仁肇就要归顺本朝了，卿看如何？"

消息很快传到金陵。朝中执掌兵权的皇甫继勋、朱全斌等，因林仁肇勇略过人，早已心中忌恨，他们闻讯暗中窃喜，趁机向李煜大进谗言，说林仁肇密谋在江南举兵，自立为王，并已密谋向宋求援，必须尽早除之，以防后患。

李煜中了北宋的反间之计，又听信了谗言，一杯毒酒，鸩杀了林仁肇。

消息传到汴京，赵匡胤抚掌大笑。他终于除去了一块心病。

南唐的有识之士，却悲慨万分。枢密使陈乔曾认为，南唐国运虽已穷蹙，但只要有林仁肇领兵将外，而自己居朝中掌军机要务，北宋将无法轻取金陵。此时，陈乔唯有长叹："事势如此，而杀忠臣，吾不知死所矣！"

像这样拙劣的反间计，李煜只要稍加思索，便可寻出许多破绽。他却不问底细、不加调查，一怒而把将帅翘楚枉入死地，犯下亲者痛、仇者快的错事。他为国的昏聩无能，令人嗟叹。

他并没有因此悔悟。林仁肇的尸骨未寒，他紧接着又做了一件更令人痛心的事。

家国愔愔，如日将暮。内使舍人潘佑见朝中多逸豫，执政的官僚们占着权位，却又无所作为，忍不住心头的焦虑与激愤，频频上书李煜，议论时政，弹劾庸臣，措辞强烈。

潘佑为国的竭诚，使李煜心生感动。他数次赐亲笔御信嘉叹潘佑，但却一概不以潘佑的意见为警策。

一天，他收到了处士刘洞献上的百余首诗。开篇是《石城怀古》："石城古岸头，一望思悠悠。几许六朝事，不禁江水流。"他掩卷改容。

如果有一天四海土崩，九州瓦解，如果那一天，他真的登舟北去，江中回望，不正是这般诗境？

是的，他知道亡国的下场是什么。他的心忧愁到了极点。

潘佑又上书了，愤斥朝臣们饱食终日，无赖与无耻者各显神通。如当朝宰相汤悦等十数人，误国罪深，实当诛杀。但他们至今充位而横行。为君者善善而不能用，恶恶而不能去，国何以存？

为国死谏的悲情，充满了潘佑的整个身心，他讥愤地说道："陛下既不能强，又不能弱，不如以兵十万助收河东，因率官朝见，此亦保国之良策！"

潘佑连上七疏。七次都不见纲纪有所振。

怨怒的种子，却在李煜的心底埋了下来。

潘佑绝望了。他决定离开这个充满俯首帖耳的佞臣和尔虞我诈、争权夺利的官场，隐退田园。

他被罢免了所有官职，却没能如愿回归山野做不问世事、采菊东篱的隐者。他被留在京师，专修国史。

在厚厚的书稿堆里，潘佑那颗不安分的心日夜躁动。他并不因自己连向朝廷公开提出七次质询而后悔，也不因还能坐在书香浓溢的国史馆里而感激涕零，把才华横溢的一生献给修史事业，并不是他的人生理想。

他决心冒死再谏。是的，他知道他的下场是什么，决心已下，至死不悔。

他上了第八疏。他招灾惹祸地把质询的利箭直射李煜，并“大逆不道”地把李煜与古今昏庸无道的亡国之君相提并论，并以自身为榜样向世人表明，他绝不与奸臣杂处，绝不事亡国昏君！

> 三军可夺帅也，匹夫不可夺志也。臣乃者继上表章，凡数万言，词穷理尽，忠邪洞分。陛下力蔽奸邪，曲客谄伪，遂使家国愔愔，如日将暮。古有桀、纣、孙皓者，破国亡家，自己而作，尚为千古所笑，今陛下取则奸回，败乱国家，不及桀、纣、孙皓远矣。臣终不能与奸臣杂处，事亡国之主。陛下必以臣为罪，则请赐诛戮，以谢中外！

李煜狂怒！

朝中掀起了一场空前的反潘浊浪。被弹劾者、与潘佑有隙者，趁机蜂拥而至，欲置潘佑于死地。

对所有被质询的人来说，这真是一个落井下石的难得机会。可以清算一下私怨、挤掉竞争者，可以消灭对手、攫取他人的权柄，独揽大政。张洎、徐铉、陈乔等人，纷纷上阵，管你于国于家，有害有利？

诛杀潘佑的思想终于占了上风。李煜再次丧失了理智。只是他并没有先向潘佑开刀，而是迁怒于户部侍郎李平。

一道诏书，李平被推下了大狱。

李平并不是什么阴谋的主犯，也不曾破釜沉舟、冒死谏君。他穿上囚衣，仅因为他是潘佑的至交。在李煜看来，潘佑所为，多半是李平暗中所激发挑拨的。

而且在李煜眼中，李平向来是个异端分子。

在宗教信仰上，李平是个异教徒。李煜笃信佛教，向来抑道扬佛，而且花尽千金万银，募化了许多道士转为僧徒。李平是嵩山道士，精通仙人神鬼之道术，与潘佑的老庄之学，同气相求，结为莫逆之交。这“异己”的信仰，也一定浸濡了潘佑。

李平又是个中原人。他早年与朱元一同南下金陵，朱元早已叛节而去，李平则深沉难测。对北来者，李煜一向心存防范，并且一直揣测李平会阴谋背叛南唐，得此良机，他正好将这个异己除去。

而且李平司管农业，上任后，即按周礼复辟了井田制。为发展耕种，他把百姓人口及耕牛数，都依次注籍登记，颁令不得随意杀牛卖畜。此举当然触犯了地方豪强大户，他们联合串通，制造流言，诋毁李平。李煜轻信，更恨李平妄为。

数罪齐下，李平身陷囹圄，在劫难逃。

随后，潘佑也被收监。

973 年十月。潘佑以罕见的英勇自缢赴死。死时，年三十六。

不久，李平也自缢而亡。

李煜枉杀了为捍卫家园不惜献生的忠臣义士，同时也毁灭了自己。

忠臣赴难，国中悲愤。朝中有识者，莫不悲悼忧戚；士大夫仰其高节，争相以诗吊唁；国中百姓，尽说潘佑而涕下。处士刘洞，也写诗相吊。

李煜厚抚了潘佑的家眷。回想起来，潘佑血气刚烈，八疏而不屈，舍身为国，竟别无他谋。悔恨，开始啮咬他的心。他郁闷不乐，愧悔地写下了感伤的诗文，以志纪念。他对左右的人谈到，他诛杀潘佑、李平，思考逾月而不能下决断，就是因为这个缘故。

可惜，潘佑的一腔热血，并没有把他从昏聩中抢救出来。在这风声鹤唳的时代，无论忠臣怎样拼死呼吁、潮流怎样狂涌奔腾，他都坚守自己谨慎苟安的国策，巍然不变。他缘此避开了北宋统治者立马南下的大难，这是他一生中最常为人指责的一点。

擅权者于是愈加有恃无恐，佞臣们于是处处兴风作浪。忠良遭忌，君位孱弱。如不再思改革朝政，国势必将一坠再坠而不可收拾！

又一位老臣走上了谏台，激昂陈词，力图唤醒君王的清醒。但老臣的冀望，犹如众多精神的流星，划过李煜的心空，倏忽而逝，什么也没留下。

谏言也罢，倡议也罢，永远无法改变李煜的心性。

于是有一天起，人们再也见不到这位老臣了。他死了，死前闭门绝食，穿戴朝服衣冠，立死井中。

人们在老臣的箧中，发现了他死前手书的几个大字：“吾之死，不忍见国破而主辱也！”

对这位三朝元老、检校太保廖居素来说，这样的死法或许是最好的。一年后，“国破而主辱”的惨剧，将成现实。

可惜，他的死仍然无法震惊昏庸的君王。

公元 974 年初冬，地冻天寒。大太阳在广漠的高天照耀，寒鸦鸟雀在枯枝间乱飞。李煜又一次上表宋天子，恳请从善归江南。音讯杳然。

几乎同时，他却接到了北使梁迥带来的指令——以降王身份亲赴汴京，陪同宋天子参加今冬在南郊举行的祭天大典。

堂皇的邀请，遮掩不住诡诈的动机。几年来，他一直困踬于这样的邀请，并为此忧心忡忡。那座碧水浅霞、疏林如画的美宅，已经赏赐给了先他赴宋的吴越王，他是整个江南最后一个未曾朝拜觐见而胆敢公然违旨的君王了。这次邀请，是先礼后兵。

李煜请陈乔共商对策。陈乔说：“陛下与臣俱受先帝顾命，委以社稷大计。今若赴宋，必被羁留，则家国落入宋手，悔之莫及。臣即使为国效死，也无颜面顾先帝。”陈乔认为，勇敢地留下来，胜过不体面地苟活献国。

李煜选择了抗旨不从。他并不是不惧怕宋天子的威势，但除非万不得已，他绝不愿拱手让出江山，绝不肯自去做降王。他是个既不能强、又不能弱的人，他外示恭俭，内怀观望，一直都在小心翼翼地审时度势。

他弃诏书而不顾。

梁迥折舟回汴，行前设计了一个圈套。如果李煜送使渡头，他们就诱他上船辞别。如果他果然登舟话别了，他们就强行开船北渡，这样，李煜将作为犯人押往汴京，出其不意，轻取南唐。南唐的命运、李煜的命运，似乎系在这千钧一发、送使南浦的时刻。

送行的时刻到了。长江奔流，李煜送使到渡头。他仿佛深刻感受到了这一时刻的危险，他只缓缓徘徊岸边。离使船只有几步了，不多的几步，越来越少的几步。但他坚决地停步了。

使船一无所获，转棹北去。

像所有征服者一样，赵匡胤绝不轻易放过这样一个兵不血刃吞并敌国的机会。

仲冬，又有大船自北而下，泊舟金陵。

北宋信使知制诰李穆，手持宋天子诏书，傲慢地登上了清辉殿，再诏李煜赴汴，与宋天子同阅祭天之牺牲。

他们撕下温情脉脉的面纱，公然宣称赵匡胤早已做好了南伐的决定，若再拒不入朝，那么南唐就别想得到什么宽宥。由于公然抗旨，李煜将自食其果。

现在，这个懦弱的君王变得倔强起来。他坚辞不往，声称自己抱病难行。他下决心宁愿冒着与北宋闹僵之危，宁愿永远做一个倔强不朝的国主去承受宋军南侵之险，也不愿可耻地自投罗网、丧家辱国。

何况，局势还有待观望。纵使兵戈相接，天堑难攻，金陵易守，输赢也未必可定！

他第一次昂起头来，毫不隐讳、针锋相对地向北使慷慨陈词："臣事大朝，忍辱退让，只为保全我南唐社稷，不料连这一点都不能容忍！臣唯有横心与你们拼死了！"

这是他这一生中最辉煌的一刻。言毕，甩手而去，留下高傲的背影。

宋使束手无策。使船再度空返。

974年初春，金陵城内，一片临战的气氛。士卒民夫们，日夜不停地挑石担土、挖沟修壕、教习战舰、操练兵戈。

建康古城很快被修葺一新。

三丈高的古城墙，雄伟坚固，面东挺立，掩蔽着城中辉煌的宫廷华宅。城墙下壕堑繁复，纵横无数。金陵，在一瞬间成了名副其实的要塞堡垒。

李煜傲骨铮铮。他向文臣武将们公开宣称："他日王师见讨，孤当躬擐戎服，亲督士卒，背城一战，以存社稷。如其不获，乃聚室自焚，终不做他国之鬼！"

外示强悍，掩饰不住内心的悲戚。回到宫中，他深感前途渺茫。他撰写了《念家山》《振金铃》曲破，亲自弹拨演奏。

曲破很快传遍宫中，又扩至民间。"未及两月，传满江南。"乐名被人们广称成了《念家山破》《振金铃破》，讥家山破、金陵破这不祥征兆。"其声焦杀，其名不祥，败征也。"（马令《南唐书》）亡国之音，信然不只《玉树后庭花》也。

度日如年、心怀忧惧的李煜，又想起了温风如酒的往昔，想起了娥皇撰写的《邀醉舞破》《恨来迟破》。这两首乐曲早已被人遗忘，教坊也久不排练了。幸有嫔娥流珠仍然记得。他在优美的琵琶声中，回想当年金陵盛况，不觉潸然泪下。

974年九月，就在李穆奉旨敦促李煜觐见宋天子的同时，赵匡胤召集了文臣武将，公开宣布进攻南唐。

行前，赵匡胤告诫大将曹彬："江南之事，一切委托于卿。请力诫将士，不得暴掠百姓，务以取信于民，广施威信为重。使江南自为归顺，不须急击。"

这位北宋天子又再三叮嘱道："破城之日，切慎杀戮。倘若情势所迫，万不得已而喋血搏战，则李煜一门万不可加害。"曹彬一一允诺。

就在使者李穆出发劝降的同时，望不到尽头的北宋大军，犹如猝然袭来的大海狂潮，铺天盖地向江南平原逼压过去，分路直抵长江岸边。

一路以颍州团练使曹翰为先锋，率精锐水师自江陵登舟，率先开路，大将曹彬领舟师紧随曹翰东进。另一路由山南东道节度使潘美挂帅，率步骑、舟师乘战船自汴水东门启程，沿汴河南下长江，与前路兵马会师采石，由西自东攻击金陵。

另外，又令吴越王钱俶为东南面行宫招抚制置使，起兵沿太湖自东向西袭击金陵，对李煜造成了两面夹攻之势。

不久，李穆自金陵归，带来李煜称疾、倔强不朝的劝降结果。赵匡胤闻知李煜信誓旦旦，欲背城一战，终不做他国之鬼，冷然一笑："此措大语耳！徒有其口，必无其志。假如真能如此，那么孙皓、叔宝之类也就算不上降虏了！"

战争开始了。

974年十月，李煜一面派他的另一个弟弟从益携二十万匹帛、二十万两白银，直奔汴京贡宋；紧接着又令潘慎修携帛万匹、钱五百万，为宋买宴。他继续做出不惮屈卑、以臣事君状，以俟缓兵。另一方面，继续筑城堡，建工事，聚粮米，以俟背城一战。

此时，南唐拥有最强大的防卫武器，就是长江。长江横亘千里，波浪汹涌，弓弩箭矢、铁马兵戈在它面前威力尽失。金陵城阙在它的护卫下，比任何城池堡垒都更坚不可摧。

李煜庆幸有这条雄伟的大江庇佑。当年后周南侵，也正因了这条天堑，不得已而划江为界，割了江北土地，使得李煜和他的小朝廷能偏安至今。

赵匡胤比谁都了解这条大河的威力，以及它带给自己统一大业的艰难。几年来，无论梦中还是白天，他心中都念念不忘这条大河。

现在，他终于可以骄傲地、充满自信地面对这一天堑了。因为他有了一个天才的计划。

他令民夫工匠们悄悄备置了无数的巨竹，又在荆湖建造了数千艘黄黑龙船——只要把从荆湖运出来的船用巨竹固定在长江上，他那大胆的狂想就会变为现实。

他的命令被秘密地、有条不紊地实施。数千艘大船在某一天，突然齐集在长江支流的石碑口，并从江的北岸列队排到江南。大船首尾相衔，无数工匠丁勇用巨竹把船身固定捆绑了起来。

这次不可思议的试验竟获得了极大成功！一条巨龙般的船桥，轻易横架长江！

现在，只要将这些搭造浮桥的巨型竹索，连同无数的黄黑龙船一起运抵采石矶，再按樊若水所献的采石矶水文情报搭造大桥，北宋的大批人马辎重就可以自由跨越长江，直抵金陵外围了。

不过此刻首先要做的，是以迅雷不及掩耳之势快速突破池州，重创南唐沿江守军，打通石碑口至采石矶的水上通路。

曹彬统率兵马，自蕲阳（湖北蕲春之西北）入江，绕江州，直扑池州！池州守将戈彦仓促之中，抵抗不及，终于弃城而遁。

十月，宋军兵不血刃，轻取池州。

池州失陷，李煜立刻下令全国戒严，他废弃了北宋的“开宝”纪年，公私文书一律改作干支纪年。公元974年，遂称“甲戌岁”。

金陵城中，招兵买马，募军筹银，一片纷忙。但是江南无马，以往兵骑之战马，都是通过南汉购得。南汉亡后，购马已不可行。李煜无奈，令将北宋以前所赏赐的所有马匹，都充作战骑牵入营垒。

曹彬得池州，未暇休整，即领命乘胜东进。数以万计的船桨木棹，立刻伸入长江，哗啦哗啦划水前行，奋力接近采石矶。

不出一月，铜陵、芜湖、当涂等一座座扼守长江的要塞，纷纷落入宋军之手。

不出当年卢绛所料，吴越军果然趁机举兵，背信弃义，挑起了东线战事，向常州、润州进发。

李煜闻吴越已从东部夹攻，怆然失色。他立即援笔修书吴越王，义正词严，晓以利害。他愤然说道：“今日无我，明日岂有君？一旦天子易地赏功，王亦大梁一布衣耳！”

吴越王充耳不闻，竟效李煜当年对南汉主所为，将书信辗转递送给宋天子！

李煜愤恨已极，想起当年卢绛所言，悔不当初！

现在，大将曹彬再度扯满了风帆，风驰电掣向战略要地采石矶狂奔而去。采石矶守军奋力抵挡，但这场搏斗注定要很快结束。众寡悬殊，势难抵挡。南唐二万兵卒大败，曹彬俘获战马三百，观马上印文，竟都是北宋当年所赐。

水路终于被打通了！

浩荡长江上，无比艰辛的航行开始了。像一切伟大的事业开始时总是默默无闻一样，一整班民夫、一整队水军，摇起数千艘黄黑大船，拖着庞大的、僵硬的竹索，星夜兼程地跋涉着。前有战舰开路，后有水师断后，岸边有轻骑护航，他们严密布防，以免这些举足轻重的秘密武器遭到突袭。

经过艰苦备至的航行，巨竹大舰终于全部抵达采石矶。此时正是冬季。长江水枯，浪平滩浅，一切都进行得很顺利。

于是，历史年鉴中无可查考的巨大行动开始了。创造力和雄心壮志都举世无双的北宋大军，预备要在这里创下一项奇迹、实施一项计划——他们要建造一座世人从未见过的浮桥。

樊若水当年提供的长江横剖面尺寸准确无误。工匠们费时两个昼夜，用竹索把数千艘大船从江北到江南，牢固地捆绑在一起。

随着激动人心的欢呼声，浩瀚长江上，蓦然横跨起一条举世罕见的特大浮桥！

赵匡胤的妙计大获成功。人的意志使不可能的事化为现实，浮桥载入中国古代军事史册。

现在，北宋的千军万马、粮草辎重可以浩浩荡荡地跨过天堑，长驱直入，威胁南唐守备薄弱的侧翼，迫使南唐将兵力分散在更加广阔的战线。

北宋和南唐的决战开始了。

在金陵，南唐君臣坦然面对长江，他们永远也不敢相信宋军会轻易渡过这雄伟的天堑。有人望见了远处汹涌的帆影和奇怪的竹索，赶来金陵告急。李煜笑问张洎：“天堑可会变通途？”张洎笑曰：“自有史以来，从未听说在长江上有造桥的事。”

李煜放心了，说：“朕也以为这纯属心战罢了。”

但是，一个信号终于在长江岸边闪现。哨兵猛然发现江上竟真的横跨了一座巨大浮梁！它仿佛从天而降，满载着如履平地般汹涌而入的北方陆军。南唐守军以为自己是在做梦，他们揉揉眼睛，没等弄明白这奇迹是从何而来，京师的西部已被围得水泄不通。

赵匡胤卡在金陵喉咙上的铁手，收得越来越紧了。

李煜惊惶已极！他匆忙调兵遣将，部署防御。

他把澄心堂辟为战时军机要地，只准心腹重臣徐游、徐辽兄弟，及陈乔、张洎等人参与议事；他又将兵旅委给了皇甫继勋，授他“神卫统军都指挥使”之重任；令吏部员外郎徐元楀、兵部郎中刁衍为内殿传诏，传递军情消息。

此外，他又命镇海军节度使郑彦华领水师万人，天德都虞侯杜真领步卒万人，水陆并举，直奔采石矶迎战。他的希望，全寄托在这两员大将身上了。断浮桥、截北兵成功，金陵就可避免围城之困。

两位大将领命出师。郑彦华驾战舰逆江而上，吹号鸣鼓，蜂拥而进，向横江浮桥猛扑。

宋大将潘美听得江上喧嚣如雷，惊跳了起来。他立即洞察到这一致命的危险，紧急召来弓弩手五千名，排列岸上，向江中南唐水兵射出一排排密集的利箭。郑彦华的船队霎时樯折帆摧，黑压压在江心挤成一团，最后，他们左突右撞，终于哗然顺流而退。

浮桥保住了。

与此同时，杜真率领的陆军也已赶到。潘美利用军队高涨的士气，不及列阵，便一鼓作气杀向了南唐阵营。这支李煜寄以厚望的队伍，浴血苦战，终于抵挡不住越浮桥源源而来的宋军大势强攻，溃退回营。

二军大败。南唐君臣无不失色。

国中已无骁勇之将。自中主李璟始，南唐以小事大，割土纳贡求和，一时官骄兵惰，武备松弛，已是连年不用兵了。此刻，老将已死，军中将帅多是新提拔的少年。他们以功名自负，兵初兴时，日夜喋喋不休，大谈利害相关，待披挂出阵，便都纷纷败北，士气大衰。

金陵城内，突然有人在大道旁张榜贴上了一纸七言诗：

千里长江皆渡马，十年养士得何人。
翻忆潘郎奏章内，愔愔日暮好沾巾。

大字墨迹未干，便很快在全城传开。写诗者，正是当年送《石城怀古》诗给李煜，又为潘佑做哀诗的处士刘洞。

当年潘佑上疏，曾言家国惛惛，如日将暮，不幸而言中。李煜闻诗悲哀，也来不及了。十年养士竟无人，他急令皇甫继勋募民为兵。当年烈祖为政，曾诏凡民蓄私产达二千者，出一卒，汇而为“义军”；分籍者又出一卒，号为“新拟生军”；新置产业者也须出一卒，号“新拟军”；每户人中有三丁者须出一卒，谓之“团军”，现在，他们都被皇甫继勋征用入伍。

但兵力仍不足以退敌。皇甫继勋只图虚名，又广募兵士，将端午节各郡县闹龙舟得胜者召募成水师，编为“凌波军”；募豪民用私财招聚的市井亡命无赖者，组成“自在军”；将民间自行组成、挥舞锄头铁耙抗敌的农夫收编为“白甲军”；又将境内除老弱病残外的人都募为“排门军”。

这些临时凑成的军队，根本不能抵御大敌。一上战场，便奔溃相踵，全无战斗力。

把兵旅委给庸才皇甫继勋，实在是李煜的大错。皇甫继勋早年随父征战滁州，就已劣迹昭著。他临阵怯懦，使得乃父皇甫晖大怒之下，操戈击去，差点使他丧命。后来，皇甫晖为国捐躯，他无功受禄，借父名而得高官，并且富贵隆盛，远过王公。

受命于危难之中，保惜富贵、贪生怕死的念头再一次主导了他的头脑。他很希望李煜投降，好免去征袍披挂、沙场血战的性命之虞。

他心怀叵测，开始密谋投降之计。他悄悄召来自己的侄子绍杰，躲入军帐。他们鬼鬼祟祟的影子在烛光的帐中晃动，玷污了英雄父亲的英名。这时突然狂风大作，飞沙走石，天空漆黑一片，冰雹疯狂地砸了下来，树折柱摧，犹如世纪末日。

皇甫继勋欣喜莫名！此正是南唐败亡之征兆——天意如此，他想以此蛊惑李煜。恰闻南唐水陆两支大军先后败绩，他暗中窃喜，觉得这正应了天象。畏畏缩缩的叛节之言，顿时变得冠冕堂皇起来，他劝李煜畏天象，立降北宋。

但是李煜已振作起来忍住痛苦，把绝望的情绪压下去了。投降吗?不管天象是多么吓人，不管梗阻横生、障碍成千上万、皇甫继勋怎样引天地神道之大理，他仍拼命强迫自己坚持下去。

希望果然出现了。

驻守袁州、汀州的统军使张雄，闻金陵告急，率全部兵马连同他那七个奋不顾身、勇往直前的儿子，北上勤王，已到溧阳。

随军参赞许逖，是位头脑冷静、熟知兵法的监察御史。巡视溧阳地形时，他很快发现他们驻停的地方易攻难守，十分危险，宜趁敌兵尚未围追之前，赶紧突出城外。

李煜守在都城，翘首南方，日夜企切听到张雄之师的马蹄声。瞻望未来，已有光明一线。

然而，张雄的大军正欲拔师北进，快马突然送来了皇甫继勋的蜡丸书："停止前进，就地待命。"许逖惊跳起来。溧阳危险，耽搁一天就是失利，耽搁一刻就是危险。情急之中，他只身快马，飞奔金陵请命，行前，嘱张雄务必坚守营垒，切莫贸然迎战宋军。

但是晚了。

许逖未归，恶战已在溧阳城中展开。宋军见城门紧闭，不便直攻，便纷纷口出秽言，在阵前刻薄叫骂讥嘲引敌出阵。不堪骂阵之辱的张雄，果然愤而出阵。二军相接，烟尘滚动在无边无际的天空。

张雄战死溧阳城。他那七个儿子，全部血染沙场。

悲风呜咽着掠过南唐的天空。李煜翘首南望的这支增援部队，再也赶不到了。

由于皇甫继勋的胡乱指挥，贻误军机，南唐的希望又一次破灭了。赵匡胤的箭矢、兵戈、铁骑，顺利地为自己扫清了通向金陵的又一条通道。

曹彬亲率大军，利剑一样直插秦淮河畔。

秦淮河水，流贯金陵城南，水道直通城中。扼河而守的南唐水陆数万大军，清楚自己险恶的处境。他们必须坚守住这条通往南唐帝国的最后一条河道。肩负巨大责任、面临巨大危险的不祥预感，如同暴风雨前的云团一样，压在整个秦淮河的上空。

围攻开始了。

这是一场惊心动魄的搏斗。宋军大将潘美正欲率兵渡河，却发现舟船尚未集备。各路军士裹足不进，只待舟楫。

潘美勃然闷吼一声：“我率兵数万，自汴一路所向披靡，难道涉不过这区区河水吗？”遂鲜衣骏马，跣足向前，率先跃水竞渡。

宋军将士见主帅入水，胆气顿升，也跃马飞腾，跃入秦淮，截流争渡；无马的步卒，则纷纷凫走向对岸，蜂拥而进。

南唐守卒占着上风。他们成排列阵对岸，向河中猛射箭矢，用大刀长矛击砍攀登上岸的敌兵。但宋军来得太快、太急、太多，他们终于抵挡不住了。宋军一批一批势如潮涌，他们的人马愈战愈少，终于败下阵来。

这时，秦淮河上突然发出一阵震天动地的欢呼声。一艘艘战船在宋都虞侯李汉琼的率领下，长驱直入河中！

城南水塞，南唐守军的神情陡然紧张起来，他们立即做好了应战的准备。但是巨舰却没有立即进攻，因为无风，船只反而停了下来。他们松了一口气，以为危机暂时过去，他们向天祈祷。

但是忽然响起了飒飒的风声，北宋大船疲软的风帆顿时鼓满，战舰挑战似的向上昂起船头，直奔水寨。从大船上，呼呼飞来的竟不是矢石箭矢，而是无数点了火的葭苇！

风助火威，城南水寨顿时燃起冲天黑烟，寨中的水栅、木船、竹寮，在烈火中剧烈燃烧，守卒烧伤溺死过半。北宋将士的欢呼声再度在这阴郁而绝望的秦淮河上响起。

975 年二月。宋军拔金陵城关。金陵被困。赵匡胤围而不攻，静等李煜出城自降。

金陵城外，风云突变，情势危急的战局，李煜悠然不知。他被信誓旦旦的皇甫继勋蒙骗了，以为委大军于此人，自己足可高枕无忧。

在这样的时刻，李煜犹自在困城中从容举行隆重的贡举。这年二月，他令户部员外郎伍乔主放进士二十八人。

他还频频斋僧，并在宫廷中开设了净室，听小长老花言巧语，大谈菩萨保佑、逢凶化吉的谬论；他宣诏高僧，讲解《楞严经》《圆觉经》；隐居鄱阳湖的处士周惟简，也被千里迢迢征召入宫，专为他讲《周易》、看玄象。处士详察符命，得出天象无变，宋军早晚会自行退兵，家国永如“金汤之固，未易取也”之结论。他更自放心起来。

而此时，皇甫继勋手下的将士已忍无可忍。一个月黑风高的晚上，他们悄悄组织起义无反顾的敢死队，趁着漆黑的夜幕，打出城去，偷袭了北宋的营垒。勇士们回到城中，等待着他们的，是严厉的军法处置，他们被鞭笞杖击，投入大狱。

愤恚和仇恨，热带云团般积压在军士和百姓的心头。狂风暴风将临的感觉，激起了皇甫继勋内心极度的惊骇和恐惧。他自忖罪恶已渐为人知，李煜也终会有所闻，便愈来愈少入宫觐见李煜。李煜数次传旨召他商议军国大事，他都辞以军务正紧，坚辞不往。

朝廷的传诏使，也在宋军夺取秦淮河的那一天，突然失去了向国主传送消息的职能。一切军情战事，蒙蔽不奏，再也传不到李煜耳边——皇甫继勋操纵了一切。

975 年三月，吴越攻常州，南唐常州守将禹万诚献城降宋。

同年五月，太阳钉在天空，李煜久不闻消息，心中疑惑，遂不顾左右劝阻，执意登上金陵城楼，俯身城垛，放眼城外。

高天阔地。一线如带的长江，桅樯高耸，战舰林立。江岸广大的开阔地上，列栅为营，兵甲如云。持大刀剑戟的重甲兵、操弓矢的强弩兵，以及骑兵、辎重兵……沿着城门依次呈战斗队形排开。猎猎军旗，把南唐的天空戳成了一片片燃烧的火团。

帅帐前高悬大纛上的标志，准确无误地宣告金陵垂危的处境——城外早已是宋军的天下！

李煜脸色霎时变得苍白。他深知自己已被流言蒙骗了太久，在自己安然诵经念咒之时，竟早已身陷围城！

回到宫中，李煜设计诱使皇甫继勋入宫觐见，一举拿下了这个祸国殃民、保惜富贵，又以流言欺君罔上的败类。皇甫继勋被判死刑，立即执行。

吏属推着这个国家的叛徒走出宫门。愤怒的人们早已云集宫外，人山人海，等着押送的队伍来到。无须押往刑场，更无须刽子手操刀，这位怙恶不悛的死囚刚步出宫门，人群便如暴风骤雨般狂拥而上。顷刻间，皇甫继勋便被脔割而尽。

热风汹涌，溽暑到了。轻取常州的吴越军乘胜西进，日逼金陵。如果吴越兵占据了京口润州，正好与北宋合成东西夹攻的态势，那金陵情势就万分危急了。

必须速派良将，把守润州，挫败敌人会师夹攻之预谋。李煜思忖再三，把这一扼守京口要塞的重任，交付给了刘澄。

刘澄是追随李煜多年的“藩邸旧人”，平日深受皇恩。朝中文武都相信由他出阵，必定为君死战，肝脑涂地以报李煜多年的礼遇。行前，李煜嘱道：“卿本不该离朕远征，朕也难与卿别。但家国事大，扼守润州非卿莫属，卿且莫负了朕意。”君臣洒泪作别。

刘澄领命出使。出发的那天，他把家中大箱小箧、金银财宝一切细软，收拾一空，装车发往润州。他对人们说；“这些财物，都是国主以前的赐物。现在国家蒙难，藏在家中又有何用？不如带去京口，犒劳将士，也好报答浩荡皇恩，激励将士斗志。”闻者无不动容敬仰。

没有谁怀疑他的真诚，也没有人识破这个伪君子冠冕堂皇的谎言。

这支装金载银的庞大车队，在滚滚烟尘中，消失了。

975年六月。吴越军果然直扑京口。无情的烈日在天空中燃烧，暑气炙人。吴越王钱俶的兵马一人接一人地以无限漫长的队列艰苦跋涉。士兵们全身汗湿，口焦唇裂，沉重的武器在肩上勒出道道血痕，他们蹒跚而进，终于走到了京口郊外。

吴越军露宿在郊外的野地里。蚊虫肆虐，瘟疫横行，士兵们未及扎营，便成片歪倒在地上。此正兵家用兵之良机！趁敌营垒未就，士兵饥渴交加，又通宵行军、精疲力竭之时，迎头痛击，势必可胜！

但刘澄早已心怀叛意。他严拒了将士们的请战，固执地以兵力不足、出师不可胜，还是待援兵到了再议战事为由，按兵不动。

李煜闻知刘澄故意拖延战机，心中凉了一半，但手下早已无可供调拨的精兵强将。斟酌再三，只好将全力把守在秦淮水栅、本不容分身出征的卢绛调出，另拨八千兵马，组成援军，挥师去做冒险。

援兵冒着汹涌的热风，赶到润州。刘澄恐卢绛坏了自己投降的诡计，密谋杀死卢绛，再献城投降。卢绛察觉了刘澄的意图，谋杀未遂。

刘澄一计不成，又生一计，他以金陵危急当速归勤王之理由，迫使卢绛退出润州城外。

卢绛领兵刚走，刘澄便迫不及待地开始了他献城投降的计谋。他星夜召集军中所有部将，商议军机大务。他故作低沉悲戚之状，说自己守城数旬，志不负国，岂料事势危殆如此！而援军也已远走，孤军被困，须有所备。他问诸将："各位不知如何打算？"

众将惊骇。惶遽的目光包围着这位朝廷钦命的节度使，他们领会出了他的降意。有人率先哭出声来，浓浊的泪水，立刻溢漫了将士们的双眸，军帐中哭声四起。

刘澄惶恐气急，竭力平定心中的慌乱。他惧怕众将不从，哗然生变，情急生智，连忙蹙颤着眼皮，也挤出几行泪来，哽咽着说："刘澄受陛下之恩，远过众将，况且父母妻儿，也还都留在金陵，难道竟不懂忠君孝顺之理吗？只是情势所逼，迫不得已啊！”

是夜，润州城门突然洞开，刘澄引众将举白旗而降。吴越军不费一卒，蜂拥入城。

京口失守。

吴越军穿城而过，旋又在六月的骄阳下开拔，西进与宋军会师，合围金陵。

卢绛率八千勤王之师赶到金陵，都城早已被宋军围得水泄不通。卢绛力战，突围南下，从此盘桓在宣州、歙州一带，继续作战。

现在，赵匡胤又把叮当作响的骰子投入了金陵这一浴血的战场。而李煜面前这个不安的、岌岌可危的国家，却不得不把最后的希望寄托给遥远的增援部队。

李煜做了最后的尝试。他想到了长江上游那十五万南唐大军。他果断地采取了陈乔的方案，决定派人突围出城，传令镇南军节度使朱令赟领十五万大军，紧急援救金陵。

他将这危险的使命，交给了卫尉卿陈大雅——他知道迎着数十万敌兵突围意味着什么。他亲自授命，恳切问道：“卿也是儒者，平时尚能急人之所急。当此危难时刻，能置生死于度外，为朕一行乎？”

陈大雅推辞说：“陛下十余年来焦心养士，群臣不能报答以万分之一。仓促危难之际，臣本该万死不辞。但臣以为国家愔愔，覆水之势，已是难图，社稷虽承威灵保佑，怕也难久。”

李煜心知他不愿出使，心中悲戚，万念俱灰，说：“朕平生喜好禅学，对尘世之事也很淡漠。先帝去时，几个长兄早夭，不得已越升为皇，实非朕本意。自江淮被割以来，屈身中朝，常恐获罪。每想摆脱这样的逆境，终于无计可行。想不到竟遭天罚，自己又安能惜一日之辱？只是抵抗宋军已久，此时再投降，怕也不会为宋廷接受。不得已才想调回长江上游之兵，援都城之危难。”

陈大雅再辞：“洪州大将朱令赟刚愎自用，实无远谋，怕不足依靠。”

李煜忍无可忍，勃然变色道：“诸臣平日尽高谈禹稷，事到临头，竟都成了小人！朕又何所托命也！”言毕，竟是嘘唏起来。

陈大雅遂不敢再辞。是夜三更鼓起，陈大雅趁着夜色偷偷出城，急奔洪州。

期待和希望，重新降临围城。

但是杳无音信。落日辉煌的地平线上，没有奇迹突然涌现。云翳下，只有宋军的刀戟，在暮色里播散着凌厉的寒光。

夜色深沉。

终于有一天夜半，城外突然发出了阵阵喧嚣，有一个黑影拼死冒着敌人的矢石，突入城中。陈大雅疾奔禁中，告知十五万军正星夜兼程，赶往金陵。言毕，君臣不觉相持而泣。陈大雅叹曰：“令赟军必无一成矣！”

但李煜已别无援兵，他不信朱令赟十五万大军会轻易败退。他日夜眺望城外苍苍茫茫的地平线，他相信，如果援军及时赶到，那么江南的太阳将再次普照金陵。

朱令赟，勇武高大，椎额鹰目，矫捷善射，军中称他为“朱深眼”。他统辖的十五万水陆之师，是南唐实力最强的劲旅，他本人更是江南第一大将。

金陵告急，朱令赟和将士们同仇敌忾。他们拟定了周密的计划后，便在热风中告别了洪州。水兵们驾着成千上万的战船，沿着赣水，扬帆北上。鄱阳湖的轮廓在茫茫的水平线上，渐渐出现。

这是一次平安的航行，一路没有战事。庞大的船队穿越了鄱阳湖，进入了湖口（今江西九江东）。前面就是长江了，江面上，游弋着北宋的船舰。

朱令赟的船队泊在了湖口。他走上高高的船头，放眼望去，战场形势一览无遗。长江滔滔的水流，使他变得更加冷静。他想，船队匆忙入江，上游的宋军必会乘虚而入，截断我军退路，夹攻其中，进不能破采石浮桥，退不能返归湖口，而且粮草断绝，必难有为。

他传令南都留守刘克贞从速赴湖口镇守，保住大军粮草，扼守后路。

但金陵危难，飞书频至，刘克贞又因病未能及时出征。朱令赟不敢久等，唯有放弃湖口要塞，挥师直入长江。

朱令赟清楚，南唐成败，在此一举。他拟订了一个极富想象力的大胆计划——如果胜了，这将是一次足以载入战争史的伟大战例。

于是，在这支庞大的军阵前，突然出现了数百艘沉重的大木筏。这些长百余丈的木筏，以及可载千余名士卒的大舰，是偷偷赶制出来的。现在，它们浩浩荡荡，乘流飞下。凭借它们巨大的冲撞力，采石浮桥将会断裂成无数截，十五万大军就可飞流直下金陵城了。

出其不意的突袭时机，一向是一切重大军事行动的决定性因素。朱令赟的这个天才计划，却不幸由于长江突然枯水，舟筏遇阻，丧失了最佳时机。

北宋探子很快获得了情报。枯水延误，使曹彬拥有足够的时间做应战的准备。

风涌水起，朱令赟心怀壮烈地开始了他的计划。他预备在采石矶这扼守金陵的要地，做出一篇气势磅礴的大文章。

舟船行至虎蹲洲，距采石矶只有十里之遥。他嗅到了前方的杀气，心疑宋军有伏，大军立刻停止了前行。

事态比朱令赟想象的还要复杂严重。宋军已赶在他们到来之前，在长江中密密打下了巨大的木桩。远远望去，犹如帆樯林立。南唐的大木筏已寸步难行。

情况险恶。长江的浦洲也已被敌军占领，武装的船只频繁游弋，行踪诡秘。密立的木桩使雄风抖擞一路勤王的十五万大军寸步难行。朱令赟忠烈的心，几欲滴血。

然而，总有一种浩然的使命感，在一个神秘的高度照耀他。他们已经到了无路可退的地步。在这一刻，朱令赟卓越地证明了自己非凡的应变能力。又一个计划在他心中产生了。

月黑风高，他的士兵们突然忙碌起来，把无数艘小木船从船队之尾调度到军阵的最前列。木船内，偷偷地塞满易燃的柴草，灌足了助燃的油脂。希望和信念又重新回到他们身边。

他们开始了等待。当西南风骤起时，他们的小船将会变成一条条火龙冲向敌阵。这太具刺激性了。他们欢喜地把这些小木船称为“火油机”。

魂牵梦萦的风终于出现了！西向而略偏南的风，自长江刮起。朱令赟临风而立，他麾下的火船箭一样扑向宋军战舰、锁江木桩和截江之横桥！

风大火猛，江中浓雾弥漫，暗无天日。宋军大惊，仓皇抵抗，力不能支。南唐军队发出了震天动地的狂欢声！他们为辉煌的前景而激动不已，他们终于在激烈的角逐中为自己杀出一条血路。他们怀着过于匆忙的冀望，似乎看见金陵业已解围，国主欣喜若狂亲抵长江岸头迎见这队凯旋的勇士。

这时忽然发生一件可怕的事情——风向突然变了。东北风骤起，不可遏止地反推着“火油机”，向南唐军船队直扑过来！

由于南唐船只过于笨重庞大，又密集一起，梗阻难动，疏散不便。于是悲惨的事情发生了——烈火咆哮卷来，成千上万木筏巨舰顿成火海。江面上尸体如蚁，从洪州一路攻击到虎蹲洲的无数好汉，丧身火海江流。

宋军喘过气来，迅即调拨灵巧小舟，向南唐军阵反攻而来！朱令赟悲凉、绝望地看着他的水师丧失了抵抗力，粮草辎重化成片片焦炭灰烬。

黄昏在浓烟中降临。夕阳在莽原尽头不祥地熄灭了，清清楚楚地向他昭示南唐的命运。

他摘下了腰间的战刀，疯狂地撞向熊熊的烈焰，自焚而死。

虎蹲洲荡荡的浓烟，在阴晦的天空中盘桓数天不灭。困守孤城的人们依然固执地等待着援军，等待着江中桅旗迎风飘扬的那一天。

一直到某一天，城外的战况才在围城中传播开来。直到这时，他们才明白天边那盘旋不去的黑色狼烟，竟同时埋葬了他们最后一线生机。

围城中的人们孤立无援。可怖的杀机使整个石头城瑟瑟颤抖。

现在，南唐只剩下唯一的庇佑——它的城墙，一度是六朝古都、龙盘虎踞、有王者之气的老城池。留给李煜的，就只有这一点可供凭借的遗产了。

它西临长江，南控秦淮河的入江口。昔日烈祖李昪出任升州刺史时，预料到未来的危险局势，曾继续扩建、加固了这道城墙。时至今日，爬满青苔的城垛依旧威风凛凛。

城墙高二丈五尺，上阔二丈五尺，墙基阔三丈五尺，用巨石呈梯形向上垒砌。墙外有护城河，墙中有八道城门——东、南、西、北门，及上水门、下水门、栅塞门、龙光门。它南倚雨花台，北连鸡笼山、玄武湖，西带石头山，东望钟山，实在是尽善尽美的古城之象征。战争开始前，老城又经李煜的一再加固、重修，更堪称固若金汤。

宋军开始攻城。

弓弩尖石的咬啮缓慢地、顽强地，但又不可抗拒地日夜摧毁着古老的城垛。攻城的梯队被分成了数百道之多，从东西南北各个方向四面出击，企图在巨石的墙垛上杀开一条血路。

城墙上的困守者用越来越少的一点粮食充饥，抵挡着越来越强盛的攻势。昼夜不停的搏战使他们疲累不堪，战死者成片地歪倒在宽厚的墙垛上。

古城后面，斗米万钱。江南的盐场又早被北宋抢占，食盐奇缺，民病军弱，病死饿死者相枕藉。

日子一天天过去了。几乎每天都有战斗，空气中每天都飘浮着刺鼻的血气。李煜变得焦灼难耐。作为一国之主，他只剩下了两种选择——或者降，或者死。但这两者都是他不能接受的。他选择了根本不可行的第三条路——向宋乞求缓兵。

他仍然对赵匡胤心怀幻想。这的确令人感到不可思议。

初秋的季节，几辆马车匆匆向汴梁奔去。马车上坐着两位使臣——徐铉和周惟简。他们携带着丰厚的贡品，担负着游说宋天子以存南唐的重大使命。

他们的怀中，紧紧揣着李煜的一封亲笔书信——《乞缓师表》。

这是一篇最哀婉、最猥琐的表文。李煜几乎坦露了全部心迹，可以说是在跪求赵匡胤了——求他念一城之百姓，毋亡南唐；求他念自己不使国亡己手的毕生之愿，开恩罢兵；求他可怜自己行将“贻责天下，取辱祖先”，“名辱身毁”的悲惨结局，缓师宽宥。表文说：

> 臣猥以幽孱，曲承临照。僻在幽远，忠义自持，唯将一心，上结明主。比蒙号召，自取愆尤。王师四临，无往不克。穷途道迫，天实为之。北望天门，心悬魏阙。嗟一城生聚，吾君赤子也；微臣薄躯，吾君外臣也。忍使一朝，便忘覆育，号咷郁咽，盍见舍乎？臣性实愚昧，才无异禀。受皇朝奖与，首冠万方。奈何一日自踵蜀汉不臣之子，同群合类而为囚虏乎？贻责天下，取辱祖先，臣所以不忍也。岂独臣不忍为，亦圣君不忍令臣之为也。况乎名辱身毁，古之人所嫌畏者也。人所嫌畏，臣不敢嫌畏也。惟陛下宽之赦之。臣又闻：鸟兽，微物也，依人而犹哀之；君臣，大义也，倾忠能无怜乎？倘令臣进退之迹不至丑恶，宗社之失不自臣身，是臣生死之愿毕矣。实存没之幸也。岂惟存没之幸也，实举国之受赐也；岂惟举国之受赐也，实天下之鼓舞也。皇天后土，实鉴斯言。

表文呈到了赵匡胤手中。欲建盖世之功的赵匡胤鹰眼中射出了荡荡的野气，他用钢铁般的意志横扫了江南四国，又岂容南唐苟活？

表文被扔进了废纸堆。

现在，徐铉必须冒着被杀的危险，以口舌之辩才，去完成自己的使命了。这位顽强果敢的文士，不慌不忙，缓步迈入了宋天子的宫殿，无比骄傲地面向大宋皇帝，盛赞自己的国主博学多艺，有圣人之才。他自信赵匡胤一介武夫，必不能文。他想挟自己诗文之才气，压倒宋天子傲然的盛气，他是天真的。

赵匡胤根本没有把这个文弱书生放在眼里。他早已耳闻江南文士多才气，便召见徐铉，想见识一番。他从容大度，请徐铉诵李煜之诗一首。

徐铉脱口吟出李煜《三台令》中秋月的一联来。这“秋月之篇”，是传诵天下的名篇。他决心向傲慢讥笑着的赵匡胤高举起他的证据，他吟道：“月寒秋竹冷，风切夜窗声。”

赵匡胤骤然大笑：“此寒士之语，壮士不为！”

徐铉不服，讥赵匡胤“大言无实”，请出诗以对。他满心以为，赵匡胤必无言而羞惭，下不得台来。但是他又感受到了赵匡胤鹰目中闪现的荡荡野气。

赵匡胤从容笑答，他早年漂泊黄河之域，一日自秦中归，路过华山下，大醉而卧田间。夜半醒来，见月华灿烂，美轮美奂，诗句顿出。言毕，傲然而吟：“未离海底千山黑，才到中天万国明。”

徐铉大骇！诗中逼压过来的，不独是壮博的气势，更有一股独霸中天的猛悍之力！诗人笔下纤丽的小月，竟被吟出如此壮阔的气象来，实在是古今咏月诗中难得的佳构。

徐铉面带羞赧，深感再无力以诗对阵，便调转话头，直入正题。他义正词严地诘问：“我主无罪，陛下师出无名！”他说：“我主俯首称臣，一向以小事大。贡奉中朝，如子事父般，尽心竭力，从不见有任何过失，何以举兵相见？”

赵匡胤冷然反问：“既然一心以子事父，但父子本为一家，何以又南北对峙，分作两家？”

徐铉猛然语塞，无语而退。

数日后，徐铉再度奉李煜之旨请见宋天子。一城的生命，全部系在他的肩上了，他要奋力完成国主之嘱托，为南唐带回生的希望。

他登上宋天子的宝殿，慷慨陈词。他说：“我主事大之礼，向来周到恭谨，只因有病而没能及时入朝觐见而已。南唐实无抗旨拒诏之胆量，瞻望缓兵以存一国之性命。”

赵匡胤再无心与一介文士啰唆论理。他的脸色突变，手按佩剑，勃然大怒：“不须多言！江南亦有何罪？但天下一家，卧榻之侧，岂容他人鼾睡！”

徐铉瞪目，惶惧而退。

太祖又诏询副使周惟简。此人好学问、明周易。李煜听张洎推荐，委他赴汴，以为他可以在谈笑间和解与宋的关系，拜授命给事中，作徐铉的副使。行前，李煜还亲写手疏，想提高周惟简的身价，增加他说话的分量。

此刻，面对宋天子的指责，周惟简早已吓得唯唯而退，语不成声地解释：“我本是山野隐士，从不曾做官入仕。只因李煜强派我来，不敢不从。”他表示愿隐居终南山，以求灵药。

他的哀求获得了赵匡胤的恩准。

李煜手下，竟出如此使臣，是南唐的不幸，更是李煜的无能所致。

江南之亡，指日可待。

赵匡胤潮汐般地加快了进攻南唐的步骤。

金陵上空，阴云密布，人心惶惶。使者带回的不幸消息，使城中惶怖欲死。

李煜突然想到了小长老。他记得这位法力无边、披着红罗销金袈裟的僧人能掐算祸福、知人命运。他召来了小长老，叩问社稷前程。

小长老平静自若说：“北兵虽强，又岂能抵挡得了我的佛力?”他愿意登城一试，以示法力无边。

这真是绝处逢生。李煜像溺水者见了救命稻草一样，令人准备好了香案，急切地等待着奇迹的出现。

奇迹真的出现了。小长老登城大呼，数遍之后，那些包围着加固了的城楼、在城垛上用肉眼就可以看到的宋军士卒，杂色洪流一般向后退去。战马嘶鸣和倒动铁蹄之声、武器碰撞的叮当声，响成一片。

敌兵退了？佛法无边！欢呼和喧哗像一片激浪似的扩散开去。全城的人都激动得无法在这时冷静地思考，无法相信这只是一种假象。

李煜狂喜！他合掌感叹，激动万分，他厚赐并奖赏了小长老。佛的神奇威力，刹那间升华为千百倍强大的耀眼光柱。他怀着过度的兴奋，下了一道紧急诏令，要求全城军民都来诵经念佛，赞美救苦菩萨。

一时，诵佛之声，响遏行云。

心怀鬼胎的小长老，趁机向李煜提出了更多广施梵刹、散金度僧的要求。只要诵佛之声能像长着双翅的胜利女神一样飞翔在围城上空，取代所有战斗的准备，那么小长老的计谋就会大获成功。

李煜在满城沸沸扬扬的念经声中，感激万分地跪拜在佛祖的金身下。奇迹确确实实地降临到了他的身上。他向佛许下了退兵后的许多诺言——将造佛像若干身、菩萨像若干身；斋僧若干万，建殿宇若干所……

但是好景不长。几天后，宋军突然又麾兵而进，战鼓齐鸣，杀声震耳。士卒们抬着成百架云梯攀爬城墙，被击落，再冲上去，矢石如雨，发出刺耳的呼啸。

李煜仓皇再召小长老。小长老称病不朝。

面对城外刀戈密植的森林、铠甲砌筑的长阵、锦旗和缨穗浮飞的青天，李煜不由一阵胆寒。他突然悟出了什么——他想他是被小长老欺蒙了。这个手捻佛珠、口口声声因果报应的僧人，并不是“一佛出世”，而是奸佞之人。

完成内应使命的小长老，在某一个晚上突然神秘失踪。满城僧人闻讯而惊惧，如果李煜因迁怒而大开杀戒，他们将永世不得安宁。

穿着袈裟、戴着僧帽的僧徒们聚集起来了，他们跪倒在李煜脚下，连夜乞求披甲出城，为国死战，血洗小长老带给佛门的耻辱。

烛香渐息，法事将停。李煜念叨着佛的名字：“教法绝不可毁！”他拒绝了僧人们狂热的请战。

寺院的钟声照样宣告着新的一天开始，而每一天带给这个小朝廷的，只有侵入骨髓的败亡。

李煜十分明白自己的困境，他不甘坐以待毙。一封蜡丸帛书，在张洎的府中被秘密制成。

午夜时分，一个勇敢的使者在夜幕掩护下，悄悄潜出城外，间道赶往契丹，请求援军。

时间一天天过去了。契丹在遥远的北地。李煜望穿秋水，总不见那勇武骁悍军队的踪影。希望再一次破灭了。

赵匡胤日夜注视着围城。但夜夜醒来，日头还在天上，围城还在御图之外。

自汴京城开拔的数支军队，经过江南溽暑热秋的折腾，早已疲惫不堪。鲜衣骏马、甲胄华丽的军将，在连续数月风餐露宿的攻坚中，已变得愈来愈烦躁火爆了。野地的蚊孽百倍猖獗起来，溽闷的空气滋生着各种瘟疫，向军卒们衰惫的肉体发起了偷袭。无数的兵卒呻吟着倒下后，就再没有起来。

军队似乎再也无法像数月前一样无忧无虑地前进。围城内外，都已筋疲力尽，各无进展。

休兵的议论，开始在汴京高级将官中酝酿起来，并且终于占了上风。鉴于长围既久，师旅已疲，赵匡胤果断决定，暂时休兵，以为后图。

呼吸之间，李煜似乎得救了。坚韧的战斗，抵御了最野蛮的进攻。

这时，一个悲剧性的偶然事件、一个将对历史产生巨大影响的微不足道的小人物，从扬州来到汴京，一下子决定了围城的命运。

这个名叫侯陟的人，被请入了赵匡胤日理万机的御殿前。他深知围城内悲惨的绝境，情绪激动地指责道："平南唐只在旦夕，陛下为何班师回朝?"

赵匡胤急忙屏退左右，详问情况。然后，他那有些鹰隼味道的脸上，又现出了猛悍的霸气。坚决攻城的紧急命令，飞速传递到了夜幕垂降、千百堆篝火熊熊燃烧的前线。

公元 975 年十一月下旬，大规模总攻的命令下达了。

大将曹彬一向行事果断。这一次他却突然避入帐中，称病不出。

一切正如曹彬所料，军中将帅们纷纷拥入了他的帐中，焦急地探视病况。但见主帅气色如旧，面色红润，雄风依然铮铮佼佼。他们愕然了，面面相觑，竟不知所云。

曹彬没有隐瞒他的动机，坦言自己身体完全健康，只是由于心病难安。此心病世上任何药物都无能为力，除非各员大将当面宣誓，破城之日，绝不妄杀一人。

众将焚起香烛，面向四方，高声发誓："绝不妄杀一人!"

曹彬一跃而起，火速部署起这一决定性总攻的每一项工作。他策马走遍全军驻地，从一个帐篷到另一个帐篷。所到之处，无不亲自激励斗志，鼓动起了将士们疯狂的战斗热情。

975 年十一月二十五日。初冬的风呼啸着穿过喧哗的原野，总攻开始了。

巨大的帅旗展开了，勇武的士兵狂喊着，手执武器、云梯、绳索、桡钩，抬着撞木，向城墙猛冲过去。

巨大的危险和不祥感，笼罩在金陵上空战栗着，围城乱作一团。

李煜知道，他已无法再借助颓垣残壁和兵疲粮尽的局面固守了。失败已定，他再也无能为力了。古城不被毁灭、百姓不遭杀戮，这已是他最后之所求。

他决定投降。他亲笔写下降书，欲派陈乔与自己的儿子仲寓一同出城请降。但被左右大臣劝阻了。

陈乔悲慨万分。他回府将降书掷入水中，入宫面陈国主："自古无不亡之国，降也无由得全，徒取辱耳！臣请背城一战，赴死国难！"

李煜大恸，握陈乔之手泣下。他拒绝了陈乔的请战。陈乔的双眸突然迸发出炯炯的光来："陛下不许臣赴沙场，则不如以拒命之罪诛臣！"李煜含泪不允。

陈乔猛然掣手而去。

陈乔自缢身亡。

大难临头。李煜开始作最后的准备。他来到保仪黄氏掌管墨宝的殿室，请城陷之日，悉数焚毁所有珍藏的书籍，不使落入宋人之手。

他召来了法眼禅师的嫡传弟子，卜问前程。但那位虔诚的佛教徒已无法给他一丁点儿安慰，只留给他一首法眼在宋军渡江前为观牡丹而作的偈陀：

拥毳对芳丛，由来趣不同。
发从今日白，花是去年红。
艳色随朝露，馨香逐晚风。
何须待零落，然后始知空。

世事空幻，人生无常。诗中传递的无望与败落气息，使他深感不祥。他急忙召人取来纸笔，将数月前自己在小长老退兵时许给释氏的诺言抄在纸上，以明心诚，冀望奇迹再现。

十一月二十七日，中午。太阳在刺骨的寒风中缓缓爬到中天。但这已不是光芒四射、预示幸福的炽热艳阳了，在冷冷的杀气中，太阳的光波淡淡地显出一片气数将尽的迹象。

心如死灰的李煜，不堪目睹城陷之悲惨，默默退居书屋，伏案誊写初夏时撰写的《临江仙》词：

> 樱桃落尽春归去，蝶翻金粉双飞，子规啼月小楼西，画帘珠箔，惆怅卷金泥。门巷寂寥人去后，望残烟草低迷。炉香闲袅凤凰儿，空持罗带，回首恨依依。

词未就，最后的一幕开始了。

大宋军队终于突破城门，黑鸦鸦一大片席卷而入。将军呙彦率壮士数百，力战而死。大片的血色，染红了古老的城楼。

宋军的喧嚣声，已如祝捷般滚向宫殿。

李煜大骇，掷笔跌坐。

烈焰腾腾，迅即在金陵上空堆起了黑色的蘑菇云团。日色隐遁，京城突突涌涌，惶奔着携儿带女逃难的人流；王公贵族的马车和轿子如同激流中颠沛的小舟，挤撞着逃难的百姓。

高达数十丈的升元寺阁上，已被数百名士大夫及携家带眷的豪民富贾挤得满满的。吴越兵在这座楼阁下燃起了冲天大火，撕心裂肺的哭嚎声顿时响成一片。

紧靠皇城的，是肃穆的净德尼院。八十余名女尼，都曾是李煜旧时的宫娥。总攻开始的时候，这一后妃公主进香拜佛的皇家禅院，堆满了柴草。李煜与女尼相约，国难临头之时，他将率先在宫中点火自焚。请众尼以宫中烟火为号，同赴国难。

此时宫中，果然浓烟滚滚。保仪黄氏点起大火，焚燃宫中图籍。纸屑乘风飞得老高，南唐三代君主数十年的珍藏，灰飞烟灭。

净德尼院遥见宫中火起，又见高高的升元寺阁蹿起黑烟，以为国主已聚室自焚，便点燃积薪，以烈烈之操守，蹈火赴死。无一苟活。

勤政殿学士钟蒨深陷的眼窝里，射出了悲恸的泪光。他穿上朝衣，正襟危坐。全家族的人，也在这一刻被召集一处，围坐堂上。乱兵破门而入，在门柱断裂的钝响中，他和他的全家慨然服毒，扑倒在江南的大地上……

战斗结束了。

宋军营垒变成一片喜庆的海洋。那些在野地风雨中苦战苦熬了十数个月的士兵，喝着烈性的烧酒，敲打着战鼓，开始了狂欢。篝火熊熊，被俘的宫中乐人被强行推入军营演奏喜庆的歌舞。

乐人悲泪长流，奏不成声。疯狂的士兵们不耐烦了，他们的军刀砍向了乐人的头颅。琴瑟迸裂，士兵们在滚落的头颅前狂舞。曾景建的《金陵百咏・乐官山》诗，记录了这一惨景：

城破辕门宴赏频，伶伦执乐泪横巾。
骈头就戮缘家国，愧死南归结绶人。

宋军大获全胜。大将曹彬跨上漂亮的坐骑，一脸骄矜地迈入了这座赵匡胤梦寐以求的古城。

午夜时分，李煜身心麻木，手持国玺、降书，身着粗陋的白衣，头戴纱帽，瑟缩着走向北宋军营。这位曾欲慷慨自焚，终不做他国之鬼的人，已不再是皇帝。

他的帝国，他的皇朝，他的国主的命运，已经结束。这个多才的文坛伟人、虔诚的朝佛者、浪漫爱情的追求者，终于因时势和自身的无能与怯弱，毁掉了最勇敢、最智慧、最具开拓远见的烈祖在数十个艰难岁月中建树的一切。

此刻，这个人——我们已然只能称他为李后主的人——这个不幸王国的最后一个君主，只带着身边仅有的四十五个人，肉袒而降于宋军营门。

天地奇静。没有什么敢发出声响，只有夜半刺骨的寒风在军旗与军旗之间穿走——一色的北宋帅旗。

大将曹彬傲然策马前往军门受降。他已赢得一切，十几个月来，他日日从军帐翘望金陵城中金碧辉煌却无法企及的宫殿屋顶，如今，他可以用胜利者的姿态跨过它那红漆的大门了。

但他克制住了自己骄狂的心情。当白衣纱帽的李后主向他叩拜时，他毫无向这位沦为降虏者屈膝的意思。他保持着胜国的尊严，又不失风度礼仪，他说："介胄在身，下拜不及答。"便彬彬有礼地接受了降书。

南唐的版图在这一刹那，与北宋拼接了起来。全中国都感受到了这次大震动带来的冲撞力。作为两块版图连接线的长江，在强震中奔腾涌嚣着融入了统一中国的大版图中，完成了中国历史上又一次伟大的转折。

午夜已过，晨曦已至，篝火渐弱。长江上，停泊着无数北宋的大船。战败国的国主连同他的臣僚们，将被押运汴京。

码头上一片忙碌。宫中的金银宝物，都被装箱运到了一艘艘货船上；未及焚毁的六万余卷书籍，也已被依次装入了货舱。

后主被押到了长江渡口。大将曹彬、潘美登上大船，悠闲地品茗休息，欣赏着晴空万里、长江东去的博大风光。

后主脸色苍白地徘徊在独木板前。他这一生享尽了奢华，还从没敢独自走过这窄细的独木板而登舟。何况是被掳去国，能不怆然？

他被人挟上了大船。船没有立即起航，曹彬并不想让这可怜的俘虏今后过得太拮据，而是提议他先自回宫，置办些衣服行装，翌日拂晓再来此登舟北上；还嘱咐他务必多备些金银财宝，因为入宋后，俸赐有限，开销颇大，多备无患。否则府库经有司清理注册后，就不能再动用了。

后主叩谢回宫。曹彬又派出五百名士卒帮他搬抬行装辎重。

曹彬的部将不安了。他们早已听说这位亡国之君曾有心与国共存亡，只因左右劝阻才不得已苟活下来。突然放他回宫置装，万一他真的趁此就死，岂不负了赵匡胤临战前殷殷的嘱托？

曹彬大笑，他说：“众将不必忧心。李煜不论神采风貌看起来都不及一个女流之辈，甚至连独木板都不敢过，畏死之极。既已容他活着赴汴，他又怎肯轻易取死呢？”

翌晨，天空下起蒙蒙细雨。后主来到了江边码头。正如曹彬的预言，他没能实现与国共存亡的诺言，只带了少许的行李物品，预备北上做个亡国奴，苟活下去。

他伫立码头，看北兵们拥挤着、推搡着搬运成堆的战利品。他的兄弟和后宫嫔妃以及宰相殷崇义等百司官属，此刻都成了“献俘阙下”的战利品，在北兵嚷嚷的叫骂声中，分批登上了牙旗高悬的大船。

雨雾茫茫，他的心在落泪。他缓缓登上北船。一个仆卒匆匆赶来，手中抱着他遗落宫中的皇冠龙袍。在他愣怔的片刻，仆卒已被曹彬的利剑击倒了，身首异地。

血在泥浆的地里流散，又合成一股。雨水将这片生命原浆渐渐晕化作淡淡的、庞大的一片。仿佛天地从来就如此昏暗，龙袍被抛弃在血水污浊的泥里，北兵的靴子从上面践踏而过，如弃无足轻重的破絮。

船开了。一阵呜咽，他又看到了岸头女眷们哀怨的泪眼。石头城依旧高耸，紫禁城鳞次栉比的琉璃瓦屋，无言矗立在烟雨茫茫中。然而历史好比人生，业已失去的一切，千载都难以赎回。

大势的风吹过。命运毫不犹豫地替他做了再次的安排。

如果这个已被历史长河吞没了的末代君主，不从此忍受亡国失家、幽囚异国的巨创磨难，那么他就不会成为今天文学史上光照千秋的李后主了。

历史行将为在这一历史过程中席卷天下的虎贲之士建立丰碑。

现在，历史又给了他另一个机遇，一个在中国文学史上超越晚唐五代、直开宋代词风的伟大机遇。

他天才地把握了这一机遇。不仅继往开来，而且以直探人生核心的宏阔意象，超越古今。

历史造就了他，并给予机会。他也必将报答历史。

第八章　涅槃

在三十九岁那年，他的人生使命感才像一道曙光，终于划破了往日“非我”意识的茫然夜空。每当夜半醒来，听到窗外瑟瑟寒风中捣衣的砧声时，他就会感到有一股强烈的泪意要夺眶而出。

上天就是把他关在一个小小的胡桃壳里，他也会把自己当作是一个拥有无限意境空间的君王！他终于在北地那个幽静的小楼中，涅槃成了原我——词中之帝！

这一年，金陵的冬天特别长、特别冷。冻雨不断笞打在人们悲戚的脸上，整城都陷入了一种幻灭的死寂。

这一年冬天发生了特别多的事，特别多的无奈。特别凛冽的大势的风，已摧枯拉朽般倾圮了又一个江南的小皇朝。

那天冻雨里，李煜站在江中船上，面南而立。他穿戴着寻常的布制幞头，披一袭不寻常的素面白袍。风在吹，浪在打。风吹浪远的六朝古都，已渐渐远得模糊。

他尖锐地感觉到了一种永恒的刺痛。今生今世，他将永远也见不到地平线那端，那凹凸相间、雉堞不清的石头城了。纵是裂眦张目，也看不清什么了。

石头城远远地抛在了 975 年的风雨里。

弥漫一生的钝痛，在心肺间汲汲惶惶涨潮般漫溢过来、压迫过来。

他想起了公元 279 年（西晋咸宁五年）的历史。也是在这座古城，东吴末代君王孙皓，也曾高举降幡，沦为囚虏。

那一年，西晋为一统天下，也曾在巴山蜀水间筑造战船。船坞工地上飘溅的木屑，雪花一样翻落长江。下游吴国的守将从江中日夜不息漂浮的木屑上，感觉了上游传来的杀气。

新鲜的木屑散发着古树的幽香，淡淡的，没有引起孙皓的注意。孙皓依旧玩物丧志。惊惧的吴将们却在险碛的江心架起了横江铁锁，布下了截船的锥形铸铁。

西晋王濬的七万水师，浩荡东进。木筏撞翻了铁锥，灌注了油脂的巨船乘风鼓帆。吴军大溃。王濬大军直逼建业。

于是素车白马、反绑双臂的孙皓，率王公贵族二十一人，请降西晋辕门，并在阴风呼号的时候，泣别金陵，被押送西晋京师。

如今，他的遭际命运，竟与孙皓同样悲惨！历史总是不断地重演着悲剧。晚唐诗人刘禹锡咏叹怀古的诗句，在苦寒的风中，一个字、一个字地敲打着他瑟缩的心。

王濬楼船下益州，金陵王气黯然收。
千寻铁锁沉江底，一片降幡出石头。
人世几回伤往事，山形依旧枕寒流。
今逢四海为家日，故垒萧萧芦荻秋。

——刘禹锡《西塞山怀古》

历史总是惊人的相似，悲剧的主角为什么偏是自己？

这位三十九岁的亡国君主，在巨大的重创前垂下了头。

在这最黯淡无光、最惨痛无助的时刻，在他心中突然放射出最强烈灼人的奇光。他备受磨难的心，在千重万重人生困踬的重击下，迸发出了真率的火花。他要倾诉，要呼喊，要把内心一切的风暴巨创，都倾入词章，写成一行行使人热泪长流的长短句。

泪水盈满了他的眼眶。风仍在吹，浪仍在打。在这个特别长、特别幻灭的冬天，在这艘没有根、全无故国气息的献俘船上，他写下了北俘路上的第一首诗：

江南江北旧家乡，三十年来梦一场。
吴苑宫闱今冷落，广陵台殿已荒凉。
云笼远岫愁千片，雨打归舟泪万行。
兄弟四人三百口，不堪闲坐细思量。

——《渡中江望石城泣下》

乌云依然叠压在远近的峰峦间，泪水雨水和泪长流。从君王到囚徒，从人生的巅峰到命运的谷底，一切只在瞬间。一切恍如隔世。

舟行扬州，突然北折，拐入了狭长的古运河。又在楚州转入淮水。李煜重瞳的双眸圆睁着，嘴角泛起凄凉的笑意，泪水重新涌出。

淮南，最后的南唐，永别了。而舟船已折入泗水，苍凉的、隆冬的北地，扑面而来。

公元 976 年，舟船经彭城缓缓驶入汴水。隆冬的汴水很浅，而且封冻。沿河州县的衙署官吏们忙着修闸蓄水，破冰击冻。他们必须保证献俘船队一路无阻。

船队晓行夜宿。后主心情灰暗。除夕降临了，沿岸人家，爆竹声声，张灯结彩。空气中升腾着浓郁的酒香。他枕着汴水度过了年夜。一直到新春的太阳初升起，他的心头仍笼罩着一团浓浓的、挥洒不去的阴郁。

正月初二，汴口到了。他在阳光淡淡的船头徘徊，商旅云集的繁华埠头上，遥见了一座彤云环绕、宝殿列阵的佛寺。他想，这就是有名的普光寺了。

立心奉佛，似是前缘。他夙向笃信法界业力、因缘果报，到头来仍做了一个亡国之君。生命如一片随风的黄叶，他把最后一点寄托，留给了佛祖。

他决意要登普光寺。他的请求获得北宋守将郭守文的应允，同行的南唐旧臣上前劝止，他勃然作色、愤然大斥道：“吾自少被汝辈禁制，都不自由。现今家国俱败，还要如此不成?”

钟声寂然。他登上了古刹，跪倒在大雄宝殿内。焚香袅袅，善信熙攘。他趺坐蒲团，拳拳而礼，默念着谁也听不清的祷语。大殿正中，释迦牟尼金身的塑像，雄伟高踞，闪耀着凡人几不可企及的瑞光。

佛族中的释氏，弃王位而远遁，含辛茹苦，探求着人间的苦难，发现了“苦谛”，征寻苦难之因，发现了“因谛”；后来又发现苦难是可以解脱的，得出了“灭谛”，最后又设想了脱离苦海的方法，是为“道谛”。他陷入了深深的追悔——自己“苦谛”缠身，其“因谛”是否就是当年最终没有弃王位而远遁的勇气？那么，茫茫时空，苍苍苦海，释氏阐释的“灭谛”或“道谛”，又在何方?

他无法解开心中的结，也无法久滞古刹叩问明白。他散施了许多衣物绢帛后，带着沉重的迷惘，舍岸登舟。

繁华的汴京到了。正是春节，节庆的气氛弥散得很浓。李煜一行舍舟登岸，穿过繁华热闹的街市，停滞在一座驿馆中。

警戒森严的卫队，隔开了喧繁的市声。他在肃杀中更感觉到了自己降虏的身份。一种浸入骨髓的冷，漫入心头。明天等待着他的会是什么?

这一夜烛光摇曳，不曾安眠。明天就是判决的日子，他会死吗？他突然害怕明天!

拥被而坐。窗外的天很黑、很幽僻。汴梁的天，异地的天，很陌生，他无法融入。“共三十五州之地，号为大国”的故国，此刻，是否稳眠平展？失去了君王的楼台宫殿，是否爬满了尘埃、布满了蛛网?

泪，无声流下。

烛光在焰舌上幽吟。城陷那天，举国恸哭于九庙之外的悲声，恍然从暗夜传来，很清晰。他仿佛又见宗庙，北降前，他曾去过那儿辞别祖先。那种不堪与失措，是他从未感受过的。而伶人们触景生悲，奏起了牵人肺腑的离曲。面对宫娥，他竟是无语凝噎。他要把这种感情写下来，烛泪潸而长流。他写下了幽囚中第一首词《破阵子》：

　　四十年来家国，三千里地山河。凤阁龙楼连霄汉，玉树琼枝作烟萝，几曾识干戈？

　　一旦归为臣虏，沈腰潘鬓消磨。最是仓皇辞庙日，教坊犹奏别离歌，垂泪对宫娥。

从此开始，他告别了往日纤小的心境、词境，“烂嚼红茸，笑向檀郎唾”的声色豪奢、风情旖旎的情态不见了，而代之以浩渺无边的人生大愁大恨；“不放双眉时暂开”的离别小情趣失踪了，而代之以大开大阖的大意境、大感慨。

一颗罕见的、象征着新生的文星光芒四射，高高地照耀着这一个人、这一个时刻、这一时期的词。

他在苦难的淬火中，几近涅槃了。

正月初四。李煜被带出了驿馆，解往北宋皇城。天亮前，他就被迫换上了羞辱的白衣，戴上了纱帽。随行的旧臣嫔妃，也都穿戴上了降虏的衣冠。全副武装的兵士押送着他们向御街走去。

天色大亮。士兵们手中的刀戈在日色下闪着醒目的冷光。他睡眼惺忪，疲累悲怆，拖着脚步，入南薰门，过朱雀门，缓缓来到了仪仗森严的皇城正门明德楼下。

威严的受降大典，将在这里举行。冕旒衮服的赵匡胤傲然微笑，在大宋帝国全体朝臣的簇拥下，亲临明德楼。巨大的楼门前人头攒动，后主被迫跪下。在他身后，汤悦等四十五名白衣纱帽的南唐旧臣，也朝着同一方向，整齐地跪下。

大将曹彬，跣足登楼，向赵匡胤呈上了兵部声讨李煜的布告《升州行营擒李煜露布》，以便赵匡胤御览后当众宣读。

布告称李煜是“言修臣礼、外示恭勤之貌，内怀奸诈之谋”的顽固不化、怙恶不悛的要犯，并历数了他种种的“罪责”。譬如“负君亲之煦育，信左右之奸邪”，不自量力，“修葺城垒，欲为固守之谋”；譬如招纳叛亡之徒，暗藏抵抗大宋之心；譬如执迷不悟，假装生病，绝抗圣旨；譬如“终怀蛇豕之心，不体乾坤之造”，与宋朝背道而驰，而且勾结“逆冠”契丹，送蜡丸帛书；譬如固守古城，拒不请降，“劳我大军，驻逾周岁”，等等。

布告声称，“开万世之基，应千年之运”，临照四海八纮的中国，因丧乱而裂疆土，又“累朝皆遇于暗君，莫能开拓”，今幸逢英主赵匡胤，才扫除了裂土之邦，光复了统一的中国。

布告宣称，自公元 975 年十一月二十七日攻取南唐、生擒李煜后，才始得“千里之氛霾顿息，万家之生聚寻安”。金陵孤臣中，久困于李煜虐政的官吏、僧道、军人、百姓，“喜逢荡定”，“望天朝而无不涕洟，乐皇化而惟知鼓舞”。现将李煜并伪命臣僚一并向圣上献捷，并谨奉此布告于圣上，冀圣上御览后，公布于众。

在赵匡胤展阅“露布”的那一刻，李煜始终低眉而跪。他不敢抬眼。他知道那上面会强加给他无数的罪名，他生死未卜，心脏狂跳着，等待着宣读“露布”。

出乎意料，赵匡胤收起了“露布”。按往常惯例，“露布”必得当众宣读，儆戒天下。但赵匡胤说：“李煜尚能归降中朝，不必宣读露布。”并决定宽宥加恩于他。

有司奉谕，大声宣读了赦免诏书。后主被封作了光禄大夫、检校太傅、右千牛卫上将军。

最后加封给他的，还有一个充满羞辱意味的爵号——“违命侯”。小周后则被封赐为郑国夫人。

大难不死，他惶恐受诏，俯伏谢恩。

一同待罪于明德楼下的南唐旧臣和皇室成员，也都被赦免释罪，并被赏赐了冠带、器币、鞍马等物；他们的子弟，都被授予了“诸卫大将军”的头衔，宗属们则得到了“诸卫将军”之爵。

徐铉和张洎也被带上了明德楼。赵匡胤的脸上，陡然变得阴云密布。他厉声斥责他们助李煜潜蓄阴谋，不早日觐见，罪大恶极。

徐铉并不否认这些罪名。他虽算不上是个壮士，但这一刻，他镇定沉毅，坚决说道：“臣身为江南大臣，国亡，罪当死，无须多问！”

宋太祖心中大惊！这等忠臣义士，“事我当如李氏”。遂弃铉不问，怒向张洎，取出一枚蜡丸，剖开，露出了帛书。

张洎当然知道，这正是数月前，他在围城中紧急制成、送往契丹的求援书。这一回，张洎变得异常勇敢。城陷那天，他曾与光政使陈乔相约，一同自焚殉国。陈乔果然英勇赴死，他却背约苟活了下来，遭人耻笑。现在，他要守住这起码的节概，以免天下耻笑。

他慷慨陈词：“逢国危难，谁能坐视不救？身为朝中重臣，保家卫国，有何计不可用？臣作帛书甚多，何止区区一枚？”

赵匡胤再惊！南唐有这等节概之士，如何竟会覆亡？他兴味盎然地打量着傲立的降虏，心中欢喜。

他免了两人的死罪，而且授以官职。徐铉为太子率更令，张洎为太子中允。

南唐亡。与南唐唇齿相依的吴越，势难持久。吴越王钱俶事中朝固然温顺，但谁又不怕江山易主？

钱俶决定派使臣向宋太祖朝贺祝捷。他自忖助宋围常州有功，宋太祖不会立马要了吴越江山，这使他稍觉心安。

他耐心地在平静的宫殿里等了数日，终于等回了疲惫的使者。使者风尘仆仆的脸上，掩饰不住焦虑与害怕。钱俶明白，威胁已然临近。

果然，宋太祖迫不及待再诏他入汴，觐见理由是他助宋灭南唐有功，十分惦挂云云。但宋太祖自己也觉得直取吴越，似乎太不近情理了些，便补充说，小住后一定遣归，绝不食言。

宋太祖邀钱俶觐见，是在试探并威慑吴越——这是他惯用的手法。

钱俶无奈，携家人匆匆北上。在汴京，宋太祖赐宴共饮，礼厚有加。钱俶之后孙氏，被封为吴越王妃，赏赐丰盈。

976年三月，宋太祖欲往西京，行郊祀礼。自觉南归无望的钱俶，请与太祖同行。太祖已知钱俶忠顺，心生一计。

赵匡胤宣谕放归钱俶。

行前，设宴，太祖亲幸讲武殿饯行。钱俶深受感动，泪下沾襟，真诚许愿："今后每三年必来中朝觐见。"

太祖大悦，却说："水陆迂远，不必规定期限，有诏即来便是了。"宴毕，令人取来一只黄绸包袱，说是途中再悄悄打开，不可示人。

钱俶心中疑惑，登程后，迫不及待打开了包袱，里头竟是宋朝臣子写的数十篇奏文，全是乞求太祖羁縻吴越王，切莫放虎归山之词。

钱俶惊骇！转念思之，又大为感动。他急忙写了一篇感激涕零的表文，向太祖称谢。至此，他更一心归诚北宋。

颇得攻心之策的赵匡胤，不费一兵一卒，就获取了吴越王的心。

吴越秀丽山川，已在他掌中。

春天来了。汴京城绿草芬芳，鲜花盛妍。温暖的阳光普照着这多尘的北方。后主熬过了北地第一个冷冬。

春天多梦，那天晚上，他又梦见了江南。梦见御苑的花开得很灿烂，春风融化一切阴影地游荡着，把金陵点缀得很新鲜、很亮丽。

他梦见自己穿上了明黄的龙袍，坐上华丽的帝辇，在群莺乱飞、嘉声盈耳的上苑游春。随从的车马就像流水和游龙一样，蜿蜒不绝。

他还梦见了画苑檐头的琉璃上，一轮春天的新月。

半夜他醒了。春风和煦地穿过窗户，拂动着纱帐。窗外，冷月高挂。他恍惚明白过来，他只是躺在“违命侯”的宅第里。

泪水涌出眼角，顺着脸颊在枕布上洇开。悔恨如夜雾一般，无孔不入地包裹了他。

> 多少恨？昨夜梦魂中！还似旧时游上苑，车如流水马如龙，花月正春风！
>
> ——《望江南》

他终于无法再安睡。抬头面向故国的方向，他想念旧宫里的嫔妃。她们在这万籁俱寂的星空下，是否也盘膝而坐，挑开一帘朱红的小轩窗，热泪纵横地凝睇幽囚自己的北方？

他本该给这些整日徘徊在苍凉后宫的女子一些安慰的，慰劝她们别太过悲伤，别在剥蚀了浮夸琉璃的古殿间和泪吹笙，也别泪如雨下地哭诉无可告语的心事。

> 多少泪？断脸复横颐！心事莫将和泪说，凤笙休向泪时吹，肠断更无疑！
>
> ——《望江南》

他点亮了烛光，在摇曳的烛焰下，试着给宫人们写信。拿起笔，一时却无从下笔，却只是泪眼模糊。很久，他只写下了一行字：

> 此中日夕，只以眼泪洗面。

又是一个晴朗的日子，风更暖和了。他竟接到了宋太祖的邀请，请他一同赏春小宴。在长年累月的拓疆中，建立了彪炳功业的大宋皇帝，坐在摆得满满的宴桌前，喝着大樽的酒，眼里闪耀着好胜的光辉：“闻卿能诗，可举一联。”

他不无惊愕地抬起头。不知怎样的诗才合太祖的心气，更不敢身为降虏而炫耀文才。沉吟许久，他决意举《咏扇诗》的一联来做回答：“揖让月在手，动摇风满怀。”

吟毕，他看到宋天子的脸上，竟堆满了轻视和不屑的表情，正惶惶不安，太祖已开口哂道：“满怀之风何足尚！”

满座朝臣，闻而叹服，纤小的诗境，是无法进入大宋皇帝的豪阔心怀的。他默然愧疚。但他的儒风诗骨，却仍然博得了赵匡胤的好感。在另一次宴饮中，赵匡胤忍不住对左右近臣称道他说：“好一个翰林学士！”

暮春到了。汴京上空，阴云缭绕，天幕低垂，雨意很浓。他近来又常把自己关在狭隘的小屋内，独自踯躅徘徊。亡国的悔恨和自责，成为他千钧的重负。

窗外，淫雨霏霏，阴云翩然而来，又翩然而去，但屋内的空气却好像凝滞了。他仍然常常做梦，梦里奢华的影迹，常常使得醒后的日子变得荒唐。

生命被夹进一帘深邃透明但又无法回归的梦痕里，这使他郁闷而沮丧。

那晚，他又梦去。生命和江南的天空浑然一体，五更时分，却被雨夜的寒气逼醒了。

真不情愿就这么醒来。“一饷愁销值万金”，白居易情愿借着短小的、片刻的梦，拂去心头忧愁的云翳。忘忧的“一饷”，在白居易看来，直抵得万金。但梦总归要醒，“一饷”之后，如何销愁？

有一天，他独自步入庭院，登上小楼凭栏望远。暮春的庭院，为一个失魂落魄的人把一切都准备好了。那时，四周很静，高高的栏杆外头，是梦幻一样幽蓝的天空。温润的风，轻轻自江南吹来，揉搓着他，使他忍不住要望南方。

在满园沉静的光芒中，一个人更容易看到过去，并且想到天地尽头那一片曾属于自己的大地。

自从那个白天，他无意中上了这高楼，就再没有忘记过这雕花的栏杆外，那一方自由的天空。天空的尽头，是一别之后，竟成永诀的故乡。

他常常忍不住要再走进那落寞的、苍凉的小楼，再望一眼南方，却又一次次折回了脚步。他太怕凭栏后，寸心滴血收不回的伤痛。经历过太多、太久凭栏后无法收拾的心境，他早已不堪。

流水汤汤，落花随水随春远去了。他想，人一生的好时光、好景致，就这么像流水一样，径自去了。这一去不再回归，就如丢失的故园，丢得很轻易，恢复却已无望。

热泪盈眶。

他想，这是不是有点宿命的味道？

帘外雨潺潺，春意阑珊，罗衾不耐五更寒。梦里不知身是客，一饷贪欢。

独自莫凭栏，无限江山，别时容易见时难。流水落花春去也，天上人间。

——《浪淘沙》

可以不去登高凭栏，却无法不瞥见暮春的愁惨。在许多个凄清的早晨，或是晚上，他都能清清楚楚地听出那种声音，那摧折春色、寒雨夜风的声音。这声音响在过去，响在现在，响在来春。他感觉自己像是林间的落花败叶，在大势的风雨中，无助地回旋飘转。而这种宿命，总是亘古不变。

在这样的晚上，他常会听见旧宫嫔娥哭送别浦的泣声。那声音飘飘悠悠，宛若游丝。他总是活在过去，他只能回想过去。

他忽然觉得，自己孤独地跑到这苍茫的北地已是太久了。如果还能回归朝晖灿烂的古殿，如果还能回归轻歌曼舞的旧宫人身边，会是怎样？

如果真那样，故国便已回归了。他不由凄然苦笑，这种回归永无可能。

就像大江涌荡喧嚣飞流直入酡红艳醉的东方，任是九曲十八弯也要顺着山峡沟壑平原深谷东折而去、亘古不回一样，他心头郁积的亡国大恨，也在北地灰黄的天空里持久地弥漫、堆耸。他想，他破碎的心亘古都不会愈合了。

林花谢了春红，太匆匆！无奈朝来寒雨晚来风。
胭脂泪，留人醉，几时重？自是人生长恨水长东。
——《相见欢》

这样一个心灵纤细的人，注定比凡人承受更多的痛苦。这样一个亡国的君王，注定是活得最苦的君主。

秋天到了。

这是入囚汴都的第一个秋天。金黄的秋色像灿烂的液体一样，把天地都流洇得富贵十足。

他仍然孤守在“违命侯”的住宅里，坐在一排幽暗的漏窗前，默想着永远想不够的心事。

昨夜，他又梦见了金陵古城，梦见了黄花铺天盖地的江南山峦，梦见自己鲜衣骏马，侍从如云，在满世界金晃晃的空气中，登上了山头。

秋晴的天总是很蔚蓝，秋晴天穹下青山绿水总是很妩媚。他的心在迷迷欲醉中飘荡游冶。

天亮后，他醒了，泪眼婆娑。在这个世界上生活的人，总不免有艰难、有憾恨。可又有谁能像他活得这样痛苦、这般无奈呢？又有什么愁恨能比得上从一个帝王沦为囚徒的大变故呢？

秋阳在外头热烈地绽放着光波。金陵登高赏景的往事，只能深埋重创后的心湖。如今重九，又有谁人能和自己登高望乡？又岂敢远望当归，平添新愁？

往事如烟，人生如梦。到头来，总归是昨夜梦，醒后，是永远的不堪。

人生愁恨何能免？销魂独我情何限？故国梦重归，觉来双泪垂！

高楼谁与上？长记秋晴望。往事已成空，还如一梦中。

——《子夜歌》

秋意深了。那天晚上，雨又霪霪霏霏地飘洒下来。

他默坐着不能入睡。屋外落叶伶仃的老树，以及门窗的帘帏、房檐下的木椽，都在秋风中发出飒飒的声响。这声响和着秋虫无奈的鸣叫，使他感觉有一股浸入骨髓的悲凉，并想起《九歌》中，《山鬼》的句子“风飒飒兮木萧萧”来。

冷雨敲窗。烛火快要燃尽。他的身躯投影在灰墙上，变得愈来愈暗、愈来愈飘忽。这是一种“悲哉，秋之为气”的晚上。他侧耳细听，漏壶中的滴声不知何时消失了。太晚了，该是入睡时候了。他一遍又一遍摆弄着枕头，斜倚着阖上眼睛，终于还是不能睡着。

辗转反侧，他心里一遍遍翻浮着庄子的话：“其生若浮。”翻浮起唐人王绩《醉乡记》的景致：“醉之乡去中国不知其几千里也，其土旷然无涯，无丘陵阪险……”

人间世事，不管怎样有声有色地光彩过，娥冠博带威风凛凛地主宰过世界，到头来总是联结着黄叶飘零的流水，真幻不定，转瞬即过。

既然人生是这样虚浮无定，既然孤独地面对这样坎坷的人生，以及日渐围拢过来的青灰色的暮霭，为什么不去寻求那“旷然无涯”、平稳无险阻的醉乡，去麻醉心魂、忘却愁闷？

舍此而外，一切都会带来内心深沉的撼动。

昨夜风兼雨，帘帏飒飒秋声。烛残漏断频欹枕，起坐不能平。

世事漫随流水，算来一梦浮生。醉乡路稳宜频到，此外不堪行。

——《乌夜啼》

幽囚岁月，伴随他的，从此便是一壶浊酒，两行清泪。

他对人生、对未来，早已了无信念。对酒的需求，却愈益迫切。一天酒后，他万念俱灰。借着醉意，他在窗纸上写下了两行悲怆的诗行：

万古到头归一死，醉乡葬地有高原。

所幸，他每天都能得到皇家府库发配的三石酒。酒很香，很浓。虽不似金陵宫中那样细润、那样可以取饮自如，却也很知足了。

他的肆意狂饮，使得赵匡胤很不满。赵匡胤下令掌管府库的官吏，不得再发放给后主一滴酒。

禁酒令后，他愁思万分，难以度日。他终于忍不住奉上乞酒书文，呼求赵匡胤继续供酒：“不然何计度日？”

赵匡胤思忖也是，遂恩准奏议，恢复供酒如初。

976 年，双眼闪烁着猛鸷威光的赵匡胤，于热风中激烈地震颤起强健的肌肉。他的长刀指向了北汉的方向。

北宋大将党进、潘美、郭进等，即率数万大军，直扑北汉。

忻、代、汾、沁、辽、石等州，沦为宋土。党进的兵戈，逼向了太原。

北汉折兵损将，势难退敌，国主急令乞师契丹。契丹宰相耶律沙亲统强兵，马不停蹄，奔赴沙场。鏖战将至，北中国的空气中充满血刃的疯狂。

究竟鹿死谁手？

孟冬，两军对峙的沙场，一片死寂。党进统率的猛悍宋师，突然不战而退。荒原中，潮水般喧哗，战马嘶鸣、兵戈相撞，铁蹄奔腾发出沉闷而又殷实的响动。

促令班师的急报，从汴都迅速传来——宋天子赵匡胤大病已沉。赵匡胤的弟弟赵光义，已然代掌了一切国政。

十月二十日夜，汴都的星空晴朗而凛冽。赵匡胤抱病艰难地登上了太清阁，他一直念着年初在洛阳巡幸中，一位道士说的话：如果今岁十月二十日夜天气晴朗，他就可以延一纪（十二年）寿命。否则，此日便是大限。

现在，时辰已到，太清阁上，星斗满天。阵阵欢喜的暖流涌过心头，他相信这充满宿命色彩的征兆。他想，他终于可以有时间统一中国了。

但是乌云骤然袭来。片刻间，雪霰已如沙雾，弥漫天地。赵匡胤骇然失色：“天意不可违！”

大限将临。他急回寝殿，召来赵光义议事。

雪雾茫茫。御殿内侍全然退出，远立殿外。室内烛影摇红，若明若暗，似有人逡行退避。夜很静，室内突然传来柱斧戳地的响声和太祖激惨的呼叫：“好自为之！”

五更后，太祖撒手西归。留下高天阔地未竟的壮志和“斧声烛影”的疑案，独立青史的长卷。

翌日，赵光义即帝位，是为宋太宗。即位日，太宗大赦天下，改元太平兴国元年。

公元 976 年十一月，一纸诏书送到了后主的宅第，废除了使他深受侮辱的“违命侯”爵位。新任的大宋皇帝为展现自己的宽宏大量，同时又诏令将这位阶下囚由“侯”晋升为“公”，改封为“陇西郡公”。

后主并没有为此欣喜。他的身份事实上并没有提高，他仍然是个仰人鼻息的幽囚者。

977 年到了。这是他来汴京的第二个年头。来时曾受曹彬的关照，回宫置办过随身的用物。但那时他无论如何也没有心情，所以，只稍稍整理了很少的一部分带来。现在，这不多的家当也已耗费殆尽。

他陷入了入不敷出的困境，这是他从来没有体会过的。他向来是豪奢惯了的，在汴都也没过得太拮据。但现在，他不得不放弃清高，“自言其贫”起来。

赵光义接到他哭穷的疏文，当即慷慨大度，“增给月俸”，“仍赐钱三百万”。但后主心中并不好受。从“富有四海”，到向人乞钱，其味难说。

冬天过去了。

褐色的不见边际的裸土上，青青的草色渐渐弥漫开来。但他囿于一室，不知春近。直到有一天，他照例到小小庭园散步，才惊见庭草已绿，柳芽也已舒茁，风儿开始温存起来。

草绿柳发，续着年年春天。人的春华逝去，却再不得回生，这是上帝交付给人类的一个事实，是多么无奈。

他便无奈走上高楼。新月寂静，他觉得盈耳窸窸窣窣的竹声和纤纤的新月，都和当年凭栏时所见的一样。

两年了。金陵宫殿门壁上耀眼的朱红，一定已经淡褪了，上苑的荒藤野草，也一定都茂盛得自在坦荡。幸好记忆中的东西，是永生永世无法改变的。

譬如华殿中不散的笙歌酣乐，总让人想起嫔娥们熟悉的脸庞和尊前帘后无数浪漫的风情；譬如宫池里脆薄的冰层，再有一点春阳，便融化作了春水，把天上的每一缕白云都映照得鲜活；譬如画堂明亮的烛光，隐隐地散播着神秘的光芒；炉香幽幽缭绕里头，总让人感觉烛焰照射不及的地方，有着无限幽远的空间。

景物依旧。再回首，他已白发满鬓，痛思难忍。

这一年，他四十一岁。

风回小院庭芜绿，柳眼春相续。凭栏半日独无言，依旧竹声新月似当年。

笙歌未散尊前在，池面冰初解。烛明香暗画堂深，满鬓清霜残雪思难任！

——《虞美人》

到了春深时候，恓惶落寞的他，格外地多梦起来。光阴流转，故国在他心中，更加鲜明。

他现在终于明白自己对家国的眷念，是怎样的刻骨铭心。无论春夏秋冬，他都会触景生情地想念并且梦见故国。他都会因为怕梦见它，而怕见到风花雪月一切牵惹愁肠的景致。

不管他愿不愿看，春天却是张张扬扬地游嬉在汴梁城里。在这样的晚上，他又梦回故园。

梦见淡蓝的天上摇荡着串串杨花，绿草如茵、轻尘滚动的小路上，叮叮当当响着踏青车马的佩铃；梦见春水旖旎的秦淮、宽广空灵的长江，柔波流淌的水面上，管弦桨声哗啦啦漂浮来去的游船；梦见水中岸上摩肩接踵、裙裾飘曳、忙忙碌碌的看花人。

闲梦远，南国正芳春：船上管弦江面绿，满城飞絮滚轻尘，忙杀看花人。

——《望江梅》

后来，他还梦到过秋天。江南的秋天，很清幽。

梦见平畴沃野宽荡迤逦，远峰近山层叠嵯峨；梦见它们蒙络摇缀，果实掩映，几乎要和秋寒的天穹糅在一起。

梦见芦花低迷晃动，深渺江水边泊一艘清清冷冷的舟子；梦见月轮高升，有人月下横笛。曲音杳渺如入仙境。“长笛一声人倚楼”，令他醒后仍不禁泪眼凄迷。

闲梦远，南国正清秋：千里江山寒色远，芦花深处泊孤舟，笛在月明楼。

——《望江梅》

那时，他享有万人之上的尊严，甚至都不必去思索自由的价值；那时，他在铺着鲜花红锦的大地行走，抬头望整个天空，甚至都不必去知道永日在逼仄的庭院里，看天空的一角是什么滋味。

在这个没有自由、没有尊严的禁锢天地里，他屈辱而不抗议。他只把愤恨倾吐在纸笺上、小令中。他甚至为奏疏的事忧心忡忡，怕自己一时不慎，失于推敲，向宋皇递呈奏疏有错，招来问罪的口实。

一年前，赵匡胤在位时，曾亲到他的宅第，询问他身边是否有“旧人”相伴。他便提出，想“乞得”南唐时曾为内殿传诏的徐元楀替自己起草书奏。可惜元楀“于笺表素不谙习”，所有表章，他只好“勉励躬亲”了。

不久前，他有机会离开囚笼般的宅第外出，得知降宋后也被赐屋封侯的南汉主刘鋹，曾经“乞得”旧臣专修表章，他的心又动了。他想到了曾在南唐秘书省任职，一向“博涉文史，多读道书，善清谈”的潘慎修。

一份《不敢再乞潘慎修掌记室手表》，呈交到了赵光义手中：

> 昨因先皇临御，问臣颇有旧人相伴否？臣即乞徐元楀。元楀方在幼年，于笺表素不谙习。后来因出外，问得刘张曾乞得广南旧人洪侃。今来，已蒙遣到徐元楀，其潘慎修更不敢乞。所有表章，臣勉励躬亲。臣亡国残骸，死亡无日。岂敢别生侥觊，干扰天聪。只虑章奏之间，有失恭慎。伏望睿慈，察臣素心。

即上表求掌书记，却道“不敢再乞”，似不通情理，却是作为降臣必有的表示。写这样的奏文，稍不防范，便会致祸。后主之“虑”，也确事出有因了。

不过，不久后他的表文就得到了批复。潘慎修以右赞善大夫的职衔，与光禄寺丞徐元楀共掌他的笔札事宜。虽说“乞求”侥幸获得了恩准，但身为降虏，婉转随人的境遇，却使他深切地感觉出自己活得有多窝囊。

这以后很久一段时间，他仿佛被遗忘了。他每天蜗居一隅，重复着千篇一律的单调生活。小楼外，士卒日夜把守，没有赵光义的手谕，他不得外出，别人也不得擅入。

这个世界有他、没他，有南唐、没南唐，已并不重要。

到了这年秋天，他变得越来越忧郁，越来越怀旧了。他还是总到庭园里去，总坐在黄昏安静的林子里，坐在苔藓已经爬满的石阶前，想着在位时的许多“往事”，许多只能带给他无限悲哀的“往事”。

又是日出的早晨，又是阳光星星点点在庭园跳跃的白昼，他只想着一件事——已经不会有人再来了。青苔满阶，正自由自在扩张着每一根触须。

在一行珠帘都懒得卷起的门廊旁停下，在茅草乱叶随风飘摇的园墙边停下，又是凉风微拂的黄昏，又是月色晶莹的晚上，他心里只念着一句话：“终日谁来？”

闭上眼睛，他想，防范敌人的“金锁”，早已沉入了江底，卫国的一腔壮气，也已沉埋在乱草丛中。国事，已无可为。

睁开眼睛，看见云影遽然散去，天光月色下，有栋栋华楼美宅，恍惚正倒映在秦淮水上。

揉揉眼，空无一人，庭院正寂寥。

往事只堪哀！对景难排。秋风庭院藓侵阶。一任珠帘闲不卷，终日谁来？

金锁已沉埋，壮气蒿莱。晚凉天净月华开。想得玉楼瑶殿影，空照秦淮。

——《浪淘沙》

不忍再见这份凄凉。

悄悄转身回去。把被铺好，把木格窗的帘子拉上，躺下。便有远远近近女子捣练的杵声，一下一下，传来。秋风断续，砧声继续，一下一下，无限单寒。

纷纭的往事，在杵声中层叠幻现。这又是个不眠之夜。

似睡非睡挨到夜半，坐起来，心神恍惚。呆呆听那捣声爬到木格的窗棂，又和着惨白的月光，浮泛入室，心里才有点明白，这一生，就都这么无奈了。

而夜，还很长。

深院静，小庭空，断续寒砧断续风。无奈夜长人不寐，数声和月到帘栊。

——《捣练子》

这二十七个字，集深院、空庭、寒风及断续寒砧、月瞧帘栊之引动离怀别感的意象于一体。拆开，句句可成独立抒情之境界；合拢，高强度、超时空地突破了人类共有的离怀别绪。

曾有好多回，他听着小楼檐头随意的风铃声，无端地等待着来访者。但“禁绝宾谒”的身份，注定了他期待的结果，只是一次次绝望。

那一天，他几乎已不存客来的非分之想了。那一天，却有个披蓑戴笠的人，手提小篓，来到他那戒备森严的门前，说是卖鱼的人。

卖鱼者顺利地进入了庭院。摘下笠帽，他惊喜地认出了那人竟是南唐时曾任仲寓执掌书记、后又擢为校书郎的郑文宝。君臣相顾，唏嘘感叹，而郑文宝也只能说些“陈圣主宽宥之意，宜谨节奉上”的话，并以“勿为他虑”相互安慰罢了。言毕，匆匆作别。

这以后，又是漫长而寂寥的时光。他的旧臣入宋后，除了郑文宝独不愿入仕外，都有了大大小小的官职，也就格外谨慎地恪守宋帝圣谕，没人敢偷偷觐见旧君。只有郑文宝是勇敢的。

直到后主被毒卒后，郑文宝才始举进士第。后来，他仕至兵部尚书。

赵光义似乎也忘记他的存在。在五代十国的大棋枰上，他似乎连同他的国家一同消失了。

直到有一天，赵光义备好了车马，想去库藏宏富的崇文院观书时，才想起了文才杰出的李后主。他被邀与赵光义同行。

在书院礼贤馆，他见到了久违的、保仪黄氏未及焚毁的书。现在它们排列如墙地伫立在北宋汗牛充栋的书林间。

他对它们是太稔熟了。他一直记得自己遍地搜访的那段岁月，那种搜求到手后快乐的心境。他在那上面写下过许多读书心得、瞬间颖悟的思想火花，还钤印过一方方鲜红的藏书大印。

现在，它们都成为别人藏于秘阁、炫耀学识的财富与资本了。他们抢走了他的国家，连书也不放过。

赵光义没有遮掩自己胜利者的得意，指着这批整船从长江运抵汴京的图籍，笑问他归宋后，可还常读书？又道，早听说他在江南好读书，这里收藏的简册，有很多就是他过去使用过的旧物。

他的心头滴血，却只有默默顿首拜谢。

秋意渐浓。青苔的阶前渐渐聚集起层层落红。重阳又到了。

这天黄昏，无由外出登山的他，登上了赐第的台榭，算是应景。台榭上，茱萸颓然垂落，空气中播散着熨帖而微苦的味道。“茱萸空忆故人期”“晚节感茱萸”，想起古人的诗句，便有伤逝之情，袭来心头。

暮色落下，天空渐洒起细雨来。菊花酒的香气，浓浓地在庭户间缭绕。大雁初归时，嘤嘤的音声，在暮秋的冷雨里，竟是出人意料的咽哑而忧哀。

恍如后主的心境，故国愁思，蓦然袭来。他想，他一生都逃不脱这样的新愁旧恨了。

冉冉秋光留不住，满阶红叶暮。又是过重阳，台榭登临处，茱萸香坠。

紫菊气，飘庭户，晚烟笼细雨。嘤嘤新雁咽寒声，愁恨年年长相似。

——《谢新恩》

有一天夜里，这种愁恨又不绝如缕地漫上心头。他无法排解，便独自走上了高高的西楼。

院子很静，很幽凉。只有郁郁寡欢的梧桐，默默地，仿佛心甘情愿贡献了满地斑斓的黄叶，伴着他、守着他。而院门紧锁，锁住了自由，也锁住了清秋。

新月纤纤地上来，月形如钩。所有深藏悱恻的心思，竟一下被勾起，并且一齐骚动癫狂起来；剪也不断，理了还乱。这亡国失家的离愁，难以形容。

月形依然如钩。

无言独上西楼，月如钩，寂寞梧桐深院锁清秋。

剪不断，理还乱，是离愁，别是一般滋味在心头。

——《相见欢》

更难于启齿，令他“别是一番滋味在心头”的，还有小周后的受辱。

国亡后，小周后随他一起来到了汴都，被封作了郑国夫人。赵光义经常召她和其他命妇一同入宫，陪宴侍寝。一入宫门，往往被迫滞留好些天。这里头的遭遇，是摧折身心的。

每次被放出宫，回到小楼，小周后总会含着悲愤与羞辱，“泣骂”不停。他只有无语流泪，“宛转避之”。

王铚《默记》所载的这段史实是否真实，清初人李清有过异议。李清认为此事与从善羁宋不归，从善妃子“屡指后主泣，后主闻其至，辄避之”之事，“何巧合乃尔”，王铚或录此而致误？

元人却有诗详讽此事：“江南剩有李花开，也被君王强折来。”还绘有《太宗逼幸小周后图》。元人张宗㸂题小周后提鞋图诗则云：“北征他日记匆匆，无复珠翘鬓朵工。一自宫门随例入，为渠宛转避房栊。”

无论此事真实与否，后主与小周后“北征”后备受凌辱，都是事实。“然太宗残暴，有此亦无足怪。不辩可也。”（夏承焘）

978 年，后主在汴水岸边那幢美丽的小楼里，开始了第三年的幽囚生涯。小楼很美，高台芳榭、花林曲池，尽仿江南园林风貌，汴都皇亲国戚的华殿，也不尽有此品位。

但是他很孤独。

一天，赵光义召见了已在北宋担任左散骑常侍又迁给事中的徐铉，顺便问起徐铉归宋后，是否见过李煜。

徐铉愀然曰：“臣安敢私见之。”赵光义心中满意，便做宽容大度状：“卿第往，且言朕有命可矣。”徐铉大喜，谢恩。赵光义也自有所图，借此可探知李煜近两年心思。

徐铉匆忙回家更衣，随后骑上快马，直奔后主赐第。他曾深受后主的器重，多年来君臣肝胆相照，他早就渴盼有机会拜见后主。

他终于看到了那幢幽雅的小楼。多年来，他只能远远地眺望它那黑漆描金的沉重大门、那雄踞虎蹲的石狮，现在他可以放心地拜谒旧君了。

他“望门下马”，整衣入内。一个老卒挡住了他，说朝廷有旨，任何人不得入内，“岂可见也”。

直到徐铉说，自己“乃奉旨来，愿见太尉”。老卒才热情地请他在庭下稍候，自己则匆忙入内通报去了。

徐铉推开沉重的大门，慢慢走向庭下。他伫立了许久，老卒才折回，并在院内放上了两张椅子。椅子很旧，相对而放。徐铉一下子不安起来，对老卒说：“但正衙一椅足矣。”

正说者，后主已然穿上道服，戴着纱帽，疾步迎出了厅堂。君臣相顾，恍如隔世。徐铉只觉心头一酸，撩袍便拜。后主大惊失色，恐行大礼有僭越之嫌，急忙走下台阶，扶住了徐铉。徐铉告之以“宾主之礼”，坚持下拜。后主目光黯淡，怆然曰：“今日岂有此礼！”

后主默然在椅上落座。徐铉将椅子稍稍向侧后处移动了一下，方正襟危坐。院子很静。清风徐来。梧桐疏影飒飒而动。后主忍不住起身，拉住了徐铉的手，君臣“相持大哭”。

片刻后，后主仍回旧椅落座。阳光一束束从梧叶间穿过，落在园林蓊郁的小草上。他们再没有说什么。只偶尔交换着悲戚的目光，一切，都已无从说起。

再回首恍然如梦。数年来，后主心里一直深藏着一个人。这个人曾经勇敢地在宋军泊舟荆南时，向他提出了派精明士卒扮成商人，潜入荆南，火烧船坞的计策；这个人还不顾一切地上疏论证，七疏不止，并在第八道疏中，认定他的所作所为，必将“破国亡家”。

如果当时，他真的放火焚烧了北宋那千余艘船舰，会怎样？如果，他真的闻过则喜，革新政治，又会怎样？

他忍不住喟然长叹：“当时悔杀了潘佑、李平！”

徐铉无语。当初杀这两个人，他曾积极参与过。现在，他只有愧疚。他想后主言此，也一定是对自己排挤潘佑抱有憾恨。他欲言又止。这里不是可以自由谈论往日治国是非的地方。就这样默默无语地过了许久，徐铉“无语辞出”。

赵光义迫切想知道这次会面的内容。徐铉刚悒悒而归，圣旨就已传到。赵光义身着五彩龙纹衣，登上了御座。他虎目圆睁，问：“询后主何言？”

徐铉不敢隐瞒，遂“具言其事”。

赵光义面部的肌肉拧紧了。夕阳的黄光映出一张阴森的脸，攫人的瞳孔里，幽幽闪过一抹杀气。

日月更迭。冷冬过去了，春天又悠然落到了汴都；热暑过去了，秋月又盈盈盘桓在了西楼。悠悠岁月，春花依然烂漫，秋月总也安详。破碎的故国却日夜遥远、迷离，后主又何忍见得了这撩人的良辰美景？

他心如死灰、万念俱灰之时，春天为什么还要呼唤他？他触景生情、伤时感怀之际，秋月为什么还要惹动他？他向主宰万物的天地泣血呼喊：“春花秋月何时了！”

三年了。三年蕴藉的憾恨，有如狂风卷起的海涛，在他心头奔逐，有如春泛叠涨的大江，澎湃东流。

978 年的一个春夜，当他满怀愁绪爬上小楼时，这座静默无声的大都市，正沉浸在漫天月华的享受之中，东风怡然地流泻着迷人的氤氲。他想到了同一轮月下，那淡褪颜色、永不能回归的故国。他以一个本真人的感官，感受到个人在宇宙、在永恒面前的旷漠感、孤独感。

一如空贝壳发出大海喧嚣的涛声，他的心里旋响起江南白山黑水如歌的行板。泪水模糊了他的眼睛，仇恨充塞了他整个的身心。它在扩大、伸展，它要倾泻，要奔流向无垠的青天。

他抓起笔，写下了词牌名，一个个方块字便极迅速地奔赴笔端。他无法停下，周围万籁俱寂，他的心布满了滴血的齿痕。天荒地老，他都要啼出这郁积、这怨怒，他矢志不移。

词近尾声，愈接近神奇的流速，心潮也愈见狂野、愈见急骤、愈近无垠。他双眼真神般灼热，泪漾漾荡荡地涨满了眼眶，软弱和恐惧早已荡然无存。他的笔在腾起、俯冲，俯冲、腾起——他在那一刹那仿佛成了顶天立地的勇士，他完成了最负盛名的杰作《虞美人》：

> 春花秋月何时了，往事知多少？小楼昨夜又东风，故国不堪回首月明中。
>
> 雕栏玉砌应犹在，只是朱颜改。问君能有几多愁，恰似一江春水向东流。

词成后，他的心已裂成碎片，在浩茫的天宇中，纷纷坠落。

978 年七夕。温热的夕阳抚触着汴都的每一个角落，朦胧一片的楼宇，终于近乎悲哀地没入了沉沉的暮气之中。

在这一刻，星星出现了。一颗升起，又一颗升起。转瞬间星星相拥的天宇，便留下了一片辉煌的天河，一种清明壮大的庄严之美。

牵牛星、织女星在这美妙的晚上，双星向迩，渡鹊桥而作“金风玉露一相逢”。

后主的生日又到了。

汴河边那座小楼里，亮起了盏盏彩灯。庭院香案上，瓜果酒食，散发着诱人的浓香。楼宇在这一刻，成为祝福生日、欢庆“乞巧”的地方。往日的黯淡凄清都不见了，光影中，随后主北迁的后妃美女们，穿梭往来，鬓影衣香，金针彩线，风情一点也不比汴都皇公贵戚的华宅逊色。

美妙的乐舞声从小楼漫溢出来。纯美的江南乐使人想起多少往事。他和嫔妃们一时相顾无语，默然饮泣。

乐曲又轻轻响起，乐人弹指的，正是那首《虞美人》曲。歌词凄凄切切地从嫔妃忧戚的肺腑逸出，在七夕的星空下，夤夜回旋。

快马疾驰宋宫。在这样的晚上，在天子赏赐的小楼，有降臣“七夕作乐，声闻于外”，如何了得！赵光义鹰隼的眼睛又一次发出了凶光，宽宽的龙袍里有浊重的怒气逸出。

星空一片连着一片，小楼梧桐涌荡着迷茫的响动。

快马疾驰宋宫。在大宋的京都，在汴河的岸头，有“小楼昨夜又东风”“一江春水向东流”句从后主赐第传出。赵光义的鹰眼蹙颤了两下，低沉的声音在星空下滞重地滚过：“速传赵廷美入宫。”

天空晕红一片，彩灯在京城大放吉祥的光彩。

快马疾驰汴河岸边那座小楼，赵廷美奉旨去为后主祝寿。随身带上的是赵光义嘱后主和酒饮服的一剂“牵机药”。

赵廷美喜好歌诗，喜欢后主。他们私谊很深，引为知己。不知就里的赵廷美欢快地接受了圣旨，却不知惨毒的一幕，将通过他的手降临。

夜深了。星星在天空组成了最神秘的图案。后主近几案坐下，斟上壶酒，掏出御赐的药，轻轻抖落酒盅里。细碎的粉末在酒面浮游片刻，渐渐沉入盅底，化解开来。

浓郁的酒香，把这一小片夜熏得有些摇晃。

他喝下了酒。他感到通身就要化解开来，全身奇异地燥热起来。夜里，他开始翻滚呕吐，全身痉挛，剧痛百倍猖獗地在腹内发起偷袭，淋漓大汗从苍白的脸上滚落，并在枕芯上、锦被上、内衣上，洇开。

夜半，翰林医官匆匆赶来，在他身边驻足片刻，无语而去。夜半，朝廷“中使慰谕者数四”，来去匆匆。

子夜，户外万位星君出全，千位星官齐到，三星停立，七星落下，双星正月辉煌。他蜷伏床上，头足相就，俯首屈身犹如“牵机”。气力，已被耗尽。

翌日，凌晨。星河已经非常暗淡了。小楼秋月，依旧隐然可见，柔和的、透明的晨光极新鲜地流泛过来，整个世界在一片明净的酡红中，开始了新的一天。

后主的魂魄，在这片新生的光影中，坠落。他死了。

昨夜，是他四十二岁生日。

978 年十月。洛阳东北的邙山上，衰草零乱，林木森森。浩茫的黄河依着山脚呜咽涌过。浑黄的河水里挟着沿途坠落的泥沙，消逝于无垠的青天。

一阵初冬的风掠过，把衰草黄叶飘摇举上天空，又卷起了遮天蔽日的黄土。昏黄的烟尘中，一队人马在乱冢荒草边匆匆停下，一群身上落满黄尘的送丧人，抬起了一口漆黑的、华贵的棺木。

落日浑圆。北邙山上，又一座新坟高耸。墓很气派，而此时，荒草野径、松柏坡下，一路看不尽的唐陵汉墓，却已被岁月的沧桑弄得残砖败瓦，石俑伶仃，失去了建墓当年金马玉堂的豪华气派。

后主屈体饮恨，躺在了北邙山的黄土地下。他死后的身份是太师，又被追封为吴王。

丧礼很隆重，一切都按“王礼”规格。

日月星辰，起落在坟茔的周围。深夜的肃默中，如钩的冷月伶仃地升起。

年年清明，他的墓前都有一个汉子低沉的哭声。在满目萋草的陵边甬道前走过的人，会认出那长跪墓前的汉子，是后主旧臣，正在河南任职的张泌。

后主死了。他到死也无法回归长江岸边那润泽的、芬芳的青山绿水中，去化作江南黝黑的泥土，去亲吻长江滋润的地气。江南的百姓恸哭于街巷，他们在距金陵城东十里的地方，建起了一座李王庙，好让他们国主的魂魄回归故里；他们“皆巷为斋”，并且把庙呼为李帝庙。

后主死了。也在这一年，他深深挚爱着的小周后“悲不自胜”，也合上了清潭一样的眼睛。他们同穴葬在了一起，无声地留下浪漫爱情的最后一笔。

后主死了。他的嫔妃散落，凄怆地面对着命运的暮霭。追随他北迁的保仪黄氏，孤独地死在汴梁；优美地弹奏着昭惠后创制之曲破的流珠，抱着琵琶，“不知所终”；奉佛的乔氏，默泣着把珍藏着的后主手书金字《心经》，捐给了相国寺，“以资冥福”，并写下了这样的卷后语：“故李国主宫嫔乔氏，伏遇国主百日，谨舍昔时赐妾所书《般若心经》在相国寺塔院。伏愿弥勒尊前持一花而见佛。”卷后语“字整洁而词苍惋”。

他死了。死得寂寞而痛苦，直到把他埋入了北地的黄土陇中，人们才想起竟还没有为他写过墓志铭。

赵光义采纳了臣子的谏书，诏令徐铉为后主作墓志铭。所幸，赵光义允诺了徐铉行泪泣求写铭而“存故主情伤”的愿望，使我们能读到这篇多少全面些、公允些地评述他一生的铭文——《大宋左千牛卫上将军追封吴王陇西公墓志铭并序》。

盛德百世，善继者所以主其祀；圣人无外，善守者不能固其存。盖运历之所推，亦古今之一贯。其有享蕃锡之宠，保克终之美，殊恩饰壤，懿范流光，传之金石，斯不诬矣。

王讳煜，字重光，陇西人也。昔庭坚赞九德，伯阳恢至道，皇天眷祐，锡祚于唐。祖文宗武，世有显德。载祀三百，龟玉沦胥。宗子维城，蕃衍万国。江淮之地，独奉长安。

故我显祖，用膺推戴。淳耀之烈，载光旧吴。二世承基，克广其业。皇宋将启，玄贶冥符。有周开先，太祖历试，威德所及，寰宇将同。故我旧邦，祗畏天命，贬大号以禀朔，献地图而请吏。故得义动元后，风行域中，恩礼有加，绥怀不世。鲁用天王之礼，自越裳钧；鄫存纪侯之国，曾何足贵？王以世嫡嗣服，以古道驭民。钦若彝伦，率循先志。奉蒸尝，恭色养，必以孝；宾大臣，事耇老，必以礼。居处服御必以节，言动施舍必以时。至于荷全济之恩，谨蕃国之度，勤修九贡，府无虚月；祗奉百役，知无不为。十五年间，天眷弥渥。然而果于自信，怠于周防，西邻起衅，南箕构祸。投杼致慈亲之惑，乞火无里妇之辞。始劳因垒之师，终后涂山之会。太祖至仁之举，大赉为怀；录勤王之前效，恢焚谤之广度。位以上将，爵为通侯，待遇如初，宠锡斯厚。今上宣猷大麓，敷惠万方，每侍论思，常存开释。及飞天在运，丽泽推恩，擢进上公之封，仍加掌武之秩。侍从亲礼，勉谕优容。方将度越等彝，登崇名数。呜呼！阅川无舍，景命不融，太平兴国三年秋七月八日，遘疾薨于京师里第，享年四十有二。皇上抚几兴悼，投瓜轸悲。痛生之不逮，俾殁而加饰，特诏辍朝三日，赠太师，追封吴王，命中使莅葬。凡丧祭所须，皆从官给。即其年冬十月日，葬于河南府某县某乡某里，礼也。夫人郑国夫人周氏，勋旧之族，是生邦媛，肃雍之美，流咏国风。才实女师，言成阃则。子左千牛卫大将军某，襟神俊茂，识度淹通。孝悌自表于天资，才略靡由于师训，日出之学，未易可量。

惟王天骨秀异，神气清粹，言动有则，容止可观。精究六经，旁综百氏。常以为周孔之道，不可暂离，经国化民，发号施令，造次于是，始终不渝。酷好文辞，多所述作。一游一豫，必颂宣尼。

载笑载言，不忘经义。洞晓音律，精别雅郑；穷先王制作之意，审风俗淳薄之原。为文谕之，以续《乐记》。所著文集三十卷，杂说百篇。味其文，知其道矣。至于弧矢之善，笔札之工，天纵多能，必造精绝。本以恻隐之性，仍好竺干之教。草木不杀，禽鱼咸遂。赏人之善，常若不及；掩人之过，唯恐其闻。以至法不胜奸，威不克爱。以厌兵之俗，当用武之世。孔明罕应变之略，不成近功；偃王躬仁义之行，终于亡国。道有所在，复何愧欤？

鸣呼哀哉！二室南峙，三川东注，瞻上阳之宫阙，望北邙之灵树，旁寂寂兮回野，下冥冥兮长暮。寄不朽于金石，庶有传于竹素。其铭曰：

天鉴九德，锡我唐祚。绵绵瓜瓞，茫茫商土。裔孙有庆，旧物重睹。开国承家，疆吴跨楚。丧乱孔棘，我恤畴依。圣人既作，我知所归。终日靡俟，先天不违。惟藩惟辅，永言固之。道或污隆，时有险易。蝇止于棘，虎游于市。明明大君，宽仁以济。嘉尔前哲，释兹后至。亦覯亦见，乃侯乃公。沐浴玄泽，徊翔景风。如松之茂，如山之崇。奈何不淑，运极化穷。旧国疏封，新阡启室。人谂之谋，卜云其吉。龙章骥德，兰言玉质，邈尔何往，此焉终毕。俨青盖兮祥祥，驱素虬兮迟迟。即隧路兮徒返，望君门兮永辞。庶九原之可作，与缑岭兮相期。垂斯文于亿载，将乐石兮无亏。

这是一篇情至义尽的墓志铭，“太宗览读称叹”。“受恩无补报，反袂泣途穷”的徐铉，又撰写了三首挽词，深情地缅怀着后主。赵光义读后，“每对宰臣称铉之忠义”。

他死了。作为帝王的他，孤寂地躺在洛阳北邙冰凉的墓穴中。但他那些超越时空，共三光而永恒的词，却使他的身后永远也无法寂寞——他成就了“词中之帝”的辉煌荣耀。

他在苦难的淬火中，涅槃了。

后　　记

结尾——之一

宋初。

978年春三月，吴越王钱俶、平海军节度使陈洪进，从水汽淋漓、轻绿点点的南方，相继入觐宋廷。

赵光义赐金赏银，礼遇优渥。

四月。终日胆战心惊地朝贡往来、累岁不绝的陈洪进，迫于北宋剑拔弩张的局势，拱手向赵光义献上了漳州、泉州的版图。

吴越王钱俶，被推上了一个尴尬的境地。他不得不即刻做出抉择——是当众宣布放弃水网密布的江浙平原？还是继续装聋作哑，维持目前局势？

最痛苦的选择开始了。在汴京美丽的、江南式的华丽大居里，他寝食难安。

最痛苦的选择似乎已成为过去。使他殚精竭虑的决定终于做出——他决计放弃。放弃吴苑宫前重瓣桃已经盛妍、平屋楼舍边桑林竹丛已经酥腻的国土，放弃前朝天子遗下的玉玺龙袍，以及中朝皇帝封赐的“吴越国王”“天下兵马大元帅”的称号。他只求解甲归田，回到吴侬软语的浙水滨，终享天年。

宋初散落的小国里，吴越向以恭顺著称。赵光义故作姿态，拒绝了这份纳土归田的表文。

吴越王迟疑了。他何尝真心放弃江山？他纳土是为了什么？他多年的“辛苦”“恭顺”，不就是为了把社稷从战争之中抢救出来，不就是寄望于中朝的体恤而存一方山水吗？现在的结局，正是他孜孜以求的。

事实上他已别无选择。不管他怎样抗争，吴越绝不会因此独存于宋一统的天空下。赵光义绝不会因此而放弃甲兵楼橹之战，五代十国的帷幕，注定要被拉下。

天下将定，一隅必不能终守。

他走投无路。公元978年五月，惊悸惶恐的钱俶，再次恭敬地奉上了纳土表文，历数“独臣一邦，僻介江表”的弥天大罪，“愿以所管十三州，献于阙下执事”以赎罪。

赵光义笑靥灿灿，收下了吴越一派平畴，遍地桑麻，自钱镠得国，历五世共八十一年的江山。吴越亡。

瞻望未来，赵光义眼前出现了无限而辉煌的远景。拖延和对抗都无济于事，中国统一的潮流，澎湃向前。

赵光义伐北汉。

979年，太原城上空爆起黑色的狼烟。北宋大军在潘美的率领下，数道挺兵。冲天大火，激荡着太原这座沉闷衰败的老城。

北汉主刘继之驰书求救于契丹。赵光义跨上战马，亲赴浴血的沙场。

宋、辽大军遭遇白马岭。契丹自恃骁勇，争先渡涧。宋军不甘示弱，疯狂扑杀而来。猛烈的攻势使契丹溃不成军。

契丹大败，仓皇回遁。

北宋雄师向太原城的方向，纵奔而去。

公元979年五月，一个血色的黄昏。太原城千疮百孔的城门洞开，北汉主率臣僚官属、皇亲国戚，奉表请降。

五代十国的历史，在这个东风怡人的晚上，宣告结束。

翌日，黎明。大西北的太阳从天空灿烂升起，大坛大坛的烈酒从禁城扛出。赵光义亲登城台，张乐设宴。城台下，是大片大片浴着朝阳的、缟衣纱帽的脊背。

高天阔地。后主死后不到一年，赵光义亲自迎接了中国统一的第一轮太阳。

结尾——之二

在开封西门，在长长的西环城路的尽头，在宋宫遗址的西北角，有一座幽静的、充满田园耕作气息的小村庄——孙（逊）李唐庄。

1986 年初冬，一辆大客车载着满车学人，来到了这片印满历史辙印的小村庄。这些来自全国各地参加李煜研讨会的专家、教授，在汴河桥头驻足徘徊。

汴水默默地从村头流过。依水而筑，东风也曾飒飒的小楼，已经不见了。秋风庭院中苔藓也曾侵阶的土地上，几个农人在默默劳作。一阵拖拉机的轰鸣过后，天地间立刻扬起一片浑黄的尘沙。

岁月的沧桑，洗涤了一切。历史的沉重感，真实地记录在这片黄褐的土地上。

一千多年前，李煜曾在这里度过了一生中最惨蹙的年头，杜鹃啼血般吟出了中国文学史上最优秀、最感慨、最动人的词章。

从那时起，他的名字便从汗牛充栋、纷芜驳杂的编年史中跳出来；从五代十国无数小朝廷、小君主寂寞的宿命中跳出来，鲜活在中华民族发黄的文学史籍中，鲜活在岁月变迁、星汉灿烂的永恒时空里。

他的著述丰厚。马令《南唐书》说他“著杂说百篇，时人以为可继典论”。《徐公文集》称他在“国步中艰以后，有御制杂说演乐记、论享国延促、论古今淳薄、论儒术”等作，“勒成三卷，而三卷之中，文义既广，又分上下焉。凡一百篇”。

可惜，他的这些皇皇大札，竟如同他也曾在寒夜听过砧声的“深院”一样，在历史兴亡的烟雨中，散佚殆尽。

后人却从《佩文斋书画谱》援引的《墨池琐录》中，辑出他精彩的《书述》（他首创的“拔镫法”，也被《书苑菁华》所引）；从徐铉的《质论序》中，追寻他“文可考者”；从马书《后传》中，选出了他那篇哀凄婉艳的悼周后诔文；从陆书《从善传》中，觅到了《却登高文》。

人们在古史典籍中披沙拣金，奢望捡拾到他的每一点文字，或他残留的哪怕是一个字的墨宝。

他还有“诗一卷”，失落在历史的荒原中，无从寻觅。如今我们只能在《全唐诗》中，读到他仅存的十八首，以及“断句十六件”。

他的词从10世纪的中国，吟唱至今，依然魅力无限。当年，他的旧臣燃一盏青灯，光焰若豆，把影子幢幢印在壁上，读他的词而潸然泪下。到了南宋，李清照读他的词而凄凄惨惨戚戚，词风颇得后主三昧；历史辗转到了清代，更有纳兰性德深谙后主词精髓，写词和血融泪，情深无限。一直到20世纪30年代，“九一八”的炮响，震惊了苦难的中国。在强烈的国破家亡的痛苦中，他那伤怀故国的名句，又激起了爱国学人“借李煜的亡国之痛以激励国人愤起抗日”的斗志。

他的词，被后人争相传诵，抄写刻印。其中，南宋绍兴间的辑本，历经战乱、灾荒、流年、寇盗的肆虐，完整地保存了下来。国学大师王国维据此又从其他书籍中补寻出十二首，收入了唐五代词辑。

数十年后，张璋、黄畬又集数代词学文献之大成，辑出了四十六首李煜词，收入了《全唐五代词》。

他身后无法寂寞。

1935年，词学大师夏承焘撰写了《南唐二主年谱》；翌年，唐圭璋先生的《南唐二主词校订》又付梓成书；20世纪50年代末，王仲闻先生的《南唐二主词校订》、詹安泰先生的《李璟李煜词》，相继推出。其间，学界盛会，对他的词开展了广泛讨论。《李煜词讨论集》，由此出版。

他活得栩栩如生。

北邙山，在蓝天下寂寂巍立，掩埋后主梓棺的封土，已被千年风雨荡平。孙李唐庄，独立在开封古城门外，恩恩怨怨的岁月，已被后人掷弃。浑浊的汴水，从遥远流向遥远，诉说着一个锦衣玉食之帝王的陨落。

但他的词不会衰朽。它从人类共有的情愫里舀水，清丽而不浮靡，真挚而不堆砌。它“不仅是凄清，而且是悲慨，不仅是沉着，而且是郁结”（詹安泰）。它感慨深沉，意境阔大，超过了晚唐五代的词，成为宋代婉约派的开山，它也改变了词。晚唐五代以来，在花间樽前曼声吟唱的传统风格，成为可以多方面言怀述志的新诗体，在艺术上影响了未来及豪放派词家。

它是超时代的。

胡应麟说：“后主目重瞳子，乐府为宋人一代开山。盖温，韦虽藻丽，而气颇伤促，意不胜辞。至此君方是当行作家。”（《诗薮·杂编》）

王世贞说：“词至南唐李王父子而妙矣。”（《弇州山人词评》）

王国维说：“李重光之词，神秀也。”又说：“词至李后主而眼界始大，感慨遂深，遂变伶工之词而为士大夫之词。”还说：“词人者，不失其赤子之心者也。故生于深宫之中，长于妇人之手，是后主为人君所短处，亦即为词人所长处。”“后主之词，真所谓以血书者也。”

王鹏运说：“莲峰居士词超逸绝伦，虚灵在骨。蓝兰空谷，未足比其芳华；笙遥天，讵能方兹清怨？……盖间气所钟，以谓词中之帝，当之无愧色也。”（《半塘老人遗著》）

《乐府纪闻》说后主“每怀故国，词调愈工”。

《玉琴斋词序》说后主之词“一字一珠”。

正午的太阳循着亘古不变的路途越来越高，也愈来愈亮。纷纭的白云、纤细的茸草、低矮的屋舍、散漫的牛羊，以及满坡果实盈累的苕树，绘出了孙李唐庄一片宁静的景致。

想起了宋太祖的话：“李煜若以作诗功夫治国家，岂为吾所俘也！”

想起了周振甫的话：“就他的词说，阅世深一点词也写得深一点；就他的为人说，阅世深一点，他的性情还是那样率真，两者不成比例。要是他考虑到君主的猜忌毒辣，不敢写那样的词，只写一些对宋太宗歌功颂德的话，也许能保持一命，但他后期最有价值的词也就没有了。”（《中国历代著名文学家评传》）

想起了叶嘉莹的话：“在亡国入宋以后，虽然自知身为阶下囚，安危不自保，然而为词时既仍不免有‘故国不堪回首’之句，在徐铉奉太宗命来见时，又不免有‘悔杀了潘佑、李平’之语。凡此种种皆足以见后主为人之任纵与纯真。”（《迦陵论词丛稿》）

想起了高兰的话：“但宋太宗却丝毫不能体谅这位诗人的苦衷。他只能做追怀故国的绮梦，复国的野心实在无从谈起。他所对景伤怀的也是‘依旧竹声新月似当年’罢了。”（《李后主评传》）

想起顾颉刚1972年《给女儿顾湲的信》：“你在我抄给你的诗词中，独爱李后主，可以看出你的眼力。这真是用血泪写成的。他天分本好，加上他的父亲也是一个名作家，有了家庭渊源。他的一生开头是个割据一方的皇帝，后来是个国破家亡的俘虏，他的生活高到了尽头，忽然跌到了地狱，他的感情从最欢乐到最痛苦，他的才华又能把感情尽量地发挥出来，所以成了中国文化里最宝贵的遗产，和曹雪芹的《红楼梦》一样，和屈原的《离骚》一样。”

“国家不幸诗家幸，赋到沧桑句便工。”像是为了证实人类对古典诗词这一传统的看法，历史在毁灭了南唐的同时，也为我们诞生了一个超越了词人自身的佼佼王者——李后主。虽然他的词依然缺乏一种使人看到前途而为之奋斗的力量，他的感慨深邃与格调悲壮的爱国词人有明显的不同，但身陷于当时的处境和他本人的局限，他也只能这样了，这样沉没在一江春水似的长愁里，这样无法自拔。

想到这里，便感觉他犹在这个冰冷的异乡踽踽独行。一轮正午的太阳照着他隐忍的面容、深幽的目光和临风陨涕的词笺。他一步一步地走远了，直到那一点影子从辽阔浑黄的北地弧线上，消失。

在后人的理解和谅解中，他获得了永生。

结尾——之三

走向断头台的路有很多种，荒淫误国如桀纣，“从此君王不早朝”如唐明皇。苛政、暴政、农民起义、宫廷哗变、异国侵略，都在沉潜中，为帝王们铺就一条条通往断头台的路。

一抔黄土，数茎枯草，谁能说清楚他们焦骨散落后，遗下了多少难收的悔疚？

却少有人注意到，文心太灿烂而忽略了治国的君王最终抵达的，也会是那方血迹腥迷的断头台。一个称得上“文化人”的人，他的气质、秉性、行为，以及他的仁惠多才、能诗善词、精通书画、酷好音律等情趣的负载，也都会为他后来通向那条悲惨之路，铺填基石。

一个根本没有文化的人，是一个不能登高望远的人；一个根本没有文化的帝王，是一个不能腾跃向上的帝王。文化是光、是热，是大鹏鸟的翅膀，是东方地平线上，冉冉而起的太阳。

人类历史上，新一代帝王将相一旦取代了前朝，砸碎了旧的皇权，总会同时承受绵延代代累积无穷的民族大文化。安下朝纲，又有忍不住于治国之外，习弄起诗词文学的，而且所有帝王，都不免聘请全国最负声望的先生，调教他们的龙子龙孙。

文化拓展了帝王们的眼界、心界，滋养了他们惊世骇俗的伟大思想，又助他们创造更好、更舒放的文化气氛，使得当朝当代的文化，得以突破原有那窄小的、陈旧的文化，创造出一个更新、更美、更具审美风范的新文化。

7 世纪初中国唐朝的崛起，以文化的腾跃，唤醒了全世界的注目，抖落了这个大帝国的沉寂，热烈而喧响地在地球上奏响了盛唐之音，铺陈和张扬了唐诗的星汉灿烂。这无所畏惧的文化创造和革故鼎新，震惊了人类所有的精神情性，永载史册。

而大唐天子们在这场类似西方文艺复兴的大潮中，究竟投入了多大的力量，一直是后人饶有兴趣的课题。

一个意味深长的悖论是，帝王们不能太沉湎耽溺于文人的趣事。他们当然可以为类似盛唐的文化繁荣准备必不可少的客观条件，使生产发展、经济繁荣、社会稳定；去实行相对开明的文化政策，去提供较为宽松的文化环境；还可以舞文弄墨为一时雅兴，却不能钻入沉入这文化中去，做了激流弄舟人，做了这汪洋恣肆大文化的风云人物。

社会角色即定了社会职责，想要跨越角色、超越身份，还原了我心我欲，做文化中人，做诗圣、画圣、书帝、词帝，也就不期然而然地走向了生命与使命的逆向——归宿便是断头台。

李煜，就是这样的文化人。

他“文化”得太深、太痴、太醉、太不能自拔，也无意自拔，而且还真成就了乱世的五代十国里，唐诗与宋词中间的低谷里，唯一高耸的词家大山。他那灿烂夺目的光华，今天还令我们目醉神迷，高山仰止。

那时还没有“文化人”一词，但以今人眼光看，他绝对是文化人无疑。然而，当他攀上文化的云梯，登上了词帝的宝座时，却同时从辉煌的帝位中摔落下来。

在这里，李煜以“本我”的勇气，还原了自身的爱与夙愿，以死于非命的痛苦与磨难，反衬和抚慰了平庸的幸福。

他原可以放弃他的词心，安心做个“违命侯”而活下去，因为这似乎更实际些。但他死到临头，仍选择了本我的赤子之心。这种对待死亡的态度，远远超出了“好死不如赖活”“死生有命”的庸人哲学，而表现出一种极可贵的生命意识和不委屈以累己的心性。

对本我的坚持、生命极强韧而又极脆弱的内核——其不能解的无常无奈与其不可逼视的庄严与尊贵，都在面临生死抉择时，一一展现。这才是真的活过了，有别于低等的繁衍与苟活。

为词而死的帝王，这世上只有他一个，为“文化人”而误国的，后来还有个宋徽宗。当宋太宗愤于李煜“一江春水向东流”句，毒杀了代表这一时代文学的高峰，并且也是千年来词坛的奇人时，却不料百余年后，他们的第九代皇帝，竟也因为太过于沉溺字画，而断送了江山。

历史，在这里画了一个奇妙的圈。

一个饶有意味的论题是，道君皇帝亡国后，也曾于踽踽独行的孤寂中，深深领略了亡国失家的极度惨痛，血泪纵横地写下了悲戚的长短句。

但道君皇帝却仍然只是道君皇帝，他的词无法让读者的感情燃烧起来。他的《燕山亭·北行见杏花》也略似“以血书者”，却终“不过道自身之戚”（王国维）而已。后主则俨若“释迦”“基督”，他好像不只写他个人的亡国悲慨，而是替天下人写尽了亡国的、贬官的、离乡的、惜别的、伤时的、感事的种种悲伤。他透过一己的悲怀，担荷起了全人类的悲慨。

一样的人生，一样的际遇，并不能诞生出一样的文化巨人。

李煜正是这样一个特别的人，有特别的悟性、特别的感知力。“这一类诗人之感情，不像盈盈脉脉的平湖，而却像滔滔滚滚的江水，一任其奔腾倾泻而下，没有平湖边岸的节制，也没有平湖渟蓄不变的风度。这一条倾泻的江水，其姿态乃是随物赋形的，因四周环境之不同而时时有着变异，经过蜿蜒的涧曲，它自会发为撩人情意的潺湲，经过陡峭的山壁，它也自会发为震人心魄的长号，以最任纵、最纯真的反应来映现一切的遭遇。”（叶嘉莹）。

所以，他能以一己故国之悲，写尽天下千古人世的无常之痛。这种直探核心而又包举外延的成就，这种纯情的、以直感而达到极致的成就，当然就不是道君皇帝所能企及的了。

这就是李后主。一个跳出了“角色意识”，还原了本我的真正的词人。

喜欢李煜，绝不是因为他有一副纤弱的柔肠，治国治得太无能，而是喜欢他浓烈的赤子之心，心性的灵气、逸致，书画诗词里荡出的旷古博大气度。

真心愿意进到他所营造的那方轻轻灵灵、阳光洒满的艺术氛围里去，将会发现那是一方很动人的天地。李煜这个主人，则面带微笑，随时端出他那精美的书画词曲新作，让人们享受古中国江南文化一片清纯美丽的芳香。

米开朗琪罗说过：“唯有那些人们可以从高山之巅推滚而下，且无任何损坏的作品，才是成功的杰作。这个高度来自时间。”

时间证实了李煜作为文化人的不朽。他的词心迄今仍令我们泫然感佩，他在荆榛如林、险壑遍地的幽囚岁月里，几乎是泣尽了生命之血，开了眼界阔大、感慨遂深的词风先河。

时间也证实了李煜作为君王的平庸。当他穿上黄袍惶顾左右时，我们都不禁为他汗颜。因为他已经身不由己地被推到了一个中心，太多的野心和贪婪的目光都聚焦在他的身上。

当他把心思都耗在了文化上后，再没有多余的智慧或心力来关爱那一柄万众瞩目的皇权了。他在一方面成了伟人，却注定了在另一方面成为凡人，甚至庸人。

群雄逐鹿，这是一次冒险。把他从高山之巅推下去，他必然跌碎，什么都不会剩下。

爱他的人为他潸然泪下，扼腕长叹，大声呼喊：“这是为什么？”

最高而最难求的道，原不是刻意要留下什么。这个广额丰腴、双眸生辉、目有重瞳子的文化伟人，虽只短短四十二岁人生，却也真沽过、爱过、创造过了。那么，就让他活在他那极为宏富的词里，活在爱他的人们心里。他走向国破家亡，焉知不是一次再启程？